汽车底盘构造与检修

第 2 版

主　编　刘冬生　荆红伟　刘淑军
副主编　陈　璐　魏志远　吴淑煜
参　编　陈崇月　朱　锋　符瑞满　黄奕地
　　　　符永恒　符史仁　刘　仁　周德坤
　　　　刘剑彬　蔡笃安　齐　静

机 械 工 业 出 版 社

本书采用项目驱动、任务实施的形式编写,由绪论和四个项目组成,内容包括离合器的检查与维护、手动变速系统的检查与维护、万向传动装置的检查与维护、后驱传动系统的检查与维护、车轮的检查与维护、悬架系统的检查与维护、转向系统的检查与维护、四轮定位的检查与调整、制动系统的检查与维护和驻车制动系统的检查与维护,共10个任务。

本书采用了大量的图片,彩色印刷,并整合了移动多媒体技术,在书中相关内容处设置了二维码,用微信扫描即可显示和教学内容相关的多媒体内容,方便读者理解相关知识,以便更深入地学习。

本书内容新颖全面、图文并茂、通俗易懂、好教易学,可以作为职业院校汽车类专业学生的教学用书,也可以作为职业技能培训和相关专业人员的参考书。

为方便教学,本书配有电子课件,凡选用本书作为授课教材的教师均可登录机械工业出版社教育服务网(www.cmpedu.com),以教师身份注册后免费下载,或来电咨询:010-88379201。

图书在版编目(CIP)数据

汽车底盘构造与检修 / 刘冬生,荆红伟,刘淑军主编. — 2版. —北京:机械工业出版社,2023.10(2025.8重印)

ISBN 978-7-111-73785-8

Ⅰ.①汽… Ⅱ.①刘… ②荆… ③刘… Ⅲ.①汽车—底盘—结构—教材②汽车—底盘—车辆修理—教材 Ⅳ.①U472.41

中国国家版本馆CIP数据核字(2023)第165835号

机械工业出版社(北京市百万庄大街22号 邮政编码100037)
策划编辑:师 哲 责任编辑:师 哲
责任校对:韩佳欣 李 杉 闫 焱 封面设计:张 静
责任印制:李 昂
涿州市般润文化传播有限公司印刷
2025年8月第2版第5次印刷
210mm×285mm·12印张·226千字
标准书号:ISBN 978-7-111-73785-8
定价:49.00元

电话服务	网络服务
客服电话:010-88361066	机 工 官 网:www.cmpbook.com
010-88379833	机 工 官 博:weibo.com/cmp1952
010-68326294	金 书 网:www.golden-book.com
封底无防伪标均为盗版	机工教育服务网:www.cmpedu.com

前　言

　　本书是根据职业院校的教学特点，以提高学生的职业能力和职业素养为宗旨，倡导以学生为本的教育理念，在进行广泛的企业、行业调研的基础上编写而成的。

　　本书借鉴了德国职业教育的先进教学理念，把行业能力标准作为课程教学目标和鉴定标准，按照行业能力要求组织教学内容，在内容开发中充分体现一体化的职业教育理念，贯穿"工作过程系统化"的项目课程开发思想，针对职业院校学生的学习特征设计教学活动，且教学活动环境主要模拟企业真实的工作情境。学生通过完成任务引入中布置的任务掌握必需的理论知识；再通过任务实施来解决任务引入中的问题，培养其分析问题和解决问题的能力，达到"做中学、学中做"的目的，从而使学生具备综合的职业能力。

　　本书根据汽车维修行业职业需求和岗位要求设置教学任务，联系实际，融入实践，将抽象深奥的知识简单化、形象化、感性化，使理论描述简易直观，操作过程与实际维修作业流程相吻合，易教、易学、易会、易用。

　　本书系统地介绍了汽车底盘各系统结构、原理及检修方法。全书由绪论和四个项目组成，即传动系统的构造与检修、行驶系统的构造与检修、转向系统的构造与检修和制动系统的构造与检修，包括离合器的检查与维护、手动变速系统的检查与维护、万向传动装置的检查与维护、后驱传动系统的检查与维护、车轮的检查与维护、悬架系统的检查与维护、转向系统的检查与维护、四轮定位的检查与调整、制动系统的检查与维护和驻车制动系统的检查与维护，共10个任务。

　　本书由刘冬生、荆红伟、刘淑军担任主编，陈璐、魏志远、吴淑煜担任副主编。参加本书编写工作的还有陈崇月、朱锋、符瑞满、黄奕地、符永恒、符史仁、刘仁、周德坤、刘剑彬、蔡笃安、齐静。

　　在本书的编写过程中，参考了大量的书籍并借鉴了汽车维修手册和相关培训资料；上海景格科技有限公司的王学成给予了大力帮助并提供了许多资料，在此致以诚挚的谢意。

　　由于编者水平有限，书中不妥之处在所难免，恳请广大读者批评、指正。

编　者

二维码索引

序号	二维码	名称	页码	序号	二维码	名称	页码
1		膜片弹簧离合器工作原理	11	9		更换后桥齿轮油	61
2		离合器的检修	14	10		车轮轮胎作用	70
3		手动变速器油的排放	33	11		轮胎的拆卸	79
4		手动变速器油的加注	33	12		轮胎的检查	79
5		手动变速器的分解	34	13		车轮动平衡的调整	82
6		手动变速器的检修	35	14		非独立悬架	88
7		手动变速器的安装	37	15		独立悬架	88
8		更换传动轴	48	16		减振器的作用	90

二维码索引

（续）

序号	二维码	名称	页码	序号	二维码	名称	页码
17		减振器的安装	103	27		前束的调整	141
18		齿轮齿条传动的工作原理	114	28		调整后的检测	142
19		转向拉杆球头的更换	122	29		定位后复位	142
20		定位前基本检查	138	30		检测制动液	159
21		定位前底盘检查	138	31		鼓式制动器的拆卸	164
22		定位前车轮检查	139	32		鼓式制动器的检查	165
23		定位前复位与车身高度测量	140	33		盘式制动器的拆卸	169
24		定位仪的操作与卡具的安装	140	34		盘式制动器的安装	170
25		轮胎偏位的检测	140	35		鼓式驻车制动的工作原理	177
26		定位角度的检测	141				

目录

前言

二维码索引

绪论 ………………………………………… 1

项目一　传动系统的构造与检修 ……… 5

任务一　离合器的检查与维护 ………… 6

任务二　手动变速系统的
　　　　检查与维护 ………………… 20

任务三　万向传动装置的
　　　　检查与维护 ………………… 40

任务四　后驱传动系统的
　　　　检查与维护 ………………… 54

项目二　行驶系统的构造与检修 ……… 69

任务一　车轮的检查与维护 …………… 70

任务二　悬架系统的检查
　　　　与维护 …………………………… 87

项目三　转向系统的构造与检修 …… 109

任务一　转向系统的检查
　　　　与维护 ………………………… 110

任务二　四轮定位的检查
　　　　与调整 ………………………… 131

项目四　制动系统的构造与检修 …… 145

任务一　制动系统的检查
　　　　与维护 ………………………… 146

任务二　驻车制动系统的
　　　　检查与维护 …………………… 174

参考文献 ……………………………… 186

绪 论 / Introduction

学习目标

1) 掌握传统燃油汽车的基本组成。
2) 掌握汽车底盘的主要组成及各子系统的作用。

相关知识

汽车型号众多，用途与构造各异，由成千上万个零部件装配而成，但从整体构造分析，传统燃油汽车均包括四大组成部分，即发动机、底盘、车身和电气设备，如图 0-1 所示。

1. 发动机

发动机是汽车的动力装置，它将燃料燃烧产生的热能（或动力蓄电池内的电能）转化为机械能，由发动机（或电动机）的飞轮输出动力。

2. 底盘

底盘的主要功能是传递发动机发出的动力，并支撑车辆，使汽车产生运动并实现制动和停驻，保证汽车正常行驶。它主要由传动系统、行驶系统、转向系统和制动系统组成。

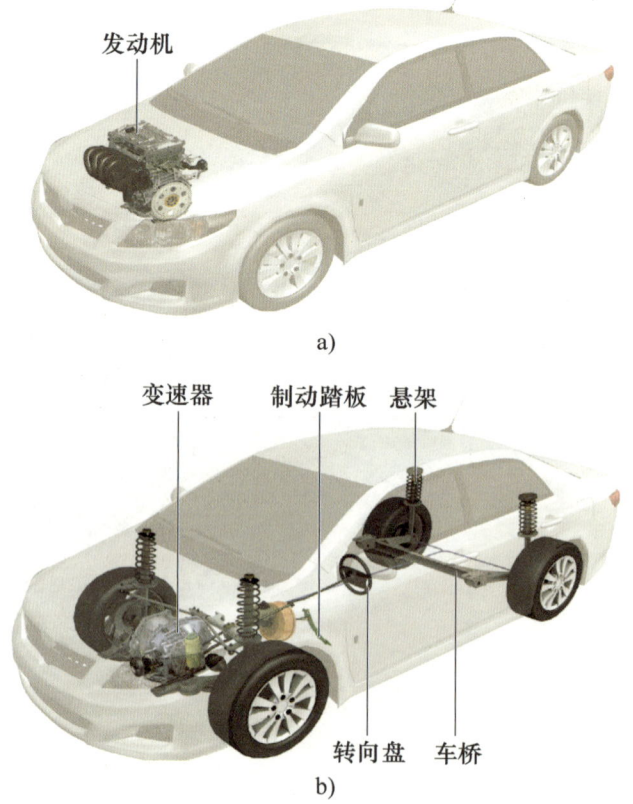

图 0-1 传统燃油汽车的组成
a) 发动机　b) 底盘

图 0-1 传统燃油汽车的组成（续）

c）车身　d）电气设备

（1）传动系统　其功能是将发动机产生的动力传递到驱动轮，主要由离合器、变速器、传动轴和驱动桥等组成，如图 0-2 所示。

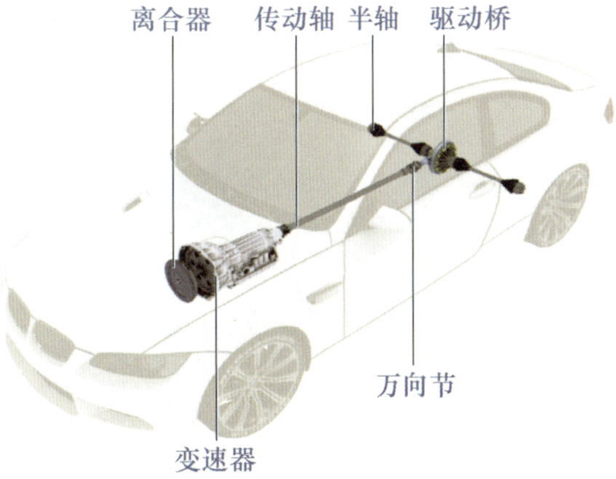

（2）行驶系统　其功能是将汽车总成与各零部件连接成整体，支撑全车载荷，保证汽车行驶，主要由车桥、车架、悬架和车轮等组成，如图 0-3 所示。

（3）转向系统　其功能是使汽车按照驾驶人的意愿实现转向行驶，主要由转向操纵机构（转向盘、转向柱）、转向器和转向传动机构等组成，如图 0-4 所示。

（4）制动系统　其功能是根据实际驾驶情况实现最短距离减速或停车，以确保行车安全。它主要由制动传动装置（制动踏板、真空助力器、制动主缸和制动管路）和制动器等组成，如图 0-5 所示。

图 0-2 传动系统的组成

图 0-3　行驶系统的组成

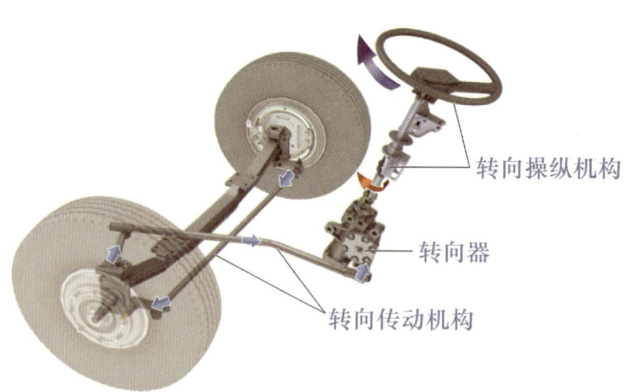

图 0-4　转向系统的组成

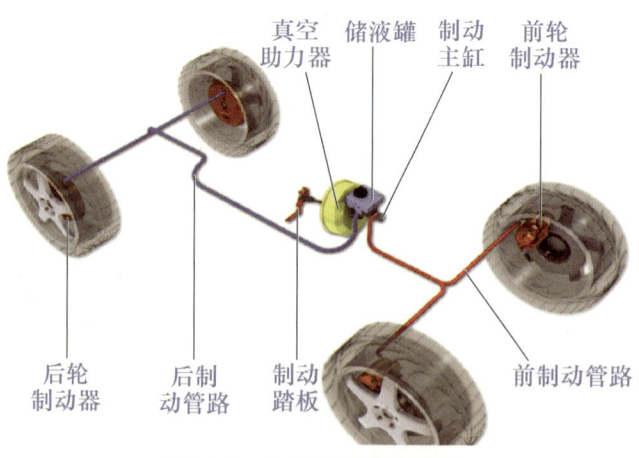

图 0-5　制动系统的组成

3. 车身

车身用以容纳驾驶人、乘员和装载货物。

4. 电气设备

电气设备包括发电机、蓄电池、起动机、点火系统、仪表盘、车内外照明和车载音响等用电设备。

项目一 / Project 1

传动系统的构造与检修

任务一

离合器的检查与维护

学习目标

知识目标

1）掌握离合器的功用与组成。
2）掌握离合器的工作原理。

技能目标

1）具有检查与维护离合器系统各部件的能力。
2）具有对离合器液压系统进行排气与调整作业的能力。

素养目标

1）了解安全操作要求,养成安全文明操作的习惯。
2）养成服从管理、吃苦耐劳与规范作业的良好工作习惯。

随堂笔记

任务描述

一位大众捷达轿车的用户反映：踩离合器挂入低速档时,变速器经常发出"咔咔"的响声。请你对离合器进行检查,确定故障部位并进行修理。

相关知识

一、离合器的功用

离合器是汽车传动系统的重要组成部分,安装在发动机与变速器之间,如图1-1所示。其功用如下：

1）汽车起步时,使发动机与传动系统柔顺地接合,转矩的传递逐渐增加,以保证起步平稳。

2）进行档位切换时,使发动机与传动系统可以迅速、彻底地分离,减少变速齿轮之间的冲击,以保证换档平顺。

3）汽车紧急制动时,使发动机的动力与汽车外力通过离合器摩擦副产生一定的滑移,减少传动系统零部件的受力,以免因传动系统过载而损坏零部件。

二、离合器的组成

离合器主要由飞轮、离合器压盘、离合器从动盘和离合器操纵机构四部分组成，如图1-2所示。

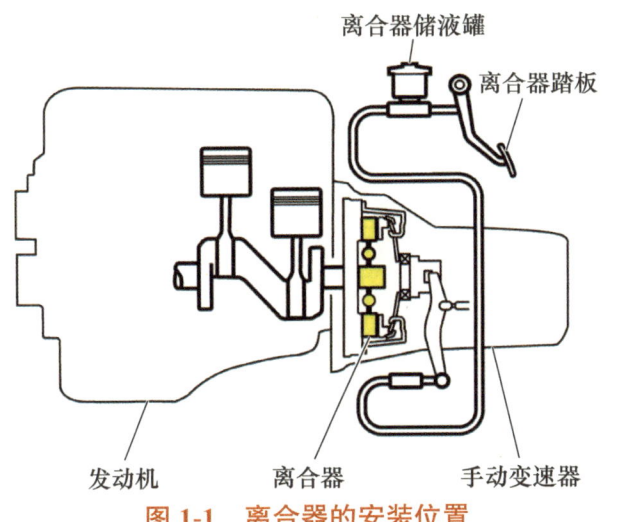

图1-1　离合器的安装位置

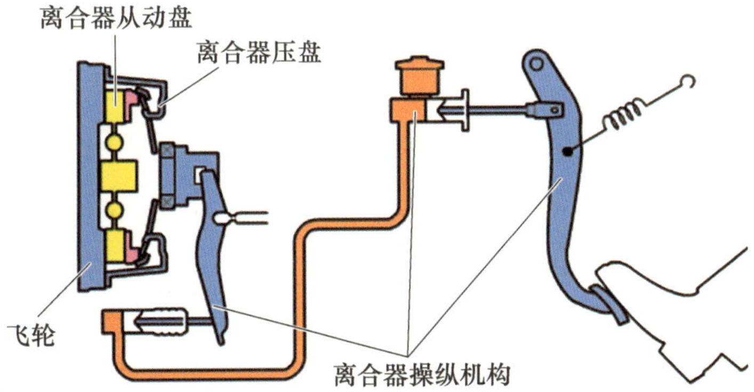

图1-2　离合器的组成

飞轮用螺栓与发动机曲轴固定在一起，离合器压盘通过螺栓固定在飞轮后端面上，压盘将从动盘压紧在飞轮端面上，这样，只要发动机旋转，发动机发出的动力就可经飞轮、离合器压盘传递给离合器从动盘。

1. 离合器压盘

离合器压盘的作用是压紧或不压紧离合器从动盘，压紧即离合器接合，传递动力；不压紧即离合器分离，中断动力的传递。

离合器压盘总成按结构的不同分为膜片弹簧式（图1-3）和周布弹簧式（图1-4）两种。其中，膜片弹簧式离合器压盘在轿车中使用较多。

膜片弹簧式离合器压盘主要由离合器盖、膜片弹簧、前支撑环、后支撑环、传动片和压盘等组成，如图1-5所示。离合器盖通过螺栓固定在飞轮上，为保持正确的安装位置，离合器盖通过定位销进行定位。压盘与离合器盖之间通过三组或四组传动片来传递转矩。传动片用弹簧钢片制成，每组两片，一端用铆钉铆接在离合器盖上，另一端用螺钉连接在压盘上。膜片弹簧的径向开有若干切槽，形成弹性杠杆，前、后支撑环是膜片弹簧工作时的支点。

图1-3　膜片弹簧式离合器压盘

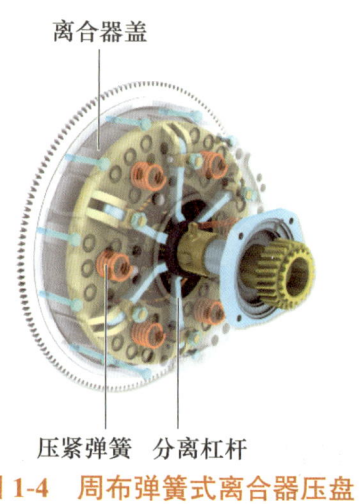

图1-4 周布弹簧式离合器压盘

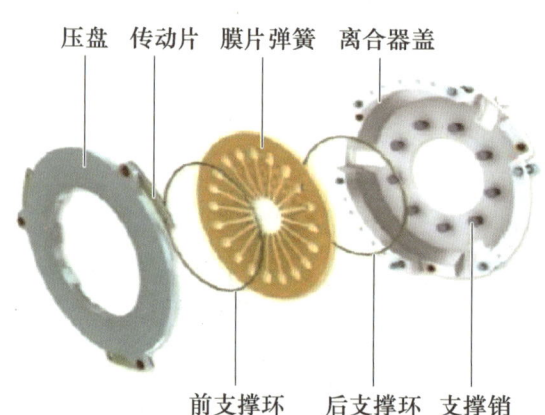

图1-5 膜片弹簧式离合器压盘的结构

2. 离合器从动盘

离合器从动盘的作用是通过摩擦作用将动力传递到变速器输入轴，它的双面都装有摩擦片，前、后摩擦片分别通过铆钉铆接在波形弹性片上。为了减轻传动系统的扭转振动，从动盘中间有扭转减振器。离合器从动盘的结构如图1-6所示。

离合器从动盘在离合器正常接合时被离合器压盘紧压在飞轮上；中间通过从动盘毂内花键安装在手动变速器的输入轴上（一轴），输入轴前端通过轴承支撑在曲轴后端中心的孔中，后端支撑在变速器壳体上。

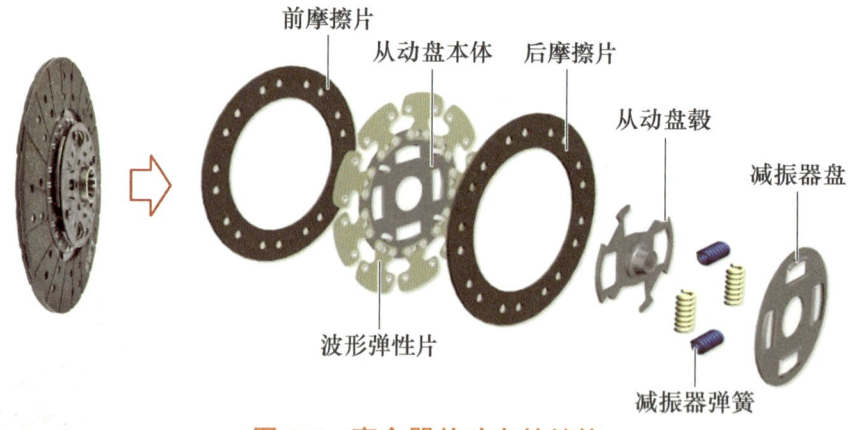

图1-6 离合器从动盘的结构

3. 离合器操纵机构

离合器操纵机构主要有机械式和液压式（图1-7）两种类型。其中，液压式离合器操纵机构在现代汽车中采用较多，其结构主要由离合器踏板、推杆、离合器主缸、离合器工作缸、分离拨叉与分离轴承等组成。

（1）**离合器主缸** 离合器主缸俗称离合器总泵，其作用是将离合器踏板的机械推力转变为液压油的压力，然后通过管路传递到工作缸。

离合器主缸主要由储液罐、缸体、活塞、皮碗和回位弹簧等组成，如图1-8所示。

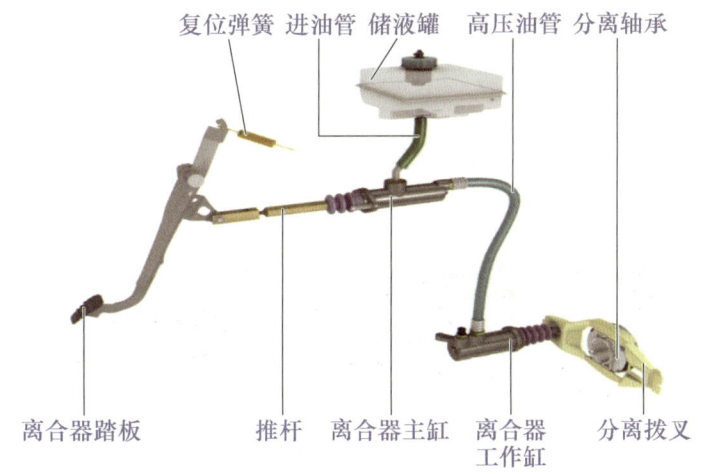

图 1-7　液压式离合器操纵机构

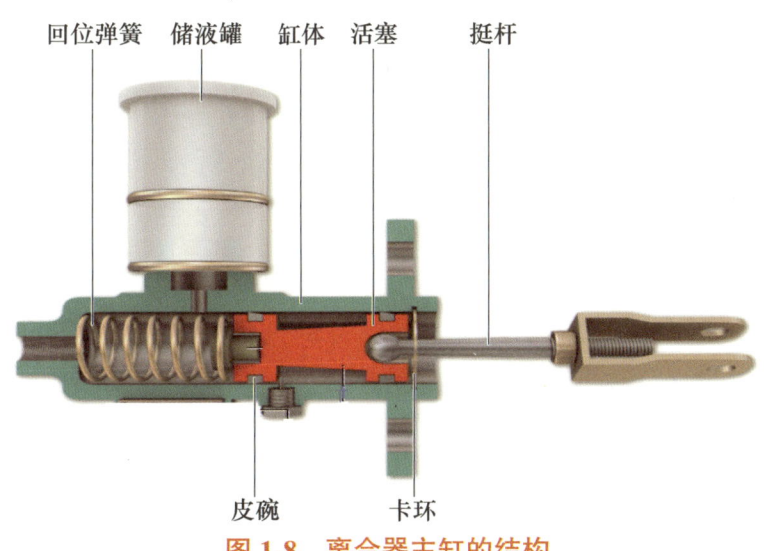

图 1-8　离合器主缸的结构

储液罐一般直接安装在缸体上，采用的液压油为制动液，有些车型的储液罐与制动系统共用。

（2）离合器工作缸　离合器工作缸俗称离合器分泵，其作用是将液压油的压力转变为机械推力，推动离合器分离拨叉和分离轴承。它主要由缸体、回位弹簧、皮碗、活塞、防尘套、推杆和放气螺钉等组成，如图 1-9 所示。

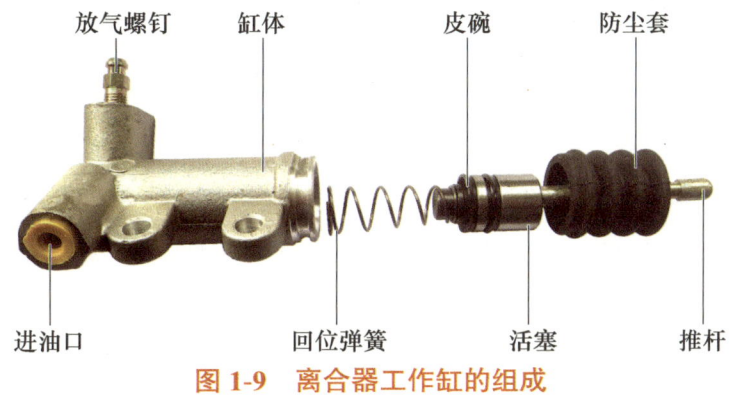

图 1-9　离合器工作缸的组成

随堂笔记

（3）分离拨叉与分离轴承　分离拨叉一端与离合器工作缸相连，另一端连接到分离轴承的后端，中间通过支点支撑在变速器壳体上，如图1-10所示。

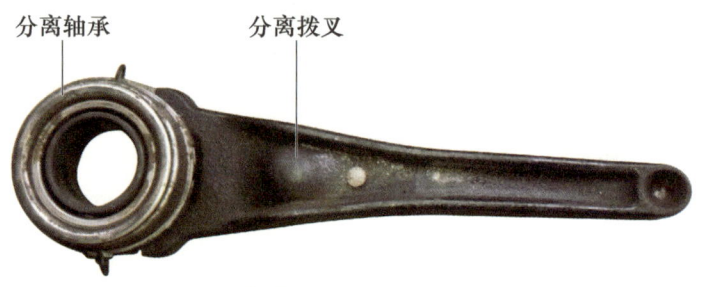

图1-10　离合器分离拨叉与分离轴承

当未踩下离合器踏板时，分离轴承与离合器压盘的膜片弹簧之间保持一定的间隙，该间隙反映到离合器踏板上就是离合器踏板的自由行程。当踩下离合器踏板时，分离轴承与高速旋转的离合器压盘接触，并随之转动，直到松开踏板。

三、离合器的工作原理

1. 接合状态

驾驶人未踩下离合器踏板时，操纵机构各部件在回位弹簧的作用下回到图1-11所示的各自位置，离合器压盘的杠杆与分离轴承之间保持有一定的间隙，膜片弹簧将飞轮、从动盘和压盘三者压紧在一起，发动机的转矩经过飞轮及压盘通过从动盘两摩擦面的摩擦作用传给从动盘，再由变速器输入轴输入给变速器。

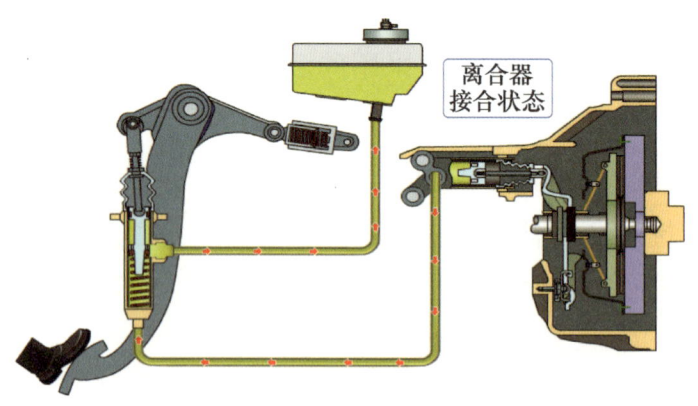

图1-11　离合器接合状态

2. 分离过程

当驾驶人踩下离合器踏板时，挺杆推动离合器主缸活塞向下移动，液压油压力增大，离合器工作缸活塞右移，推动分离叉和分离轴承先消除分离轴承与压盘膜片弹簧之间的间隙，然后推动膜片弹簧内端右移，使膜片弹簧带动压盘向左移，离合器的主、从动部分分离，摩擦作用消失，动力传递中断，如图1-12所示。

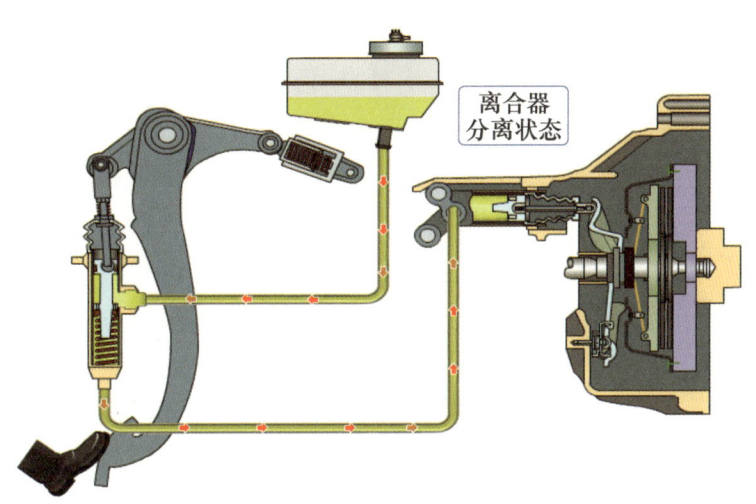

图1-12 离合器分离状态

3. 接合过程

当换档完成，驾驶人缓慢松开离合器踏板时，踏板在回位弹簧的作用下回位，离合器主缸活塞回位，液压油压力减小，离合器工作缸中的活塞回位，在膜片弹簧的作用下，压盘向右移动并逐渐压紧从动盘，使接触面间的压力逐渐增大，摩擦力矩也逐渐增大。当飞轮、压盘和从动盘之间接合还不紧密时，所能传递的摩擦力矩较小，离合器的主、从动部分有转速差，离合器处于打滑状态；如果离合器踏板继续上升，飞轮、压盘和从动盘之间的压紧程度逐渐紧密，主、从动部分的转速也渐趋相等，直到离合器完全接合而停止打滑，接合过程结束。

膜片弹簧离合器工作原理

四、离合器的自由间隙及自由行程

离合器处于接合状态时，膜片弹簧内端与分离轴承之间预留的间隙，称为离合器的自由间隙。踩下离合器踏板时，必须消除这一间隙才能开始分离离合器。为了消除这一间隙所需的离合器踏板行程称为离合器踏板的自由行程，如图1-13所示。

从动盘摩擦片经使用磨损后，离合器的自由间隙及自由行程会变小，应及时调整。否则，离合器将容易打滑。

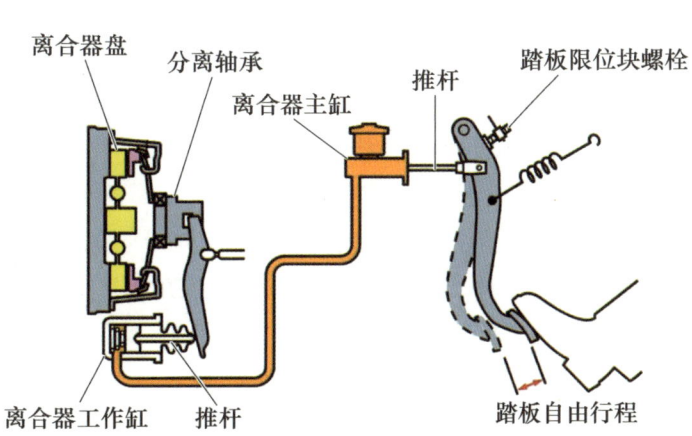

图1-13 离合器踏板的自由行程

离合器的检查与维护	学习任务单	班级：
		姓名：

1. 离合器安装在_____与变速器之间，它的作用是保证汽车起步平稳，换档平顺，防止传动系统过载。

2. 离合器主要由飞轮、_____、_____和离合器操纵机构四部分组成。

3. 写出图 1-14 中零部件的名称。

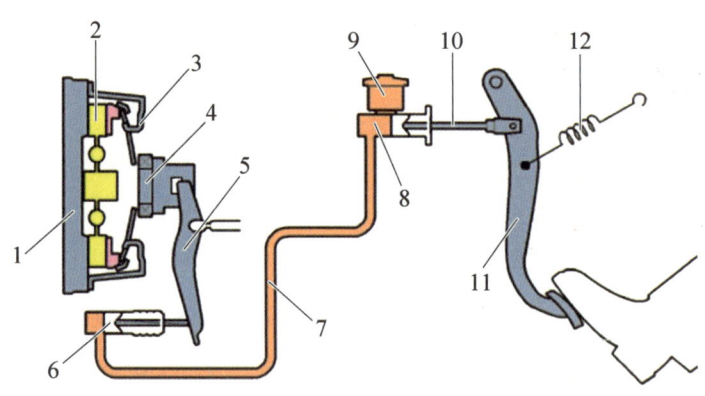

图 1-14　离合器的结构

随堂笔记

1. _____　2. _____　3. _____　4. _____

5. _____　6. _____　7. _____　8. _____

9. _____　10. _____　11. _____　12. _____

4. 离合器压盘的作用是压紧或不压紧离合器从动盘，压紧即离合器_____，传递动力；不压紧即离合器_____，中断动力的传递。

5. 离合器压盘按结构的不同分为_____式和周布弹簧式两种。

6. 离合器从动盘的作用是通过_____作用将动力传递到变速器输入轴，它的双面都装有摩擦片，前、后摩擦片分别通过铆钉铆接在波形弹性片上。

7. 离合器处于接合状态时，膜片弹簧内端与分离轴承之间预留的间隙，称为离合器的自由间隙。踩下离合器踏板时，必须消除这一间隙才能开始分离离合器。为了消除这一间隙所需的离合器踏板行程称为离合器踏板的_____。

实训任务　离合器的检查与维护

实训器材

大众捷达轿车、制动液、常用维修工具和维修手册等。

作业准备

1) 将车辆在工位停放周正。

2) 铺好车内和车外护套。

操作步骤

一、离合器液压系统的检查与维护

1. 液压管路泄漏的检查

1) 检查离合器储液罐中液位是否正常，如图 1-15 所示。如果过低，则需进行加注。

2) 检查离合器主缸是否有泄漏。

3) 检查离合器液压管路是否有泄漏。

4) 检查离合器工作缸是否有泄漏。

2. 离合器管路油中空气的排放

连续踩下离合器踏板，如果感觉软绵绵的，则可能是液压系统中有空气，需要进行液压系统排气。离合器液压系统排气的步骤如下：

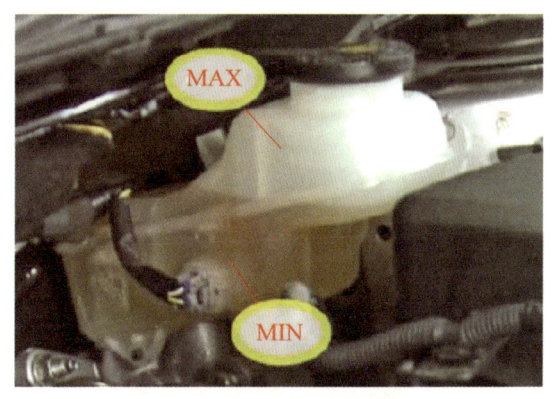

图 1-15　储液罐液位检查

1) 拆下离合器分泵放气螺塞盖。

2) 将塑料透明管连接至放气螺塞上。

3) 踩下离合器踏板数次并在踩下离合器踏板时松开放气螺塞。

4) 当离合器油液不外流时，拧紧放气螺塞，再松开离合器踏板。

5) 重复前两步操作，直到从塑料透明管流出的离合器油液中无气泡为止，然后用干净的抹布清洁放气螺塞。

6) 拧紧放气螺塞。

7) 安装放气螺塞盖。

二、离合器踏板的检查与调整

1. 离合器踏板的检查

1) 连续多次踩下离合器踏板，应无卡滞、松旷、异响和软绵绵的感觉等异常现象。

2）使用钢直尺垂直于地板测量此时离合器踏板的高度，如图1-16所示，将测量值与维修手册中的标准值进行比较。如果测量值不符合规定，则需要进行调整。

3）用手指轻轻按压离合器踏板，当感到按压阻力明显增大时停止按压，如图1-17所示，记录此时离合器踏板的高度。

图1-16 测量离合器踏板高度

图1-17 按压离合器踏板

4）放松离合器踏板，测量此时离合器踏板的高度。前后两次测量的高度差即为离合器踏板的自由行程，记录此数值并将其与维修手册中规定的标准数值对比。如果记录数值不在规定范围内，则需要调整离合器踏板的自由行程。

2. 离合器踏板的调整

（1）调整离合器踏板的高度　使用呆扳手先松开离合器踏板高度调节螺钉的锁紧螺母，再转动离合器踏板高度调节螺钉，以调节离合器踏板的高度，如图1-18所示。再次测量离合器踏板的高度，保证所测数值在规定范围内。

（2）调整离合器踏板的自由行程　使用呆扳手先松开离合器踏板推杆锁紧螺母，再转动离合器踏板推杆，调节离合器踏板的自由行程，如图1-19所示。再次测量离合器踏板的自由行程，保证所测数值在规定范围内。

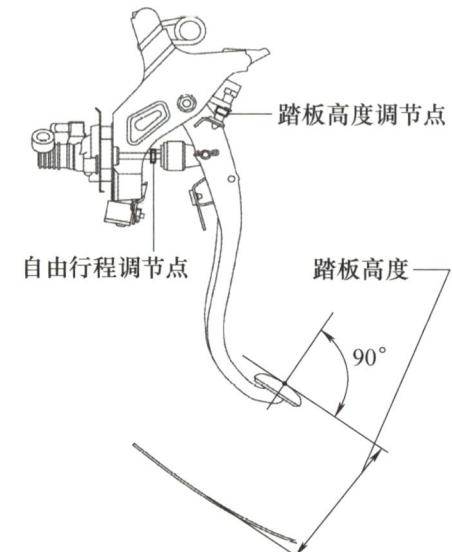

图1-18 离合器踏板高度调整

三、离合器总成的拆装与检查

1. 离合器总成的拆卸

就车拆卸离合器时，要先拆卸变速器总成，再拆卸离合器总成。

1）在离合器压盘和飞轮上做好装配标

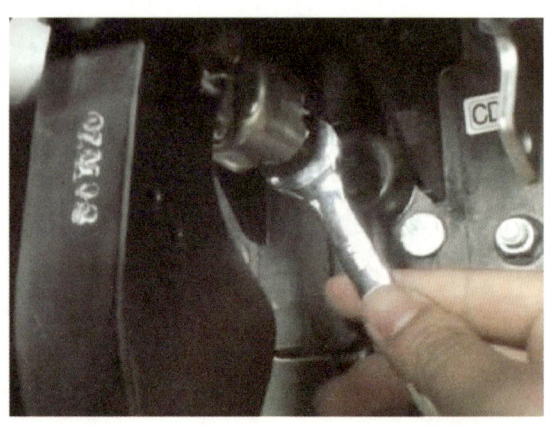

图1-19 离合器踏板自由行程调整

记，如图1-20所示。

2）使用合适的工具分多次将离合器压盘各固定螺栓拧松，每次拧松一圈，直至弹簧张力被完全释放。

3）拆下离合器压盘所有的固定螺栓，取下离合器压盘和从动盘。

2. 飞轮的检查

1）检查飞轮是否有裂纹或严重磨损。如果有，则更换飞轮总成。

2）用百分表测量飞轮工作面的径向圆跳动，如图1-21所示，最大径向圆跳动量应为0.1mm。如果超标，则更换飞轮总成。

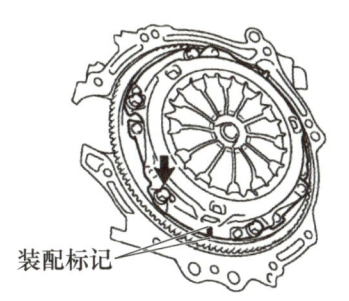

图1-20 压盘和飞轮上的装配标记

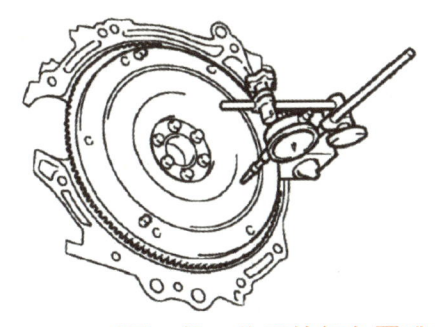

图1-21 测量飞轮工作面的径向圆跳动

3. 从动盘的检查

1）检查从动盘是否变形。如果是，则更换。

2）检查扭转减振弹簧是否松动。如果是，则更换。

3）检查摩擦片表面是否有油污或被烧蚀，摩擦片磨损是否均匀。

4）用游标卡尺测量铆钉头深度，如图1-22所示，最小铆钉深度应为0.3mm。如果超标，则更换离合器从动盘总成。

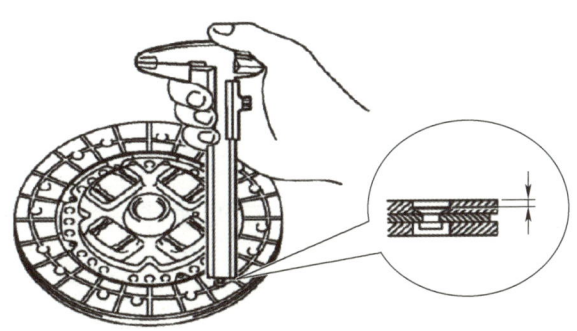

图1-22 测量铆钉头深度

4. 离合器压盘的检查

1）检查离合器压盘盖是否有裂纹或损坏。如果有，则应进行更换。

2）检查压盘面是否有裂纹、烧蚀，磨损是否均匀。

3）使用钢直尺和塞尺测量压盘面是否变形，如图1-23所示，平面度误差应不超过0.12mm。若超标，则应更换压盘总成。

4）使用游标卡尺测量膜片弹簧头部磨损的深度和宽度，如图1-24所示。如果超过规定值，则应更换离合器压盘总成。

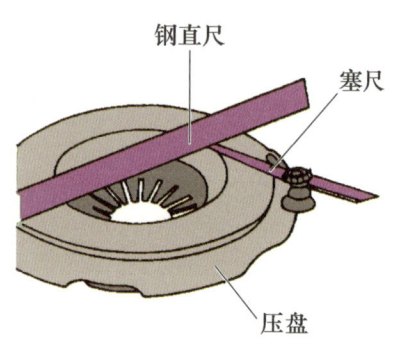

图 1-23 测量压盘面变形

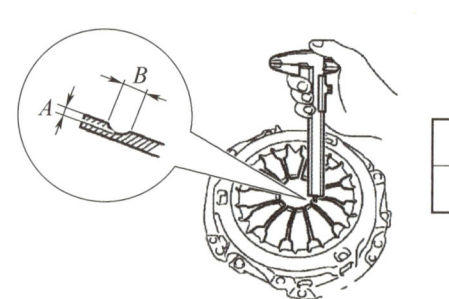

图 1-24 膜片弹簧头部磨损的测量

5. 分离轴承的检查

1）从变速器前壳体上拆下离合器分离轴承和分离拨叉，然后从分离拨叉上拆下分离轴承和卡子。

2）旋转离合器分离轴承总成的滑动部件（与离合器膜片弹簧的接触面），检查并确认离合器分离轴承总成移动平稳且无异常阻力和异响。

3）检查离合器分离轴承总成是否损坏或磨损，如图 1-25 所示。如果有必要，则更换分离轴承总成。

6. 离合器总成的安装

1）确认离合器从动盘的安装方向，将从动盘与压盘组合到一起。

2）将专用工具或变速器一轴插入离合器压盘和从动盘内，然后将它们一起插入安装到飞轮上。

3）将离合器压盘上的装配标记和飞轮上的装配标记对准。

4）使用扭力扳手按规定的转矩按照图 1-26 所示的顺序，从位于顶部锁销附近的螺栓开始，依次拧紧六个螺栓。

5）拔出专用工具或变速器一轴。

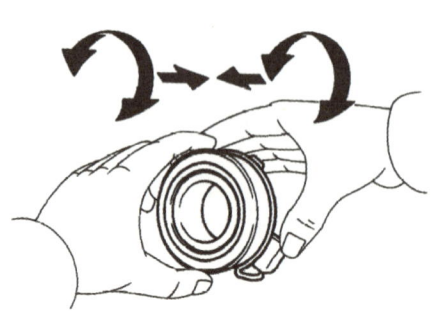

图 1-25 离合器分离轴承的检查

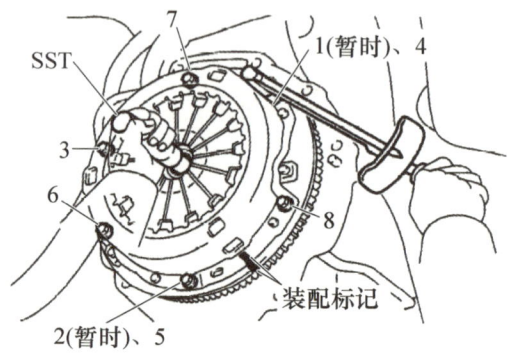

图 1-26 离合器压盘固定螺栓拧紧顺序

任务一　离合器的检查与维护

实训任务总结：

随堂笔记

离合器的检查与维护	工作任务单	班级：
		姓名：

1. 记录车辆信息

品牌		整车型号		生产日期	
发动机型号		发动机排量		行驶里程	
车辆识别代号					

2. 离合器液位的检查与调整

检查项目	检查情况	维修措施
离合器液位		调整□ 维修□ 更换□
液压管路	破损□ 变形□ 老化□ 松动□ 泄漏□ 正常□	调整□ 维修□ 更换□
离合器主缸	破损□ 变形□ 老化□ 松动□ 泄漏□ 正常□	调整□ 维修□ 更换□
离合器工作缸	破损□ 变形□ 老化□ 松动□ 泄漏□ 正常□	调整□ 维修□ 更换□
离合器管路中空气的排放	排放前： 异常□ 正常□ 排放后： 异常□ 正常□	调整□ 维修□ 更换□

3. 离合器踏板的检查与调整

检查项目	记录		规格	判定
离合器踏板的高度	调整前：	mm		异常□ 正常□
	调整后：	mm		
离合器踏板的自由行程	调整前：	mm		异常□ 正常□
	调整后：	mm		

4. 离合器总成的拆装与检查

做装配标记	已执行□ 否□
拆卸离合器总成	已执行□ 否□

检查项目	记录		规格	维修措施
飞轮	外观：			调整□ 维修□ 更换□
	跳动量：	mm		
从动盘	外观：			调整□ 维修□ 更换□
	铆钉深度：	mm		
压盘	外观：			调整□ 维修□ 更换□
	平面度：	mm		
膜片弹簧	外观：			调整□ 维修□ 更换□
	深度：	mm		
	宽度：	mm		
分离轴承	异响□ 卡滞□ 松动□ 正常□			调整□ 维修□ 更换□

随堂笔记

任务一　离合器的检查与维护

离合器的检查与维护			实习日期：			
姓名：		班级：		学号：		教师签名：
自评：□熟练　□不熟练		互评：□熟练　□不熟练		师评：□合格　□不合格		
日期：		日期：		日期：		

离合器的检查与维护【评分细则】

序号	评分项	得分条件	分值	评分要求	自评	互评	师评
1	安全/7S/态度	□ 1. 能进行工位 7S 操作 □ 2. 能进行设备和工具的安全检查 □ 3. 能进行车辆安全防护操作 □ 4. 能进行工具清洁、校准、存放操作 □ 5. 能进行三不落地操作	15分	未完成1项扣3分	□熟练 □不熟练	□熟练 □不熟练	□合格 □不合格
2	专业技能能力	作业 1 □ 1. 能正确地检查离合器液位并进行调整 □ 2. 能正确地检查离合器主缸 □ 3. 能正确地检查液压系统管路 □ 4. 能正确地检查离合器工作缸 □ 5. 能正确地检查液压系统中是否有空气 □ 6. 能正确地给液压系统排气 作业 2 □ 1. 能正确地测量离合器踏板高度 □ 2. 能正确地测量离合器踏板自由行程 □ 3. 能正确地调整离合器踏板高度 □ 4. 能正确地调整离合器踏板自由行程 作业 3 □ 1. 能正确地分离手动变速器与发动机 □ 2. 能正确地拆卸离合器总成 □ 3. 能正确地拆卸压盘和摩擦片 □ 4. 能正确地检查、测量飞轮 □ 5. 能正确地检查、测量压盘 □ 6. 能正确地检查、测量摩擦片 □ 7. 能正确地检查、测量膜片弹簧 □ 8. 能正确地检查分离轴承	50分	未完成1项扣3分，扣分不得超过50分	□熟练 □不熟练	□熟练 □不熟练	□合格 □不合格
3	工具及设备的使用能力	□ 1. 能正确地使用维修工具 □ 2. 能正确地使用空气排放设备 □ 3. 能正确地使用量具 □ 4. 能正确地使用预紧式扭力扳手	10分	未完成1项扣3分，扣分不得超过10分	□熟练 □不熟练	□熟练 □不熟练	□合格 □不合格
4	资料、信息查询能力	□ 1. 能正确地使用维修手册查询资料 □ 2. 能正确地记录查询资料章节及页码 □ 3. 能正确地记录所需维修信息	10分	未完成1项扣3分	□熟练 □不熟练	□熟练 □不熟练	□合格 □不合格
5	数据判断和分析能力	□ 1. 能判断离合器液位是否正常 □ 2. 能判断液压系统是否泄漏 □ 3. 能判断液压系统是否有空气 □ 4. 能判断离合器踏板是否正常 □ 5. 能判断离合器总成是否正常	10分	未完成1项扣3分，扣分不得超过10分	□熟练 □不熟练	□熟练 □不熟练	□合格 □不合格
6	表单填写和报告撰写能力	□ 1. 字迹清晰 □ 2. 语句通顺 □ 3. 无错别字 □ 4. 无涂改 □ 5. 无抄袭	5分	未完成1项扣1分	□熟练 □不熟练	□熟练 □不熟练	□合格 □不合格

总分：

随堂笔记

任务二

手动变速系统的检查与维护

🔧 学习目标

知识目标

1）掌握变速器的功用、类型与组成。

2）掌握变速器的动力传递过程。

技能目标

1）具有进行手动变速器油液检查和更换的能力。

2）具有拆装手动变速器的能力。

3）具有检查手动变速器各部件的能力。

素养目标

1）了解安全操作要求，养成安全文明操作的习惯。

2）养成服从管理、吃苦耐劳与规范作业的良好工作习惯。

🚗 任务描述

一辆大众捷达轿车用户反映：变速器油达到了更换周期。请你对变速器油进行更换。

相关知识

一、变速器的功用

变速器操纵机构用来保证驾驶人准确、可靠地挂入所需要的档位，并随时退到空档，如图1-27所示。其具体功用如下：

1. 实现变速、变矩

汽车上所使用的发动机具有转矩变化范围小和转速高的特点，这与汽车实际的行驶状况是不相适应的。如果没有变速器而直接将发动机与驱动桥连接在一起，首先由于发动机的转矩小，不能克服汽车的行驶阻力，使汽车根本无法起步；其次即使汽车能够行驶，也会由于车速太高而不实用，甚至无法驾控。所以必须改变发动机的转矩、转速特性，使发动机的转矩增大、转速下降，以满足汽车实际行驶的要求。变速器可通过不同的档位来实现这一功用。

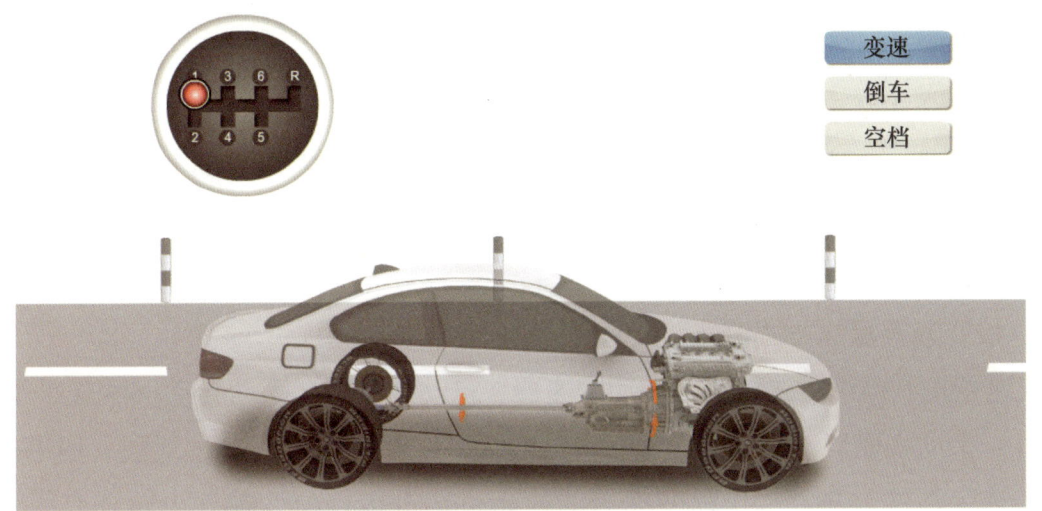

图 1-27　变速器的功用

2. 实现倒车

发动机输出轴的旋转方向是不能改变的，为了实现汽车的倒向行驶，变速器中设置了倒档。

3. 实现动力传递中断

在发动机起动、怠速运转、变速器换档、汽车滑行和暂时停车等情况下，都需要中断发动机的动力传递，为此变速器中设有空档。

二、变速器的类型

现代汽车上所采用的变速器有多种结构形式，一般可以按照传动比和操纵方式进行分类。

1. 按传动比的变化方式分类

变速器按传动比的变化方式可分为有级式、无级式和综合式三种。

（1）**有级式变速器**　有级式变速器采用齿轮传动，具有若干个定值传动比。轿车和轻、中型货车的变速器多采用 5~6 个前进档和一个倒档，每个档位对应一个传动比。重型汽车行驶的路况复杂，变速器的档位较多，可有 8~20 个档位。

有级式变速器具有结构简单、易于制造、工作可靠、传动效率高等优点。

有级式变速器按照结构的不同可以分为二轴式和三轴式变速器。二轴式变速器广泛用于发动机前置前轮驱动的轿车，三轴式变速器可用于其他

> **小提示**
>
> 变速器的档数都是指前进档的个数，如一汽大众捷达轿车采用的是五档手动变速器，是指其具有五个前进档。

各类型车辆。

（2）无级式变速器　无级式变速器（CVT）传动比的变化是连续的。无级式变速器一般采用金属带传递动力，通过主、从动带轮直径的变化实现无级变速。目前，无级式变速器在中、高级轿车中的应用越来越广泛。

（3）综合式变速器　综合式变速器是由液力变矩器和有级齿轮式变速器组成的，一般都由计算机来实现自动换档，所以多把这种变速器称为自动变速器。这种变速器的传动比可在最大值与最小值之间的几个间断的范围内做无级变化，目前在中、高级轿车上应用较多。

2. 按变速器操纵方式分类

变速器按其操纵方式可分为手动变速器、自动变速器和手动自动一体变速器三种。

（1）手动变速器　手动变速器（MT）如图 1-28 所示，它通过驾驶人用手操纵变速杆来选定档位，并直接操纵变速器的换档机构进行档位变换。齿轮式有级变速器大多数都采用这种换档方式。

（2）自动变速器　自动变速器（AT）如图 1-29 所示，它的自动控制系统可根据发动机的负荷和车速的变化情况自动选定档位并进行档位变换，即自动改变传动比。驾驶人只需要操纵加速踏板控制车速即可。

（3）手动自动一体变速器　手动自动一体变速器可以自动换档，也可以手动换档。目前，手动自动一体变速器在中、高级轿车上使用较普遍。

图 1-28　手动变速器

图 1-29　自动变速器

三、普通齿轮传动的基本原理

普通齿轮变速器是利用不同齿数的齿轮啮合传动来改变转矩和转速的。一对齿数不同的齿轮啮合传动时可以实现变速，而且两齿轮的转速比与其齿数成反比。

如图 1-30 所示，当小齿轮为主动齿轮，带动大齿轮转动时，输出转速降低，称为减速传动，此时传动比 $i>1$；当大齿轮驱动小齿轮时，输出转速升高，称为增速传动，此时传动比 $i<1$，这就是齿轮传动的变速原理。汽车变速器就是根据这一原理利

用若干大小不同的齿轮副传动而实现变速的。当在主动齿轮和从动齿轮之间加一个中间齿轮传动时，就能改变动力传递的方向，从而形成倒档。

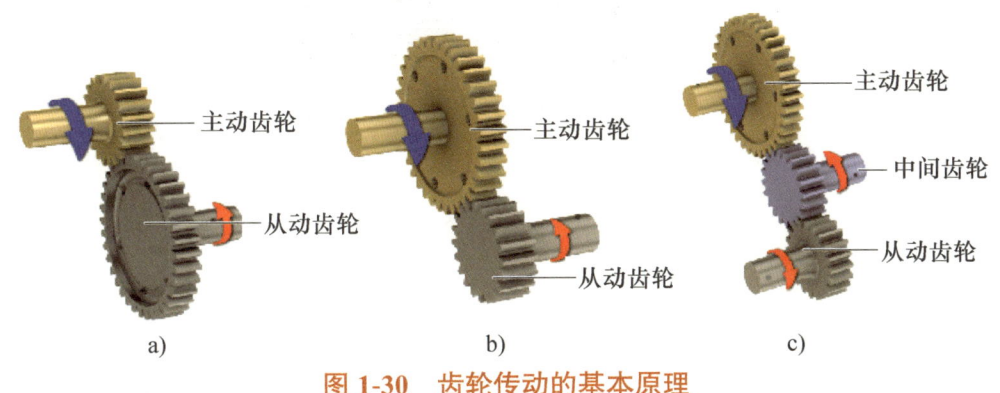

图 1-30　齿轮传动的基本原理

a）减速传动　b）增速传动　c）变向传动

四、手动变速器的组成

手动变速器主要由齿轮变速传动部分、换档操纵机构和壳体等组成，如图 1-31 所示。

1. 齿轮变速传动部分

（1）齿轮变速传动部分的类型　齿轮变速传动部分按结构的不同，可分为两轴式（图 1-32）和三轴式（图 1-33）。

图 1-31　手动变速器的组成

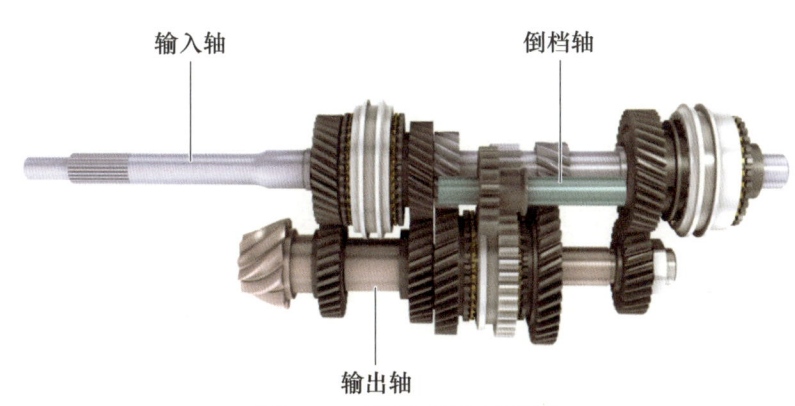

图 1-32　两轴式齿轮传动

（2）齿轮变速传动部分的组成　两轴式齿轮传动部分主要由输入轴总成、输出轴总成和倒档轴总成等组成。

1）输入轴总成。两轴式齿轮变速传动部分的输入轴总成主要由带一档和二档主动齿轮的输入轴、三档主动齿轮、四档主动齿轮、五档主动齿轮、三档和四档同步器、五档同步器和滚针轴承等组成，如图 1-34 所示。

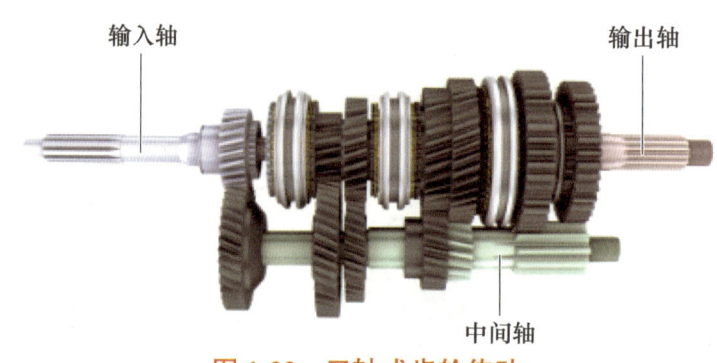

图 1-33 三轴式齿轮传动

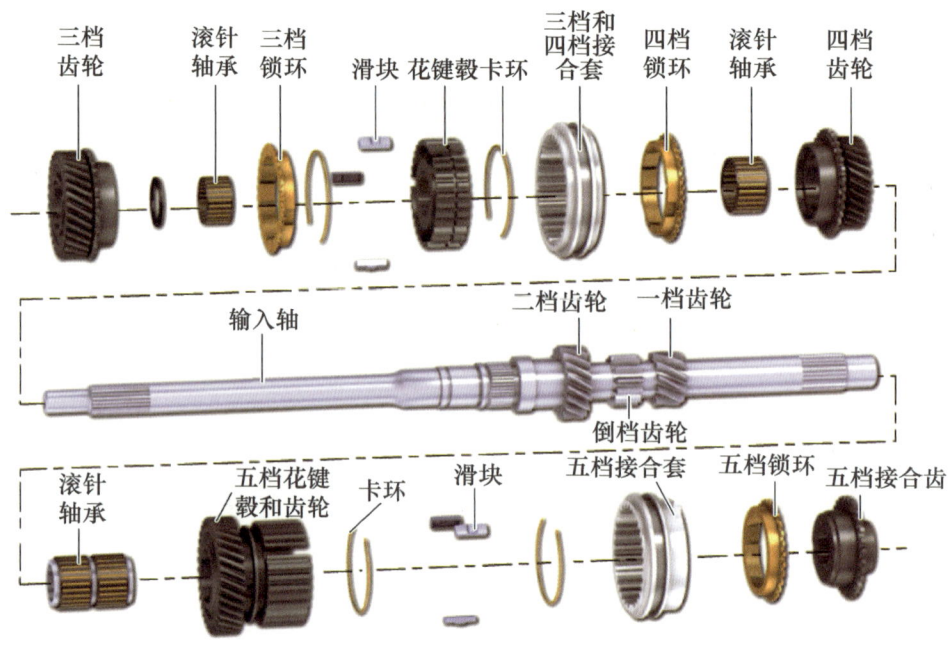

图 1-34 输入轴总成的组成

2）输出轴总成。两轴式齿轮变速传动部分的输出轴总成主要由输出轴、一档被动齿轮、二档被动齿轮、三档被动齿轮、四档被动齿轮、五档被动齿轮、一档和二档同步器和滚针轴承等组成，如图 1-35 所示。

3）倒档轴总成。两轴式齿轮变速传动部分的倒档轴总成主要由倒档轴和倒档齿轮组成。倒档齿轮可以在倒档轴上轴向移动。

（3）齿轮变速传动部分的工作过程

1）空档。各档接合套都位于中间位置，传动齿轮处于空转状态，输入轴的动力不传给输出轴。

2）一档。右移一档和二档接合套与输出轴一档齿轮啮合，动力的传递路线如图 1-36 所示。此时，输出轴的转速低于输入轴的转速，且转向相反，为前进低速档。

3）二档。左移一档和二档接合套与输出轴二档齿轮啮合，动力的传递路线如图 1-37 所示。此时，输出轴的转速低于输入轴的转速，且转向相反，为前进低速档。

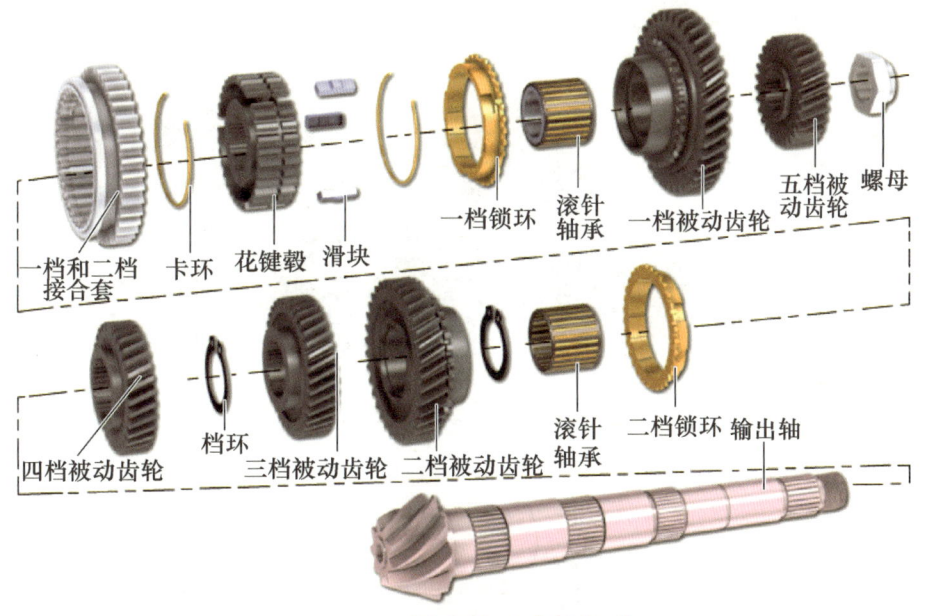

图 1-35 输出轴总成的组成

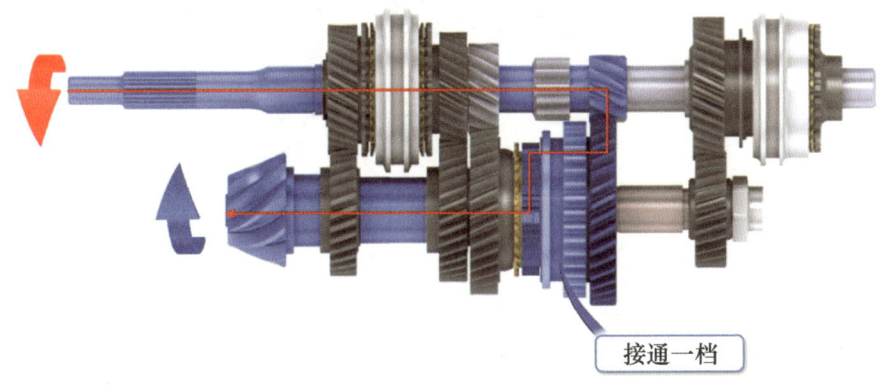

图 1-36 一档动力传递路线

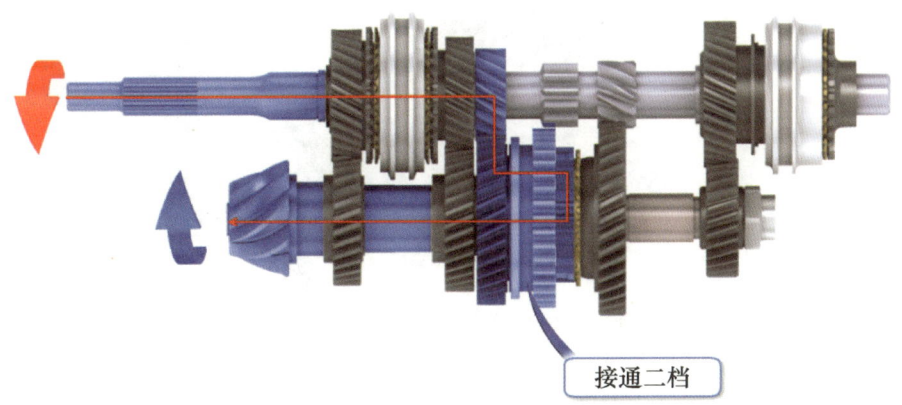

图 1-37 二档动力传递路线

4）三档。右移三档和四档接合套与输入轴三档齿轮啮合，动力的传递路线如图 1-38 所示。此时，输出轴的转速低于输入轴的转速，且转向相反，为前进低速档。

5）四档。左移三档和四档接合套与输入轴四档齿轮啮合，动力的传递路线如图 1-39 所示。此时，输出轴的转速等于输入轴的转速，且转向相反，为前进直接档。

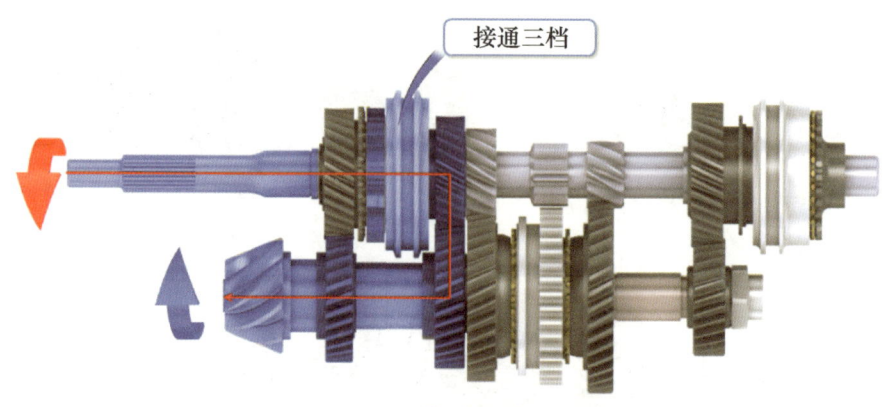

图 1-38　三档动力传递路线

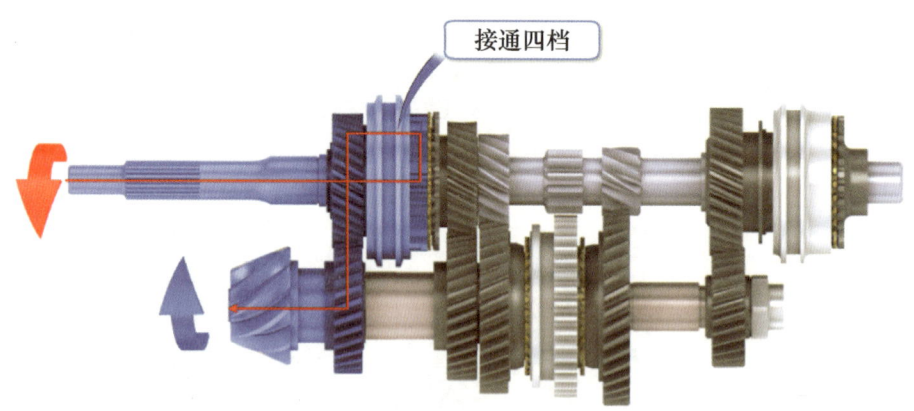

图 1-39　四档动力传递路线

6）五档。右移五档接合套与输入轴五档齿轮啮合，动力的传递路线如图 1-40 所示。此时，输出轴的转速高于输入轴的转速，且转向相反，为前进超速档。

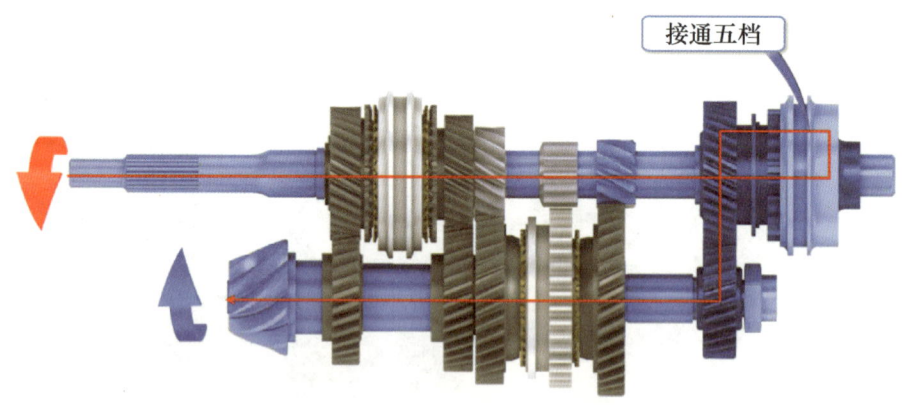

图 1-40　五档动力传递路线

7）倒档。左移倒档轴上的倒档齿轮与输入轴上的倒档齿轮和输出轴上的倒档齿轮（位于一档和二档接合套上）啮合，动力的传递路线如图 1-41 所示。此时，输出轴的转向与输入轴的转向相同，为倒档。

2. 同步器

（1）同步器的作用　同步器的作用是依靠摩擦力使两个齿轮运动同步，从而快速换档、减少齿轮之间的冲击和磨损，如图 1-42 所示。

任务二　手动变速系统的检查与维护

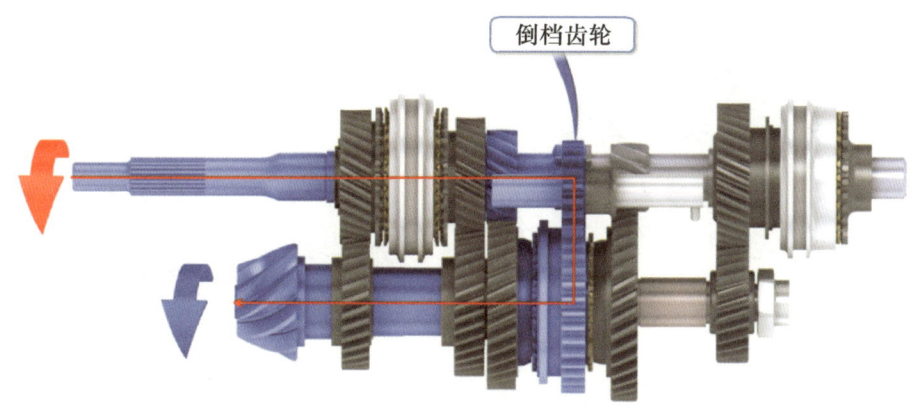

图 1-41　倒档动力传递路线

（2）同步器的类型　同步器主要有锁环式同步器和锁销式同步器两种，如图 1-43 所示。其中，锁环式同步器在小型汽车上使用较多；锁销式同步器由于传递的转矩较大，在中、大型汽车上使用较多。

（3）同步器的组成　锁环式同步器主要由锁环、花键毂、接合套、卡环和滑块等组成，如图 1-44 所示。

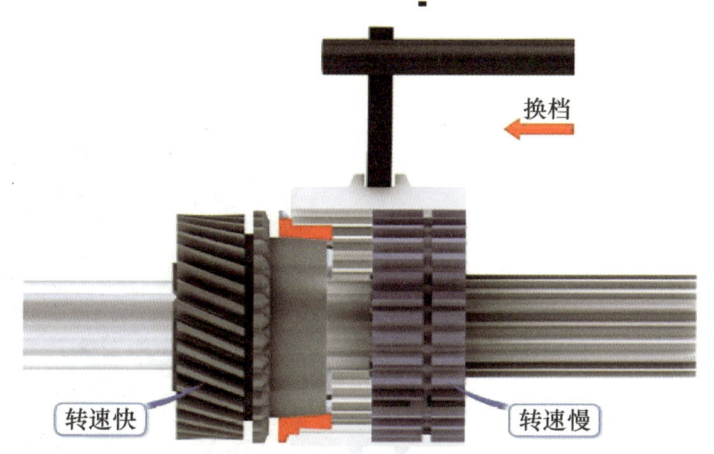

图 1-42　同步器的作用

（4）同步器的工作过程　在空档时，锁环是轴向自由的，故其内锥面与齿轮锥面并不接触，此时接合套、花键毂和锁环随同轴一起旋转。当驾驶人换档时，通过车内的变速杆使换档操纵机构推动接合套向左侧移动，如图 1-45 所示。此时接合套推动滑块，通过滑块推动锁环，使锁环内锥面与齿轮锥面接触产生摩擦力，从而使齿轮的转速与接合套的转速同步，达到迅速换档的效果。

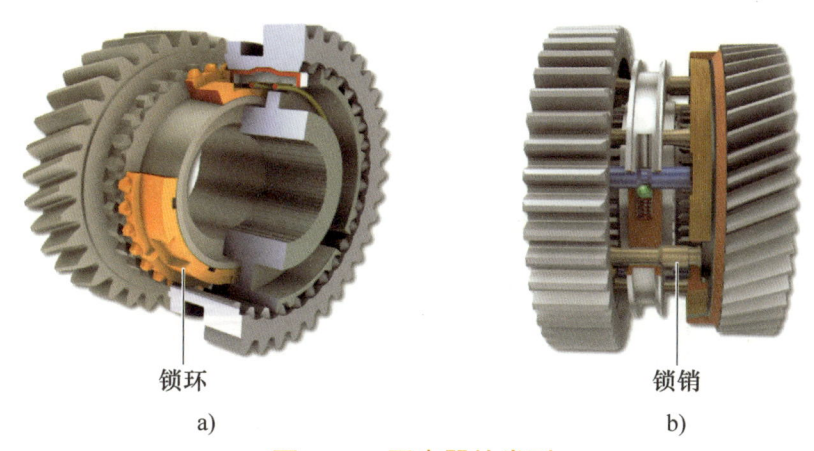

图 1-43　同步器的类型

a）锁环式同步器　b）锁销式同步器

27

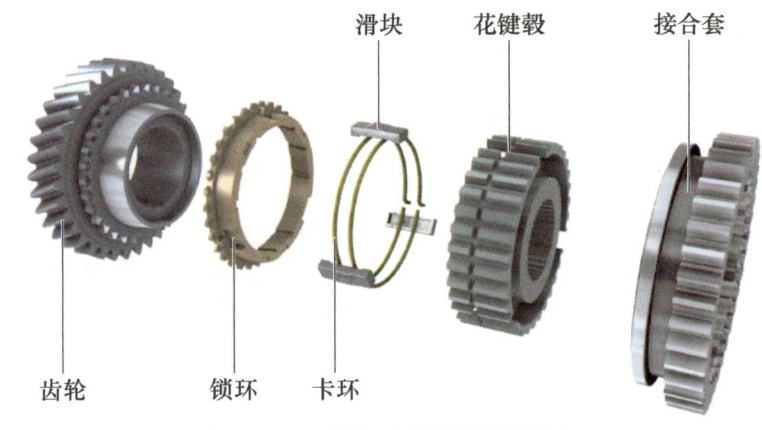

图 1-44 锁环式同步器的组成

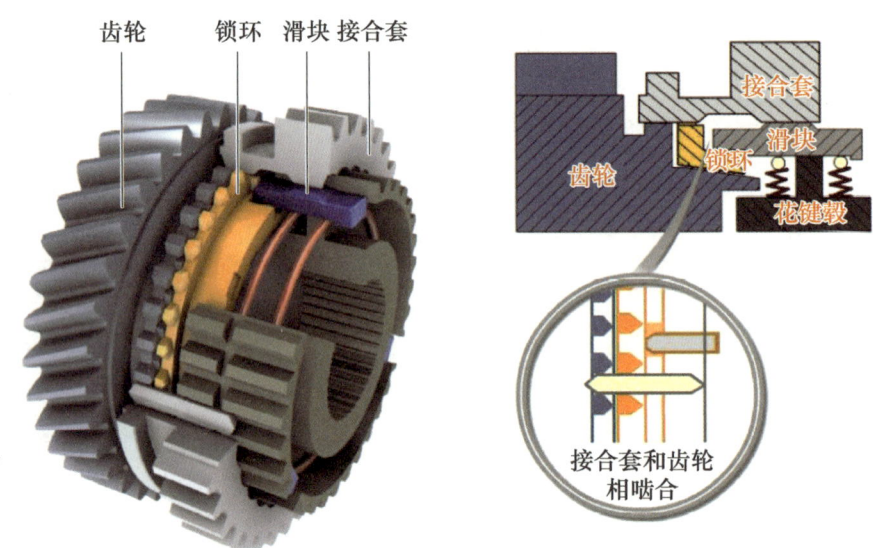

图 1-45 锁环式同步器的工作原理

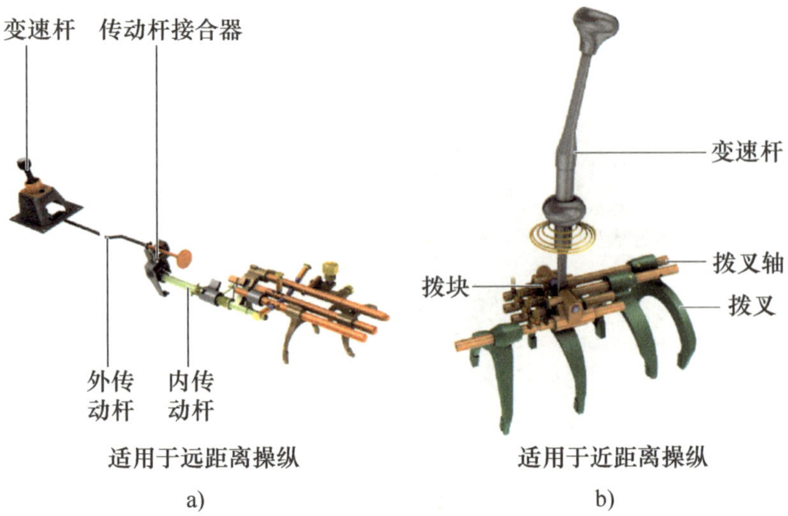

3. 换档操纵机构

（1）换档操纵机构的作用　换档操纵机构的作用是保证驾驶人能准确可靠地使变速器挂入所需要的档位，并可随时使之退到空档。为防止同时挂入两个档位，造成变速器损坏，设有互锁装置；为防止自动换档和自动脱档，设有自锁装置；为防止误挂入倒档，设有倒档锁装置。

（2）换档操纵机构的类型　换档操纵机构按换档操纵手柄与变速器之间的距离不同，可分为间接式操纵机构和直接式操纵机构两种，如图 1-46 所示。

图 1-46 换档操纵机构的类型

a）间接式操纵机构　b）直接式操纵机构

(3) 间接式换档操纵机构的组成　间接式换档操纵机构主要由变速杆、传动杆、拨叉轴、拨叉、自锁装置、互锁装置和倒档锁装置等组成，如图 1-47 所示。

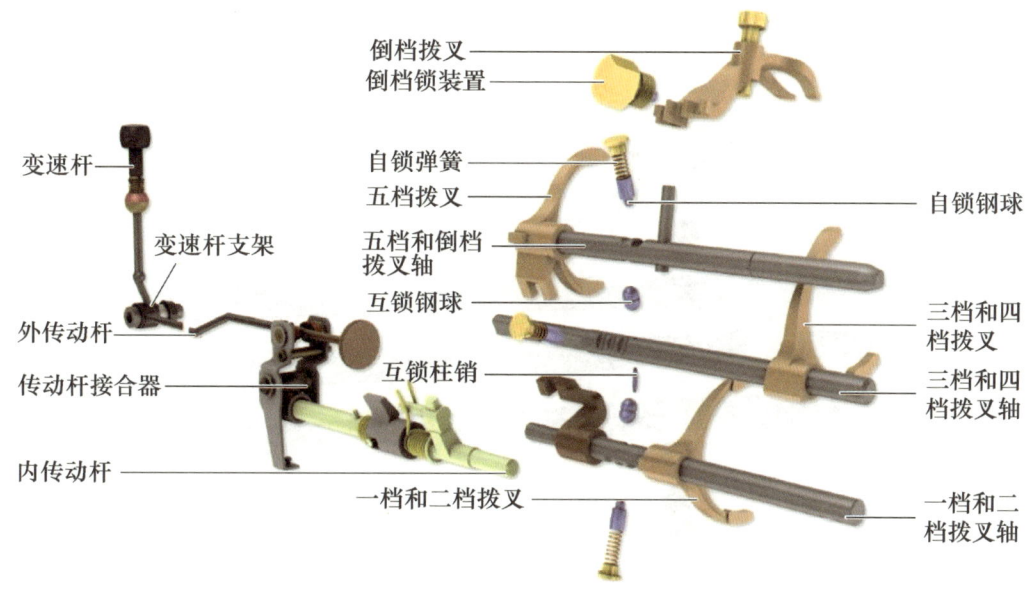

图 1-47　间接式换档操纵机构的组成

(4) 间接式换档操纵机构的工作过程　变速杆通过外传动杆与内传动杆相连，可带动内、外传动杆左右转动和前后移动。当向左或向右转动时，即可完成换档的过程，然后向前或向后移动，即可拉动所选档位的拨叉轴进行轴向移动，拨叉轴上的拨叉推动同步器接合套进行换档。图 1-48 所示为挂入四档。

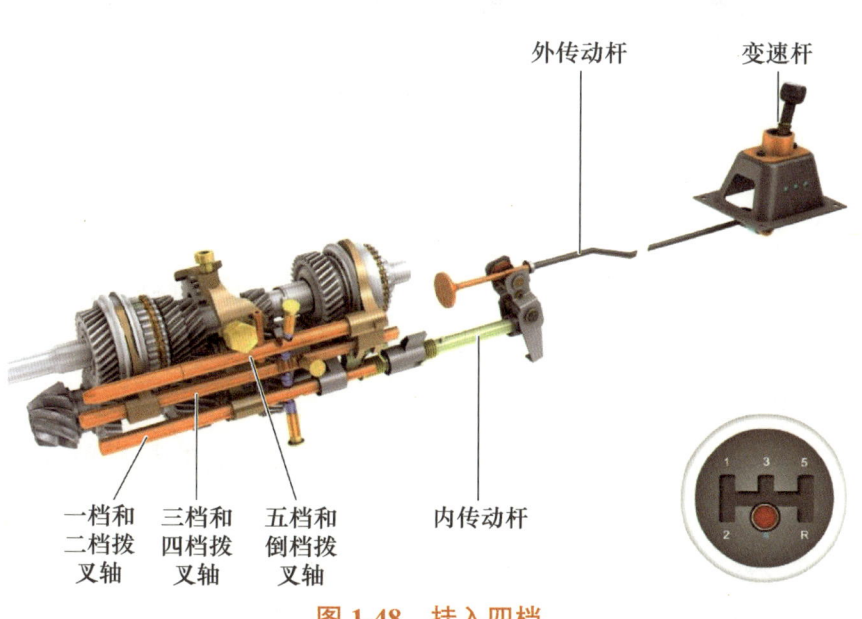

图 1-48　挂入四档

(5) 自锁装置　自锁装置的作用是对各档拨叉轴进行轴向定位锁止，以防止其自动产生轴向移动而造成自动挂档或自动脱档，并保证各档传递齿轮以全齿长啮合。其结构如图 1-49 所示，它一般由自锁钢球和自锁弹簧组成。拨叉轴上有凹槽，钢球在自锁弹簧的压力作用下嵌入该凹槽内，拨叉轴的轴向位置便被固定，其拨叉和接合套便被固定在空档位置或某一工作档位，而不能自动挂档或自动脱档。当需要换档时，驾驶人只要稍加用力，就能克服钢球的阻力使拨叉轴移动。其工作原理如图 1-50 所示。

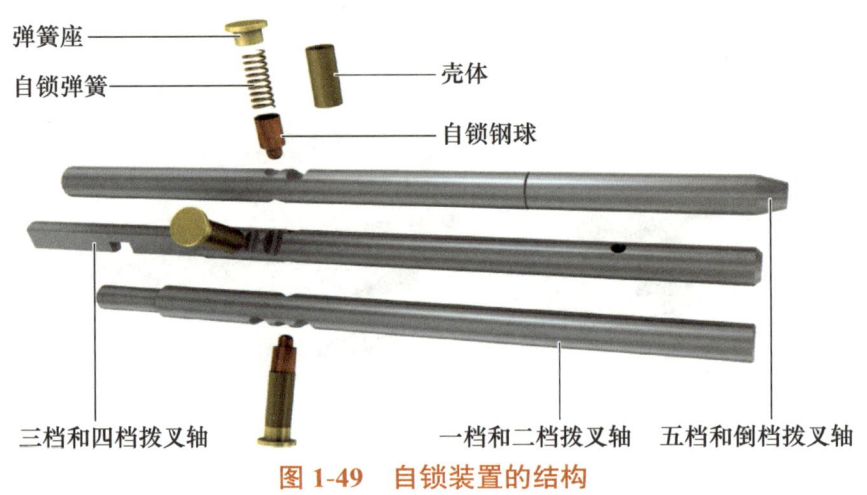

图 1-49 自锁装置的结构

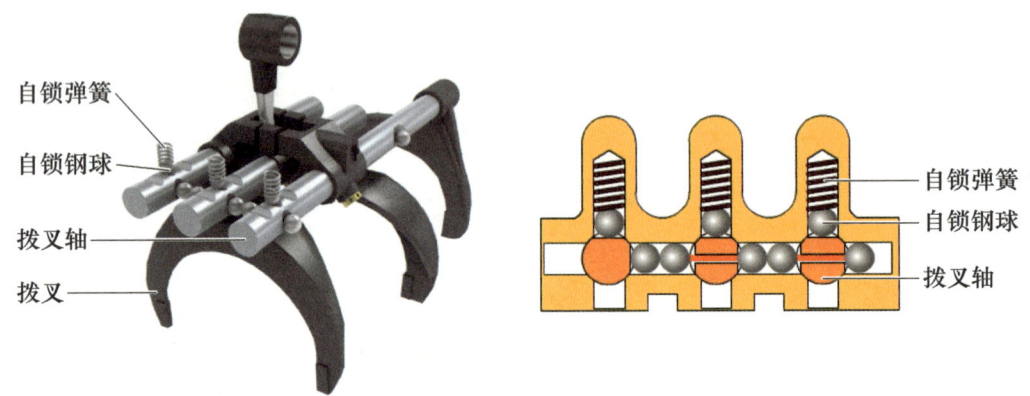

图 1-50 自锁装置的工作原理

（6）**互锁装置** 互锁装置的作用是阻止两个拨叉轴同时移动，防止同时挂入两个档位，避免因同时啮合的两个档位的齿轮传动比不同而互相卡住，造成运动干涉，甚至造成零部件损坏。

互锁装置有钢球式和锁销式等类型，汽车上应用广泛的是钢球式互锁装置。其结构如图 1-51 所示。

钢球式互锁装置一般与自锁装置在一起，由互锁钢球和互锁销组成。每根拨叉轴朝向互锁钢球的侧面都有一个深度相等的凹槽，任一拨叉轴处于空档位置时，其侧面凹槽都正好对着互锁钢球。两个互锁钢球的直径之和等于相邻两拨叉轴表面之间的距离加上一个凹槽的深度。中间拨叉轴上两个侧面凹槽之间有孔相通，孔中有一根可以滑动的互锁销，销的长度等于拨叉轴的直径减去一个凹槽的深度，保证每次换档时只允许移动一根拨叉轴，且另两根拨叉轴必须回到空档位置。其工作原理如图1-52所示。

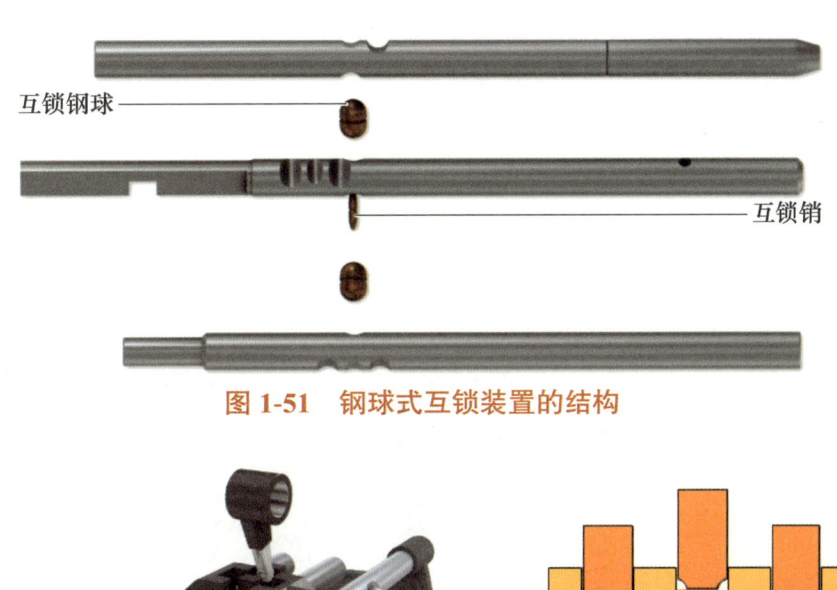

图1-51 钢球式互锁装置的结构

图1-52 互锁装置的工作原理

（7）倒档锁装置　倒档锁装置的作用是防止汽车在前进中因误挂倒档而造成极大的冲击，使零部件损坏，并防止在汽车起步时误挂倒档而造成安全事故。倒档锁装置一般由倒档钢球和倒档锁弹簧等组成，如图1-53所示。其原理是使驾驶人挂入倒档时需克服倒档锁弹簧的阻力，即对变速杆施加更大的力才能挂入倒档，起到提醒作用，从而防止无意中误挂倒档。

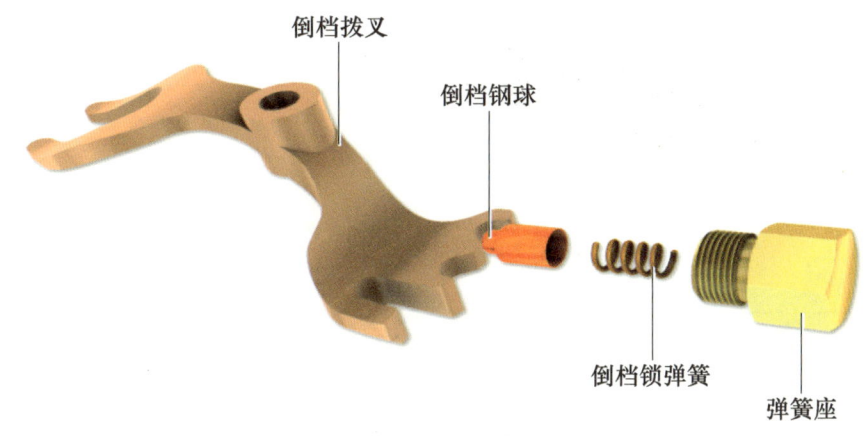

图1-53 倒档锁装置

手动变速系统的检查与维护	学习任务单	班级： 姓名：

1. 变速器的功用是实现_____、变矩，实现_____和实现动力传递中断。

2. 变速器按操纵方式的不同可分为手动变速器、_____和手动自动一体变速器三种。

3. 当小齿轮为主动齿轮，带动大齿轮转动时，输出转速_____；当大齿轮驱动小齿轮时，输出转速_____。当在主动齿轮和从动齿轮之间加一个中间齿轮传动时，就能改变动力传递的方向，从而形成_____档。

4. 写出图 1-54 中零部件的名称。

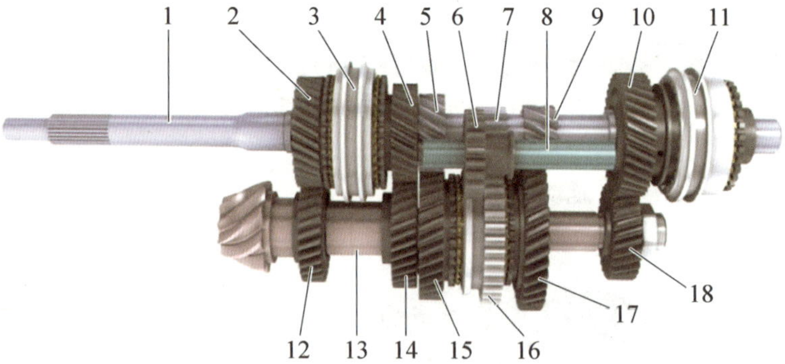

图 1-54 变速器齿轮传动结构

1. _____ 2. _____ 3. _____ 4. _____
5. _____ 6. _____ 7. _____ 8. _____
9. _____ 10. _____ 11. _____ 12. _____
13. _____ 14. _____ 15. _____ 16. _____
17. _____ 18. _____

5. 同步器的作用是依靠摩擦力使两个齿轮_____，从而快速换档、减少齿轮之间的冲击和磨损。锁环式同步器主要由锁环、花键毂、_____、卡环和滑块等组成。

6. 写出图 1-55 中零部件的名称。

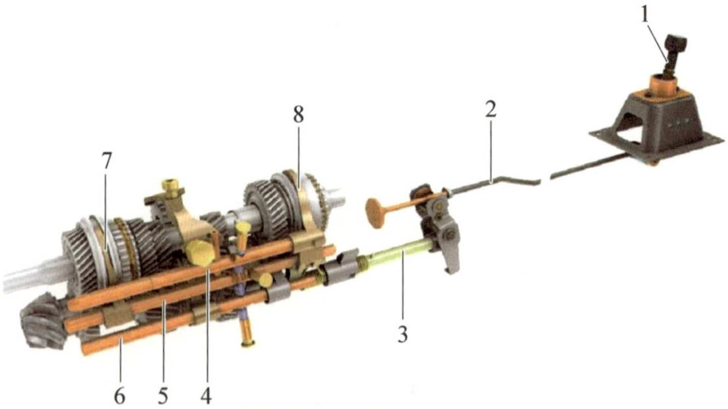

图 1-55 换档操纵机构

1. _____ 2. _____ 3. _____ 4. _____
5. _____ 6. _____ 7. _____ 8. _____

7. 换档操纵机构为了防止同时挂入两个档位，造成变速器损坏，设有_____装置；为防止自动换档和自动脱档，设有_____装置；为防止误挂入倒档，设有_____装置。

实训任务　手动变速系统的检查与维护

实训器材

大众捷达手动变速器台架或整车、变速器油、废油收集器、常用维修工具和维修手册等。

作业准备

1）将车辆在工位停放周正。

2）铺好车内和车外护套。

操作步骤

一、手动变速器油液的检查与更换

1. 油质的检查

1）选用合适的工具松开手动变速器排放孔螺塞并用容器接住油液。

2）检查油液是否有异味、是否混浊。如果有，则更换变速器油。

3）用手接触油液，看是否有细小的金属颗粒。如果有，则更换变速器油。

2. 油液的更换

1）使用合适的工具拆下手动变速器壳体上的加油孔螺塞。

2）使用合适的工具拆下手动变速器排放孔螺塞并用容器接住油液。

3）待变速器油液完全排净后，安装排放孔螺塞，按规定力矩拧紧。

4）用专用加注设备将变速器油从加油孔泵入变速器内，直到加油孔下沿有油液流出为止。

5）安装加油孔螺塞，按规定力矩拧紧。

二、手动变速器壳体密封件的检查与更换

1. 密封件的检查

1）检查变速器与发动机接合处是否有油液漏出。如果有油液漏出，可能是变速器输入轴油封损坏，应更换输入轴油封。

2）检查变速器左、右驱动轴接合处是否有油液漏出。如果有油液漏出，应更换驱动轴油封。

3）检查变速器换档轴接合处是否有油液漏出。如果有油液漏出，应更换换档轴油封。

2. 驱动轴油封的更换

1）拆下需要更换油封侧的驱动轴。

2）用专用工具拉出驱动轴油封，如图1-56所示。

手动变速器油的排放

手动变速器油的加注

随堂笔记

3）用抹布清洁驱动轴油封座。

4）在新油封唇口上涂抹润滑脂。

5）用专用工具和锤子将油封敲入，如图1-57所示。

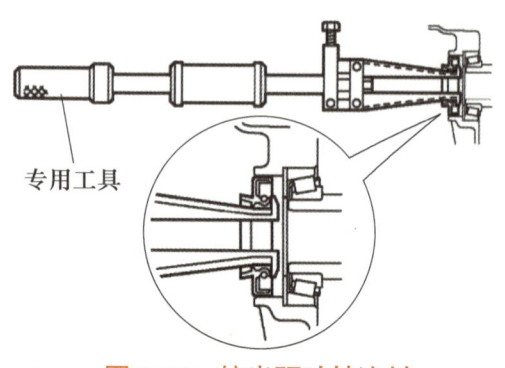

图1-56 拉出驱动轴油封

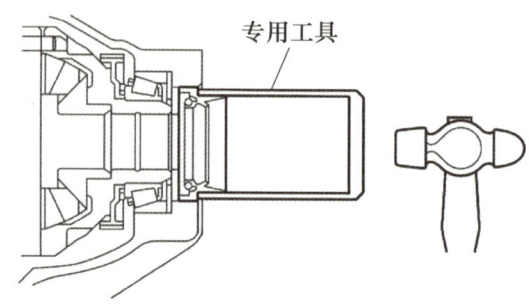

图1-57 驱动轴油封的安装

手动变速器的分解

6）安装驱动轴。

三、齿轮变速机构的拆装与检查

1. 变速器的拆解

1）使用一字螺钉旋具撬下变速器后壳体上的输入轴后盖。

2）使用风动扳手拆下输入轴后端轴承座螺栓。

3）使用合适的工具拆下变速器后壳体的固定螺栓，取下后壳体，如图1-58所示。

4）用合适的工具敲出五档拨叉轴与拨叉固定销，如图1-59所示。

图1-58 后壳体固定螺栓的拆卸

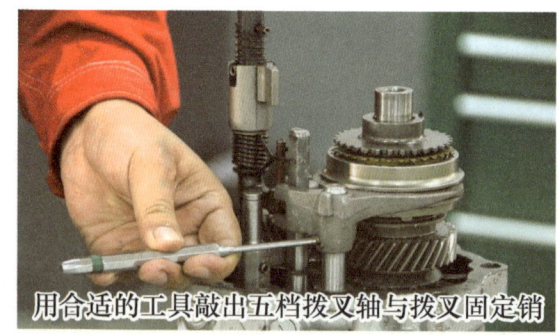

图1-59 五档拨叉轴与拨叉固定销的拆卸

5）压下内传动杆，使变速器挂入四档；提起五档同步器接合套，使变速器挂入五档（此时变速器同时挂入两个档位，锁定了输出轴）。

6）选用合适的工具拆下输出轴后端的固定螺栓，如图1-60所示。

7）将变速器退到空档，拆下五档同步器、齿轮与拨叉总成。

8）拆下内传动杆。

9）使用合适的顶拔工具拉出输出轴五档齿轮，如图1-61所示。

任务二　手动变速系统的检查与维护

用合适的工具拆下输出轴后端的固定螺栓

图 1-60　输出轴后端固定螺栓的拆卸

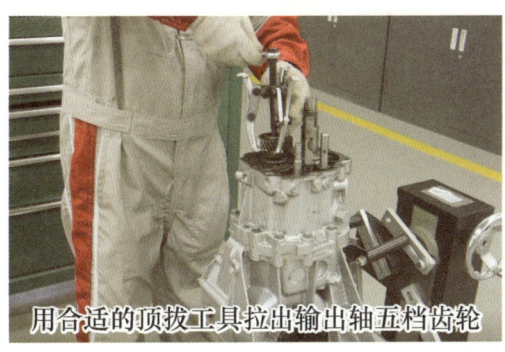

用合适的顶拨工具拉出输出轴五档齿轮

图 1-61　拉出输出轴五档齿轮

10）使用合适的工具拆下变速器中间壳体的固定螺栓，取下中间壳体与变速器轴总成。

11）使用合适的工具敲出三档和四档同步器拨叉轴与拨叉固定销，取下三档和四档同步器拨叉轴，如图 1-62 所示。

12）使用合适的工具拆下变速器壳体上的倒档拨叉固定螺栓。

13）使用合适的工具拆下倒档锁装置。

14）拆下倒档轴。

15）从变速器壳体上依次拆下输入轴和输出轴，如图 1-63 所示。

小提示

要收集好自锁钢球和互锁销。

确认在空档位置，拔出三档和四档拨叉轴

图 1-62　三档和四档同步器拨叉轴的拆卸

拆下输入轴

图 1-63　输入轴和输出轴的拆卸

16）从输入轴和输出轴上依次拆下各档齿轮和同步器，并按照顺序摆放整齐。

2. 壳体的检查

检查变速器壳体有无变形、裂纹，轴承孔、螺孔有无磨损等。如果出现上述情况，则需要更换变速器壳体。

3. 齿轮的检查

1）检查各档齿轮齿面、齿端，应无磨损；齿面应无疲劳剥落、腐蚀斑点；轮齿应无破碎或断裂等，否则更换。

2）检查齿轮的啮合面，应无明显的疲劳麻点、麻面、斑疤或阶梯形磨损，否则必须更换。

手动变速器的检修

3）检查齿轮与齿轮、齿轮与轴及花键的啮合间隙、径向间隙和轴向间隙，应符合原厂规定。

> **小提示**
> 齿轮应成对更换。

4. 轴的检查

1）检查轴体，不得有裂纹或磨损痕迹；轴齿、花键齿应无损伤，否则更换。

2）用百分表测量轴的径向圆跳动，如图1-64所示，应不超过0.05mm，否则应更换。

5. 轴承的检查

1）检查轴承，应转动灵活无异响，滚动体与内、外圈滚道不得有麻点、麻面、斑疤和烧灼磨损或破碎等缺陷，保持架应完好，否则更换。

2）检查轴承的径向间隙，如图1-65所示，不得过大，否则更换。

图1-64　测量轴的径向圆跳动

图1-65　检查轴承的径向间隙

6. 同步器的检查

1）检查锁环内锥面螺纹槽是否磨损、滑块是否磨损、接合套和花键毂的花键齿是否损伤。

2）将同步器锁环推向齿轮锥面的同时使其沿一个方向转动；检查并确认锁环锁止，如图1-66所示。如果同步器锁环未锁止，则更换同步器锁环。

3）用塞尺测量各档同步器锁环和锥齿轮端部之间的间隙，如图1-67所示。标准间隙为0.75~1.65 mm。如果间隙小于最小值，则更换同步器锁环。

图1-66　检查同步器锁环

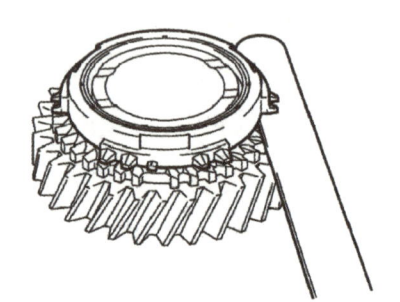

图1-67　锁环和锥齿轮端部间隙的测量

4）检查同步器接合套和花键毂之间的滑动，应该灵活无卡滞。

5）用游标卡尺测量变速器接合套凹槽宽度（A）和换档拨叉卡爪部分的厚度（B），并计算间隙，标准间隙（A-B）值为0.3~0.5mm。如果间隙超过标准值，则更换变速器接合套和换档拨叉。

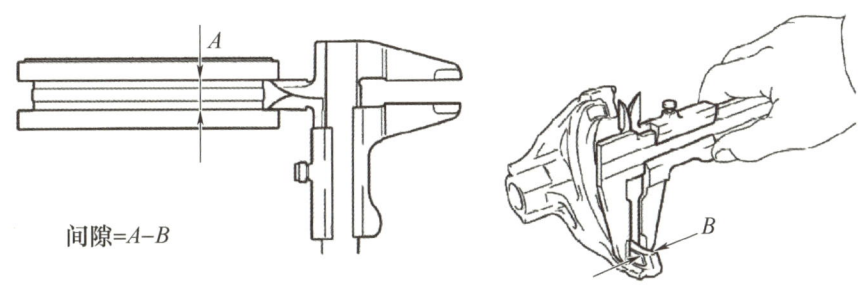

图 1-68　测量接合套凹槽宽度和换档拨叉卡爪部分的厚度

7. 变速器的安装

按与拆解相反的顺序安装变速器总成，按规定力矩拧紧各螺栓。

实训任务总结：

手动变速器的安装

随堂笔记

汽车底盘构造与检修 第2版

手动变速系统的检查与维护	工作任务单	班级：
		姓名：

1. 记录车辆信息

品牌		整车型号		生产日期	
发动机型号		发动机排量		行驶里程	
车辆识别代号					

2. 手动变速器油液的检查

检查项目	检查情况	检查结果	检查项目	检查情况	检查结果
手动变速器油液位	低□ 高□ 无□	正常□ 异常□	手动变速器油油质		正常□ 异常□

3. 手动变速器泄漏的检查

检查项目	泄漏检查情况	泄漏部位名称	维修措施
手动变速器油	泄漏□ 正常□		更换□ 调整□ 紧固□ 无□

4. 更换手动变速器油

作业项目	维修资料			
手动变速器油更换	手动变速器油类型		更换周期	
	手动变速器油容量		放油螺塞紧固力矩	

5. 手动变速器的拆卸与检查

检查项目	检查情况	部位名称	维修措施
壳体	变形□ 裂纹□ 破损□ 松动□		调整□ 维修□ 更换□
输入轴	变形□ 裂纹□ 破损□ 松动□		调整□ 维修□ 更换□
轴承	变形□ 裂纹□ 破损□ 松动□		调整□ 维修□ 更换□
同步器	变形□ 裂纹□ 破损□ 松动□		调整□ 维修□ 更换□
驱动轴油封（更换）	泄漏□ 裂纹□ 破损□ 松动□		调整□ 维修□ 更换□

6. 手动变速器各传动档位的检查

检查项目		一档齿轮	二档齿轮	三档齿轮	四档齿轮	五档齿轮	倒档齿轮
齿轮检查	数据						
	判定	正常□ 异常□	正常□ 异常□	正常□ 异常□	正常□ 异常□	正常□ 异常□	正常□ 异常□
	维修	无□ 更换□	无□ 更换□	无□ 更换□	无□ 更换□	无□ 更换□	无□ 更换□

7. 查阅维修手册

部件名称	章节及页码	规格（米制）
	第 章 页	
	第 章 页	

随堂笔记

任务二 手动变速系统的检查与维护

手动变速系统的检查与维护		实习日期:	
姓名:	班级:	学号:	教师签名:
自评：□熟练 □不熟练	互评：□熟练 □不熟练	师评：□合格 □不合格	
日期:	日期:	日期:	

手动变速系统的检查与维护【评分细则】

序号	评分项	得分条件	分值	评分要求	自评	互评	师评
1	安全/7S/态度	□1. 能进行工位 7S 操作 □2. 能进行设备和工具的安全检查 □3. 能进行车辆安全防护操作 □4. 能进行工具清洁、校准、存放操作 □5. 能进行三不落地操作	15分	未完成1项扣3分	□熟练 □不熟练	□熟练 □不熟练	□合格 □不合格
2	专业技能能力	作业1 □1. 能正确地拆卸放油螺塞 □2. 能正确地检查变速器油液位 □3. 能正确地检查变速器油泄漏情况 □4. 能正确地更换变速器油 □5. 能正确地记录加注量及更换周期 作业2 □1. 能正确地拆解变速器壳体 □2. 能正确地拆解拨叉及固定销 □3. 能正确地拆卸输出轴固定螺栓 □4. 能正确地拆卸各档传动齿轮 □5. 能正确地拆卸同步器 □6. 能正确地检查壳体 □7. 能正确地检查各轴 □8. 能正确地拆卸轴承 □9. 能正确地检查同步器 □10. 能正确地检查驱动轴油封 □11. 能正确地更换驱动轴油封 □12. 能正确地检查各档变速齿轮	50分	未完成1项扣3分，扣分不得超过50分	□熟练 □不熟练	□熟练 □不熟练	□合格 □不合格
3	工具及设备的使用能力	□1. 能正确地使用维修工具 □2. 正确地使用油液加注工具 □3. 能正确地使用量具 □4. 能正确地使用预紧式扭力扳手	10分	未完成1项扣3分，扣分不得超过10分	□熟练 □不熟练	□熟练 □不熟练	□合格 □不合格
4	资料、信息查询能力	□1. 能正确地使用维修手册查询资料 □2. 能正确地查询变速器油型号 □3. 能正确地记录查询资料章节及页码 □4. 能正确地记录所需维修信息	10分	未完成1项扣3分	□熟练 □不熟练	□熟练 □不熟练	□合格 □不合格
5	数据判断和分析能力	□1. 能分析变速器油加注量 □2. 能判断变速器油是否泄漏 □3. 能判断各检查部件是否正常	10分	未完成1项扣3分	□熟练 □不熟练	□熟练 □不熟练	□合格 □不合格
6	表单填写和报告撰写能力	□1. 字迹清晰 □2. 语句通顺 □3. 无错别字 □4. 无涂改 □5. 无抄袭	5分	未完成1项扣1分	□熟练 □不熟练	□熟练 □不熟练	□合格 □不合格
总分:							

随堂笔记

任务三

万向传动装置的检查与维护

学习目标

知识目标

1）掌握汽车驱动的类型及动力传递路线。
2）掌握万向传动装置的作用、类型与组成。

技能目标

1）具有分解与维护后驱动万向传动装置的能力。
2）具有拆卸与维护前驱动万向传动装置的能力。

素养目标

1）养成操作结束后清洁工具并归位、清洁场地等良好习惯。
2）养成组员之间互相协作的习惯。

随堂笔记

任务描述

一位丰田卡罗拉轿车用户反映：前桥轮毂处有润滑脂泄漏。请你检查泄漏的原因并进行维修。

相关知识

一、汽车驱动的类型

汽车驱动的类型包括发动机前置前轮驱动、发动机前置后轮驱动和发动机前置四轮驱动等，如图1-69所示。其中，发动机前置前轮驱动在经济型轿车上得到普遍采用，发动机前置四轮驱动多用于高性能轿车或者SUV上。

1. 发动机前置前轮驱动（FF）汽车

来自发动机的驱动力通过传动桥、差速器传送到左侧和右侧驱动轴，再驱动车轮。

2. 发动机前置后轮驱动（FR）汽车

来自发动机的驱动力通过变速器再通过传动轴和差速器传送到右侧和左侧驱动

轴，再驱动车轮。

3. 发动机前置四轮驱动（4WD）汽车

来自发动机的驱动力通过变速器传递到分动器，由分动器通过传动轴将动力分别传递到前、后驱动桥，再驱动四个车轮。

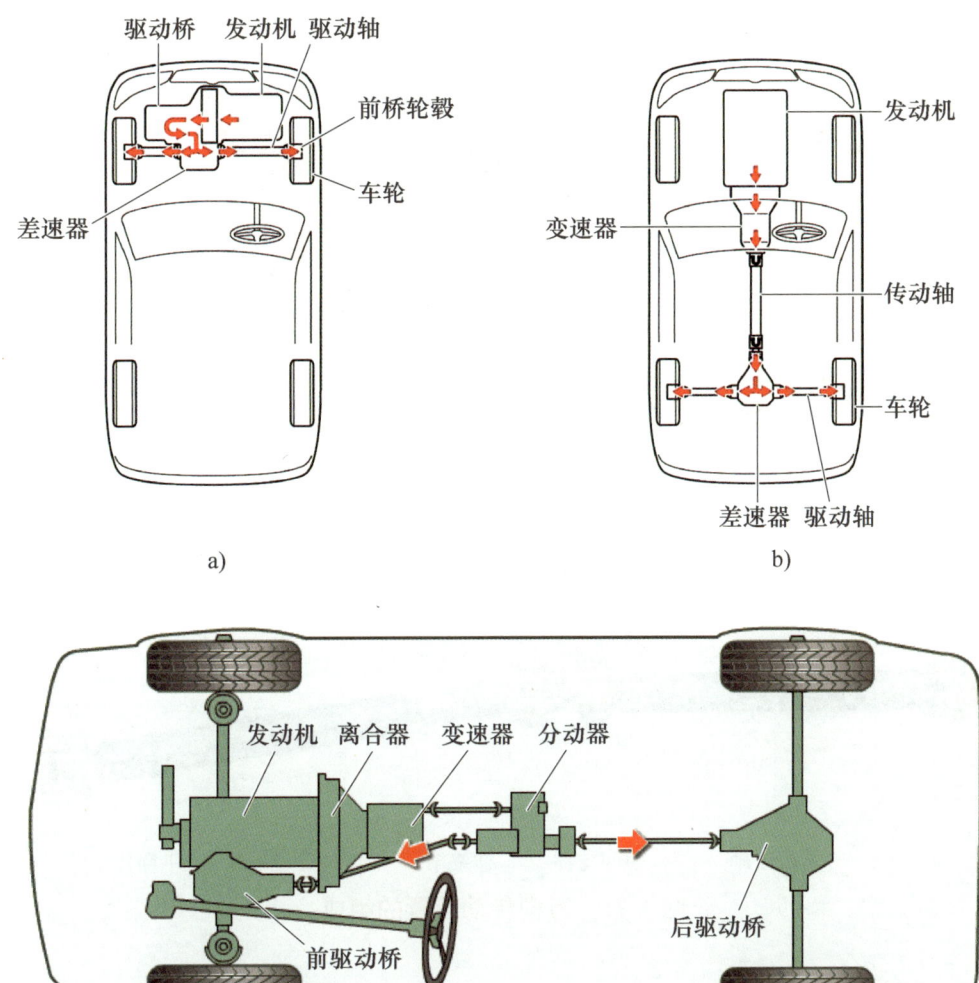

图 1-69　汽车驱动的类型

a）发动机前置前轮驱动　b）发动机前置后轮驱动　c）发动机前置四轮驱动

二、万向传动装置的作用

万向传动装置的作用是实现汽车上任意一对轴线相交且相对位置经常变化的转轴之间的动力传递，如图 1-70 所示。

三、后轮驱动万向传动装置的结构

后轮驱动万向传动装置，用来连接变速器与驱动桥，主要由两个或两个以上万向联轴器和传动轴组成。对于传动距离较远的分段式传动轴，为了提高传动轴的刚度，还设置有中间支撑，如图 1-71 所示。

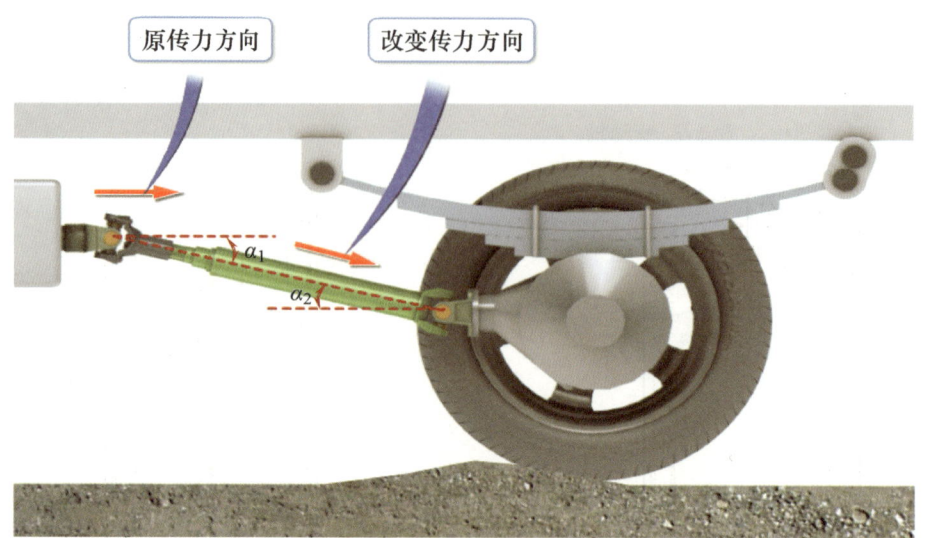

图 1-70　万向传动装置

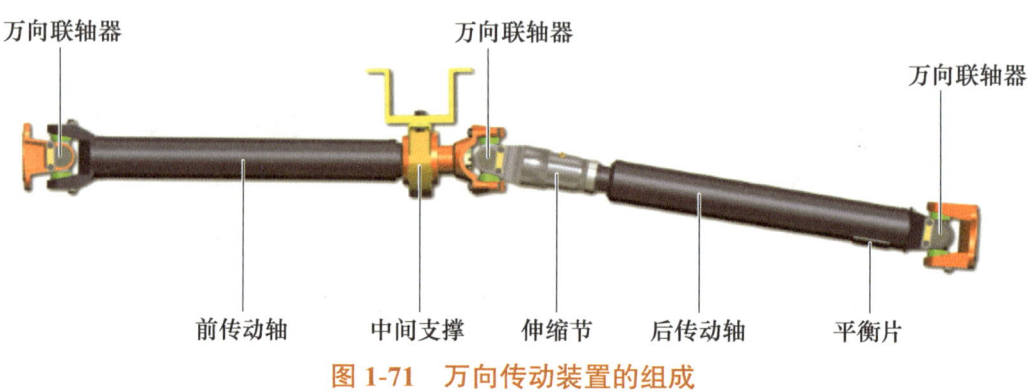

图 1-71　万向传动装置的组成

1. 万向联轴器

（1）作用　万向联轴器的作用是连接不在一条直线上的两轴，保证动力在它们之间可靠地传递，并满足两轴间夹角变化的需要。

（2）类型　万向联轴器按其在扭转方向上是否有明显的弹性分为刚性万向联轴器和挠性万向联轴器两种，如图 1-72 所示。

1）刚性万向联轴器：靠刚性铰链式零部件传递动力。

2）挠性万向联轴器：靠弹性组件传递动力且具有缓冲减振的作用。

刚性万向联轴器按主动轴角速度和从动轴角速度是否相等可分为不等速万向联轴器（十字轴式）、准等速万向联轴器（双联式）和等速万向联轴器（球笼式）三种，如图 1-73 所示。

（3）结构　不等速万向联轴器的结构如图 1-74 所示，它允许相邻两轴的最大夹角为20°,在后轮驱动汽车上应用最广。它由万向联轴器叉、十字轴和滚针轴承等组成。

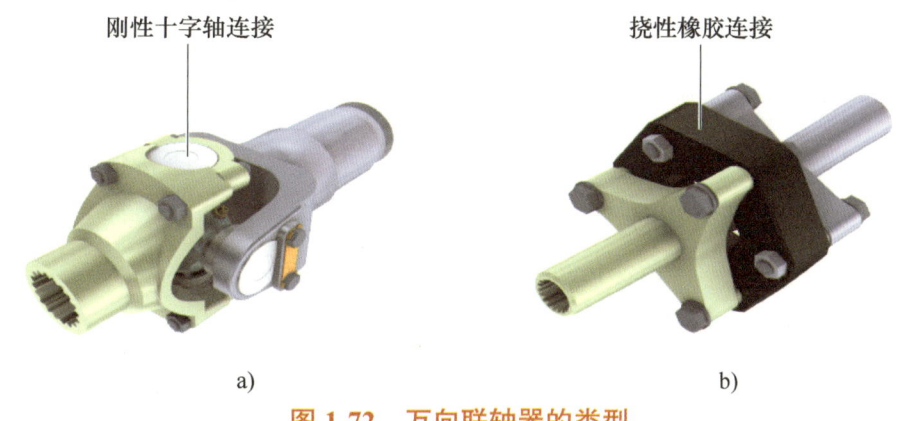

图 1-72 万向联轴器的类型

a)刚性万向联轴器 b)挠性万向联轴器

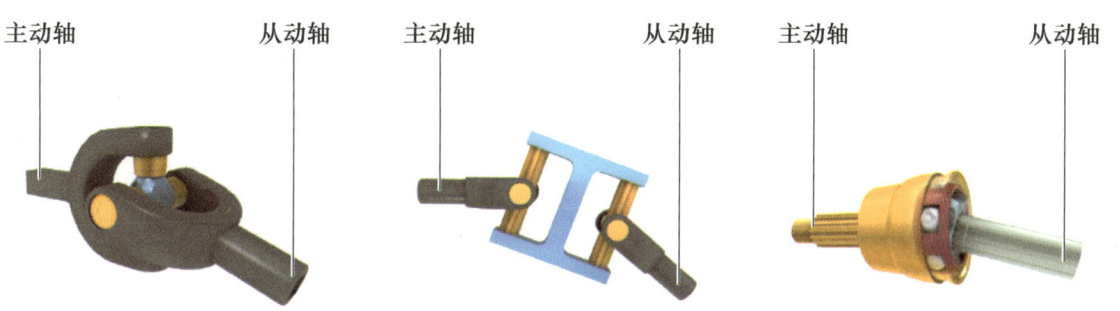

图 1-73 刚性万向联轴器的类型

a)不等速万向联轴器 b)准等速万向联轴器 c)等速万向联轴器

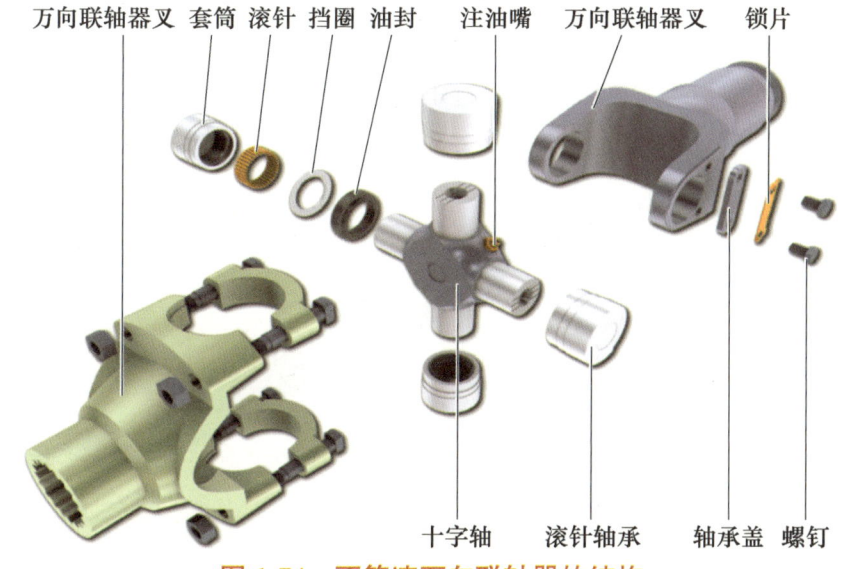

图 1-74 不等速万向联轴器的结构

两个万向联轴器叉上的孔分别活套在十字轴的两个轴颈上。当主动轴转动时，从动轴随着转动，同时可以绕着十字轴中心在任意方向摆动。

为了减少摩擦和磨损，提高传动效率，在十字轴轴颈和万向联轴器叉孔间装有滚针和套筒等组成的滚针轴承。为了润滑十字轴轴承，十字轴做成中空的并有油路通向轴颈，润滑油由注油嘴注入十字轴内腔。

（4）速度特性　不等速万向联轴器在其运动中具有不等速特性，即当不等速万向联轴器的主动叉是等角速转动时，从动叉是不等角速转动的。所谓不等速性，是指从动轴在转动一周内，其角速度时而大于主动轴的角速度，时而小于主动轴的角速度的现象。但主、从动轴的平均转速是相等的，即主动轴转一圈，从动轴也转一圈。

（5）等速条件　由于不等速万向联轴器具有不等速性，所以在汽车上一般采用两个不等速万向联轴器且中间用传动轴相连，利用第二个不等速万向联轴器的不等速效应来抵消第一个不等速万向联轴器的不等速效应，从而实现输入轴与输出轴等角速传动，如图1-75所示。要达到这一目的，必须满足以下两个条件：

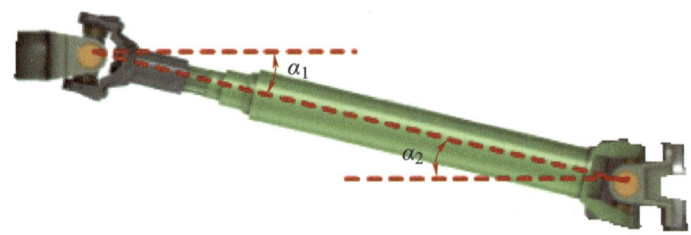

图1-75　双十字轴式万向联轴器

1）第一个不等速万向联轴器的从动叉和第二个不等速万向联轴器的主动叉应在同一平面内，即传动轴两端的万向联轴器叉在同一平面内。

2）输入轴、输出轴与传动轴的夹角相等。

2. 传动轴

传动轴是万向传动装置中的主要传力部件，其组成如图1-76所示，其作用是连接变速器和驱动桥。在汽车行驶过程中，变速器与驱动桥的相对位置经常变化，为

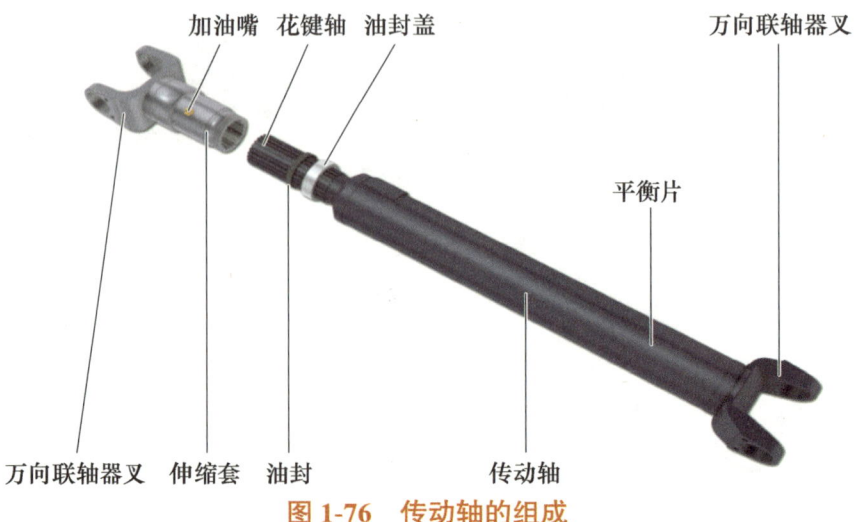

图1-76　传动轴的组成

避免运动干涉,传动轴上设有由滑动叉和花键轴组成的伸缩节,使传动轴的长度能随传动距离的变化而变化。

传动轴在工作过程中处于高速旋转状态,其转速和所传递的转矩都在不断发生变化。为了避免离心力引起传动轴的振动,在传动轴和万向节装配后,必须进行平衡试验,并装配平衡片,以满足动平衡的要求。平衡后,在滑动花键部分制有箭头标记,以便重装时保持两者的相对位置不变。

3. 中间支撑

当传动距离较长时,为了避免因传动轴过长在高速时产生共振,常将传动轴分为两段:前段称为中间传动轴,其后端部设有中间支撑,通常将中间支撑安装在车架横梁上;后段称为主传动轴。

中间支撑主要由轴承、轴承座、油封和橡胶支架等组成,如图1-77所示。

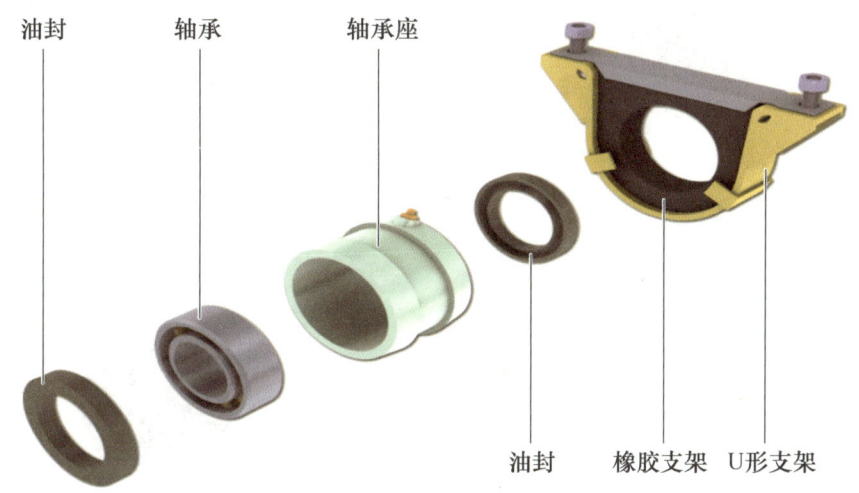

图1-77 中间支撑的组成

四、前轮驱动万向传动装置的结构

1. 组成

前轮驱动万向传动装置俗称为半轴或驱动轴,用来连接变速驱动桥与左、右前车轮,因此它有左、右两根驱动轴,每根驱动轴主要由两个球笼式等角速万向联轴器和传动轴组成,如图1-78所示。

2. 球笼式万向联轴器的结构

球笼式万向联轴器主要由球形壳、保持架、钢球、星形套和橡胶护套等组成,如图1-79所示。

球笼式万向联轴器星形套与传动轴用花键固接在一起,星形套外表面有六条弧形凹槽滚道,球形壳的内表面有相应的六条凹槽,六个钢球分别装在各条凹槽中,由保持架(即球笼)使其保持在同一平面内。动力由传动轴、钢球、星形套、球形壳输出，且主、从动轴在任意时刻角速度相同。由于六个钢球都参与传递动力，故承载能力强、磨损小、使用寿命长。因此，球笼式万向联轴器被广泛应用于轿车上。

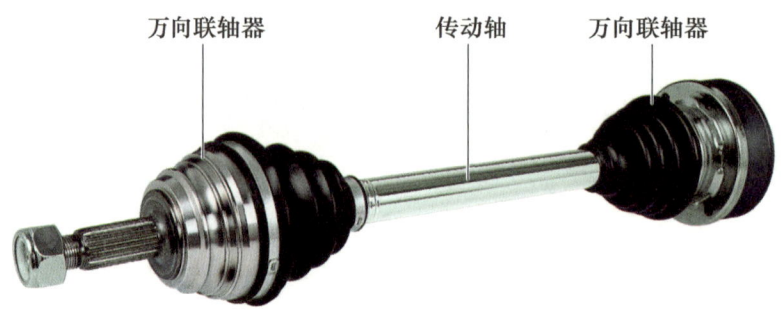

图 1-78　前轮驱动万向传动装置

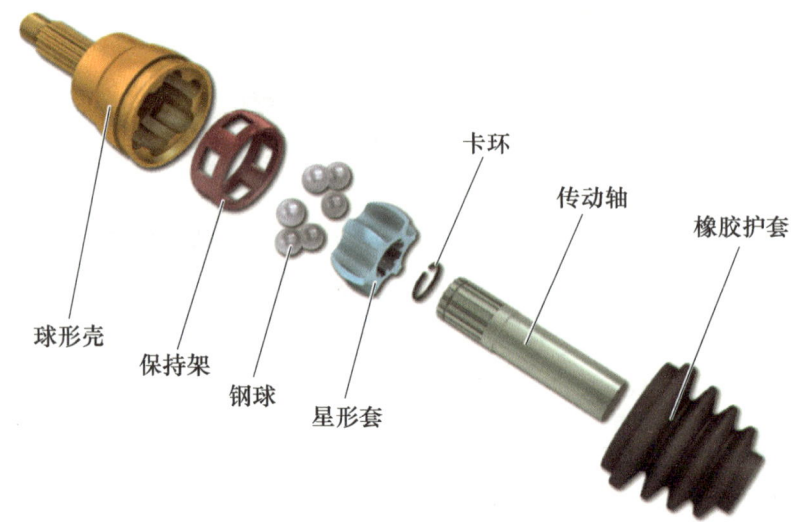

图 1-79　球笼式万向联轴器的结构

任务三　万向传动装置的检查与维护

| 万向传动装置的检查与维护 | 学习任务单 | 班级：
姓名： |

1. 目前在大多数汽车上采用发动机前置_____轮驱动或发动机前置_____轮驱动两种驱动形式。其中，经济型轿车普遍采用发动机前置前轮驱动的驱动形式，它是将来自发动机的驱动力通过传动桥、差速器传送到左侧和右侧_____，再驱动车轮。

2. 万向传动装置的作用是实现汽车上任意一对轴线_____且相对位置经常_____的转轴之间的动力传递。

3. 后轮驱动万向传动装置，用来连接_____与_____。

4. 写出图1-80所示零部件的名称。

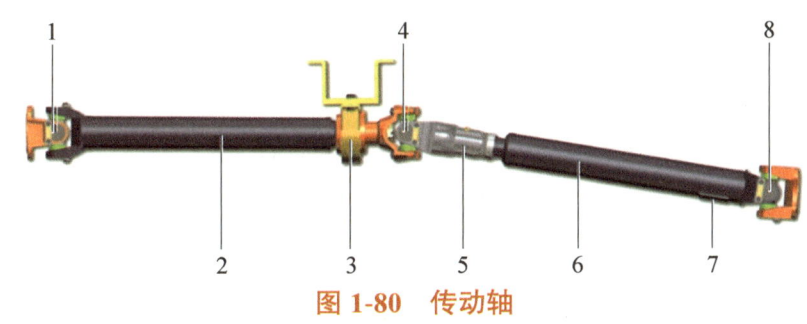

图 1-80　传动轴

1._____ 2._____ 3._____ 4._____
5._____ 6._____ 7._____ 8._____

5. 前轮驱动万向传动装置俗称为半轴或驱动轴，用来连接_____与_____。

6. 写出图1-81所示零部件的名称。

图 1-81　球笼式万向联轴器

1._____ 2._____ 3._____ 4._____
5._____ 6._____ 7._____

实训任务　万向传动装置的检查与维护

实训器材

丰田卡罗拉轿车、传动轴、磁性表座、百分表、常用维修工具和维修手册等。

作业准备

1）将车辆在工位停放周正。

2）铺好车内和车外护套。

操作步骤

一、后轮驱动万向传动装置的检修

1. 传动轴的检修

1）检查传动轴轴管，不得有裂纹和凹陷，否则应更换传动轴。

2）检查传动轴上的平衡片是否脱落。如果脱落，需对传动轴重新进行动平衡校正。

3）检查传动轴伸缩节，滑动应灵活、摇晃应不松旷，如图1-82所示，否则需更换传动轴。

4）将传动轴两端放到V形架上，用磁性表座和百分表测量传动轴中部的弯曲度，如图1-83所示。一般轿车的弯曲度应不大于0.1mm。

图1-82　传动轴伸缩节的检查

图1-83　传动轴中部弯曲度的测量

2. 万向联轴器的检修

1）检查万向联轴器叉和十字轴，不得有裂纹，否则应更换。

2）转动和晃动万向联轴器叉，如图1-84所示，不应有间隙，否则说明滚针轴承损坏，需更换十字轴和滚针轴承。

3. 万向联轴器的拆解

1）用台虎钳夹住传动轴（不要把轴夹得太紧）。

2）用螺钉旋具或卡簧钳拆下四个滚针轴承套卡环，如图1-85所示。

任务三 万向传动装置的检查与维护

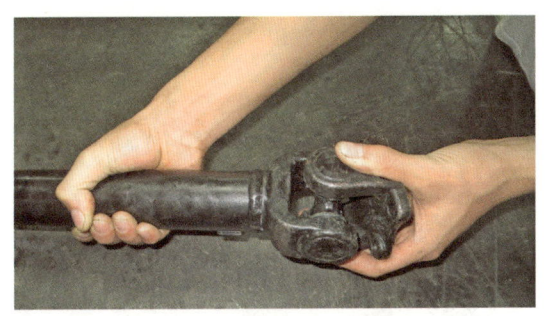

图 1-84 检查万向联轴器

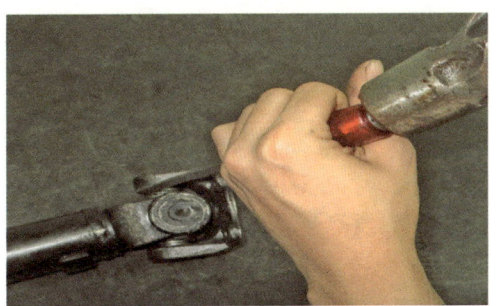

图 1-85 拆卸滚针轴承套卡环

3）用一只手抓着传动轴，另一只手用锤子轻敲打万向联轴器叉的根部，利用敲打的反力振出滚针轴承，如图 1-86 所示。

4）依次拆下另外三个滚针轴承。

5）将万向联轴器叉连同十字轴一起拆下。

4. 万向传动装置的安装

按与拆解相反的顺序安装万向传动装置。

图 1-86 拆卸滚针轴承

> **小提示**
>
> 1）安装滚针轴承套之前，应先在轴承套内涂润滑脂，如图 1-87 所示。
>
> 2）安装万向联轴器时，十字轴上的注油嘴应朝向轴管一侧，并与套管上的油嘴同位。
>
> 3）安装传动轴伸缩节时，应对正箭头进行安装，如图 1-88 所示。如果无箭头，同一根传动轴两端万向联轴器叉应在同一平面内。否则，可能造成传动轴运转时振动或损坏。

图 1-87 在轴承套内涂润滑脂

图 1-88 对正箭头安装传动轴伸缩节

二、前轮驱动万向传动装置的检修

1. 就车检查

1）将车辆举升到较高位置。

2）检查左侧半轴内、外侧防尘套是否有裂纹、漏油等，如图1-89和图1-90所示。

3）检查右侧半轴内、外侧防尘套是否有裂纹、漏油等，如图1-89和图1-90所示。

图1-89　检查内侧防尘套

图1-90　检查外侧防尘套

2. 驱动轴总成的拆卸

1）将车辆举升到中间高度位置。

2）用风动工具拆下前车轮。

3）使用合适的工具拆下前桥轮毂螺母。

4）拆下制动软管夹与轮速传感器线束夹固定螺栓。

5）使用合适的工具拆下转向节与减振器连接螺栓，分离转向节与减振器。

6）从前桥轮毂上拔出半轴。

7）用专用顶拔工具（SST）从变速驱动桥上拔出半轴总成，如图1-91所示。

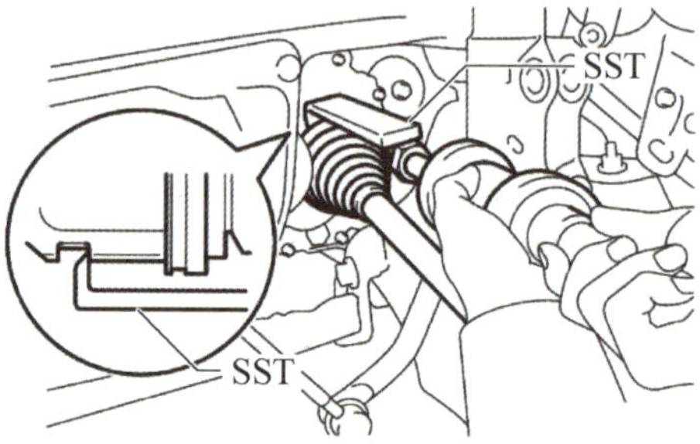

图1-91　拔出半轴总成

3. 防尘套的更换

1）用一字螺钉旋具松开防尘套两端卡夹的锁紧部件，如图1-92和图1-93所示。

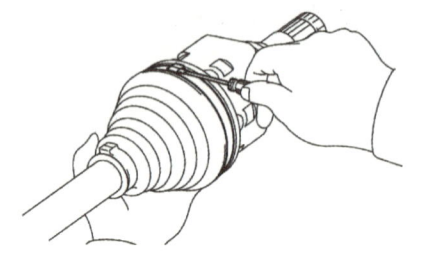

图1-92　松开防尘套外端锁紧部件

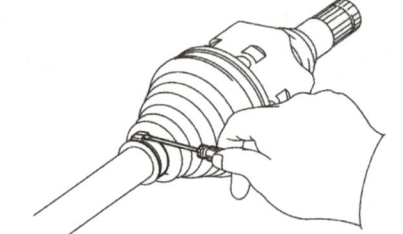

图1-93　松开防尘套内端锁紧部件

2）将防尘套与外侧万向联轴器分离。

3）清除万向联轴器上的旧润滑脂。

4）在内侧万向联轴器和外侧万向联轴器轴上做好装配标记。

5）将内侧万向联轴器从外侧万向联轴器轴上拆下。

6）使用卡环扩张器，拆下万向联轴器轴卡环，如图 1-94 所示。

7）在万向联轴器轴和三销架上设置装配标记，再用铜棒和锤子从万向联轴器轴上敲出三销架，如图 1-95 所示。

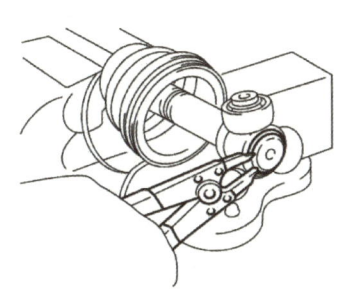 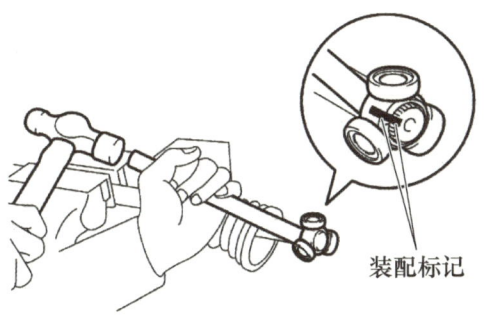

图 1-94　拆下万向联轴器卡环　　　　图 1-95　设置装配标记并敲出三销架

8）取下防尘套。

9）安装新的防尘套。

10）按与拆卸相反的顺序安装各零部件，更换所有的卡环和卡夹，加注标准量的润滑脂。

4. 驱动轴总成的安装

按与拆卸相反的顺序安装驱动轴总成，按规定力矩拧紧螺栓。

实训任务总结： _____

万向传动装置的检查与维护		工作任务单		班级：	
				姓名：	

1. 记录车辆信息

品牌		整车型号		生产日期	
发动机型号		发动机排量		行驶里程	
车辆识别代号					

2. 后轮驱动万向传动装置的检修

检查项目	检查情况				判定		维修措施		
传动轴	变形□	裂纹□	破损□	松动□	正常□	异常□	调整□	维修□	更换□
平衡片	变形□	裂纹□	破损□	松动□	正常□	异常□	调整□	维修□	更换□
旋转跳动量	变形□	裂纹□	破损□	松动□	正常□	异常□	调整□	维修□	更换□
万向联轴器	变形□	裂纹□	破损□	松动□	正常□	异常□	调整□	维修□	更换□

3. 前轮驱动万向传动装置的检修（左侧）

检查项目	检查情况				判定		维修措施		
传动轴	变形□	裂纹□	破损□	松动□	正常□	异常□	调整□	维修□	更换□
万向联轴器	变形□	裂纹□	破损□	松动□	正常□	异常□	调整□	维修□	更换□
外侧防尘套	泄漏□	裂纹□	破损□	松动□	正常□	异常□	调整□	维修□	更换□
内侧防尘套	泄漏□	裂纹□	破损□	松动□	正常□	异常□	调整□	维修□	更换□

4. 前轮驱动万向传动装置的检修（右侧）

检查项目	检查情况				判定		维修措施		
传动轴	变形□	裂纹□	破损□	松动□	正常□	异常□	调整□	维修□	更换□
万向联轴器	变形□	裂纹□	破损□	松动□	正常□	异常□	调整□	维修□	更换□
外侧防尘套	泄漏□	裂纹□	破损□	松动□	正常□	异常□	调整□	维修□	更换□
内侧防尘套	泄漏□	裂纹□	破损□	松动□	正常□	异常□	调整□	维修□	更换□

5. 查阅维修手册

部件名称	章节及页码			规格（米制）
	第	章	页	
	第	章	页	
	第	章	页	

随堂笔记

任务三 万向传动装置的检查与维护

万向传动装置的检查与维护		实习日期：	
姓名：	班级：	学号：	教师签名：
自评：□熟练 □不熟练	互评：□熟练 □不熟练	师评：□合格 □不合格	
日期：	日期：	日期：	

万向传动装置的检查与维护【评分细则】

序号	评分项	得分条件	分值	评分要求	自评	互评	师评
1	安全/7S/态度	□1. 能进行工位7S操作 □2. 能进行设备和工具的安全检查 □3. 能进行车辆安全防护操作 □4. 能进行工具清洁、校准、存放操作 □5. 能进行三不落地操作	15分	未完成1项扣3分	□熟练 □不熟练	□熟练 □不熟练	□合格 □不合格
2	专业技能能力	作业1 □1. 能正确地拆卸后轮驱动万向传动装置 □2. 能正确地检查传动轴 □3. 能正确地检查传动轴平衡片 □4. 能正确地测量传动轴是否变形 □5. 能正确地检查万向联轴器 □6. 能正确地维护万向联轴器 作业2 □1. 能正确地拆卸半轴 □2. 能正确地检查传动轴 □3. 能正确地检查防尘套 □4. 能正确地拆卸内侧防尘套 □5. 能正确地拆卸球笼式万向联轴器卡环 □6. 能正确地拆卸球笼式万向联轴器 □7. 能正确地检查球笼式万向联轴器 □8. 能正确地安装球笼式万向联轴器 □9. 能正确地加注球笼套润滑油 □10. 能正确地安装防尘套 □11. 能正确地安装防尘套卡箍	50分	未完成1项扣3分，扣分不得超过50分	□熟练 □不熟练	□熟练 □不熟练	□合格 □不合格
3	工具及设备的使用能力	□1. 能正确地使用维修工具 □2. 能正确地使用量具 □3. 能正确地使用专用工具 □4. 能正确地使用橡胶锤	10分	未完成1项扣3分，扣分不得超过10分	□熟练 □不熟练	□熟练 □不熟练	□合格 □不合格
4	资料、信息查询能力	□1. 能正确地使用维修手册查询资料 □2. 能正确地查询球笼套润滑油型号 □3. 能正确地记录查询资料章节及页码 □4. 能正确地记录所需维修信息	10分	未完成1项扣3分，扣分不得超过10分	□熟练 □不熟练	□熟练 □不熟练	□合格 □不合格
5	数据判断和分析能力	□1. 能判断后驱传动轴是否正常 □2. 能判断后驱传动万向联轴器是否正常 □3. 能判断防尘套是否正常 □4. 能判断球笼式万向联轴器是否正常	10分	未完成1项扣3分，扣分不得超过10分	□熟练 □不熟练	□熟练 □不熟练	□合格 □不合格
6	表单填写和报告撰写能力	□1. 字迹清晰 □2. 语句通顺 □3. 无错别字 □4. 无涂改 □5. 无抄袭	5分	未完成1项扣1分	□熟练 □不熟练	□熟练 □不熟练	□合格 □不合格
总分：							

随堂笔记

任务四

后驱传动系统的检查与维护

学习目标

知识目标

1）掌握驱动桥的作用、类型与组成。

2）掌握驱动桥的工作过程。

技能目标

1）具有检查和更换后驱传动桥油的能力。

2）具有更换后驱传动桥密封件的能力。

3）具有分解和检查后驱传动桥部件的能力。

素养目标

1）养成操作结束后清洁工具并归位，清洁场地等良好习惯。

2）养成组员之间互相协作的习惯。

任务描述

一位宝马5系轿车用户反映：后驱动桥齿轮油达到了更换周期。请你对后驱动桥齿轮油进行更换。

相关知识

一、驱动桥的作用

驱动桥的作用是将万向传动装置传递来的发动机动力经过降速增矩，改变动力传递方向，分配到左、右驱动轮，使汽车得以行驶，并允许左、右驱动轮以不同的转速行驶，如图1-96所示。

二、驱动桥的组成

驱动桥是传动系统最末端的一个总成，它主要由主减速器（主动锥齿轮、从动锥齿轮）、差速器、半轴和驱动桥壳等组成，如图1-97所示。

任务四　后驱传动系统的检查与维护

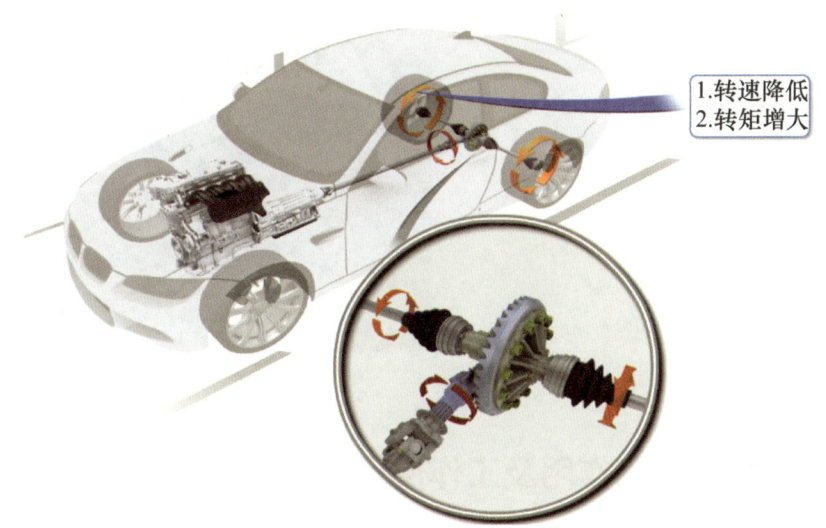

图 1-96　驱动桥的作用

发动机的动力传到驱动桥后，首先传到主减速器，由其将转矩放大并降低转速后经差速器分配给左、右半轴，最后通过半轴外端的凸缘传到驱动车轮的轮毂。驱动桥的主要零部件都装在驱动桥桥壳中。驱动桥壳由主减速器壳和半轴套管等组成。

图 1-97　驱动桥的组成

三、驱动桥的分类

按照悬架结构的不同，驱动桥可以分为整体式驱动桥和断开式驱动桥。整体式驱动桥又称为非断开式驱动桥。

1. 整体式驱动桥

整体式驱动桥如图 1-98 所示，与非独立悬架配合使用。其驱动桥壳为一个刚性的整体，驱动桥两端通过悬架与车架或车身连接，左、右半轴始终在一条直线上，即左、右驱动轮不能相互独立地跳动。当某一侧车轮通过地面的凸出物或凹坑升高或下降时，整个驱动桥及车身都随之发生倾斜，车身波动大。

2. 断开式驱动桥

断开式驱动桥如图 1-99 所示，与独立悬架配合使用。其主减速器固定在车架或车身上，驱动桥壳制成分段并用铰链连接，半轴也分段并用万向节连接。驱动桥两端分别用悬架与车架或车身连接。这样，两侧驱动车轮及驱动桥壳可以彼此独立地相对于车架或车身上下跳动。

图 1-98　整体式驱动桥

图 1-99　断开式驱动桥

四、驱动桥各部件的作用及工作原理

1. 主减速器

（1）主减速器的作用　主减速器的作用是将发动机通过离合器、变速器和传动轴传递过来的动力降速、增矩，并将动力传递方向改变后传给差速器，如图 1-100 所示。

（2）主减速器的组成　主减速器主要由一对双曲面锥齿轮（主动锥齿轮、从动锥齿轮）及其支撑调整装置（前轴承、后轴承、轴承座、凸缘等）组成，如图 1-101 所示。

图 1-100　主减速器的作用

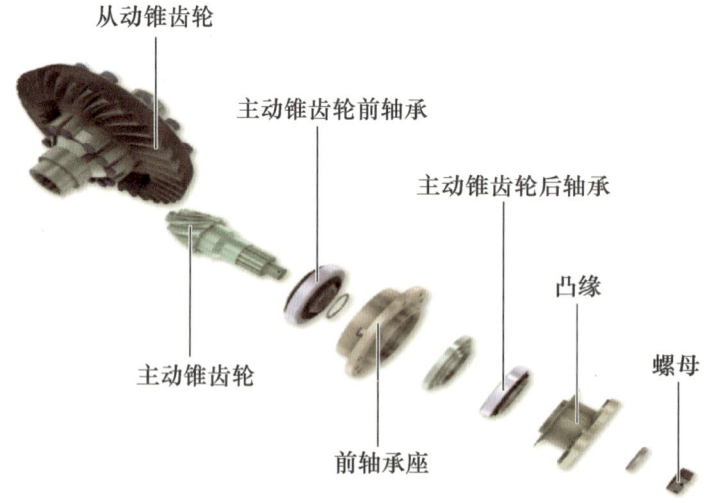

图 1-101　主减速器的组成

（3）主减速器的工作原理　主减速器是依靠齿数少的主动锥齿轮带动齿数多的从动锥齿轮来实现减速和增矩的，采用锥齿轮传动可以改变转矩旋转方向。如图 1-102 所示，主动锥齿轮转六圈，从动锥齿轮转一圈。

任务四　后驱传动系统的检查与维护

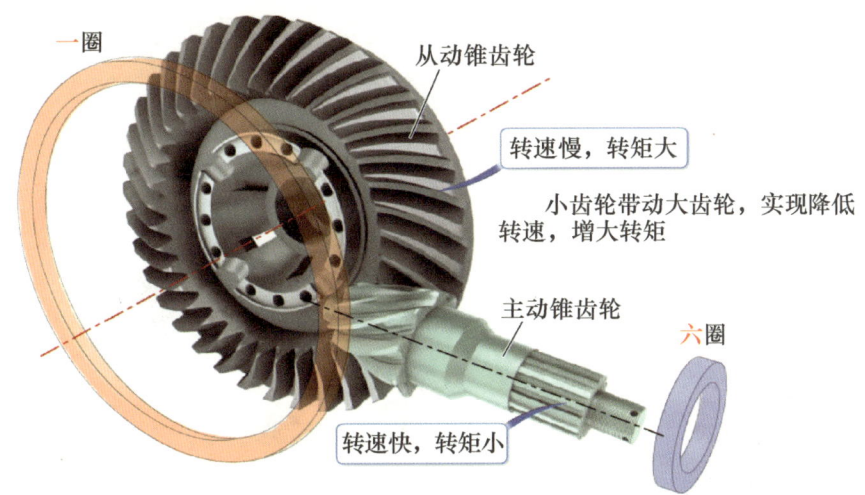

图 1-102　主减速器的工作原理图

2. 差速器

（1）差速器的作用　差速器的作用是将主减速器传来的动力传给左、右半轴，并在必要时（如车辆转弯时）允许左、右半轴以不同转速旋转，以满足两侧驱动轮差速的需要，如图 1-103 所示。

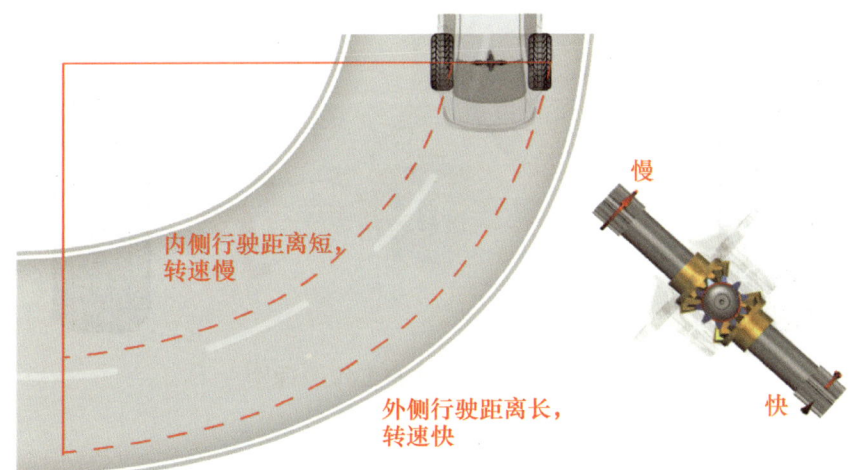

图 1-103　差速器的作用

（2）差速器的组成　行星锥齿轮式差速器由四个行星锥齿轮、一个十字形行星齿轮轴、两个半轴锥齿轮、差速器壳和垫片等组成，如图 1-104 所示。

（3）差速器的工作原理　主减速器的从动锥齿轮通过螺栓固定在差速器壳上，十字形的行星齿轮轴的四个轴颈嵌在差速器壳相应的孔内，每个轴颈上浮套着一个行星锥齿轮，它们均与两个半轴锥齿轮啮合。半轴锥齿轮分别支撑在差速器壳相应的左、右座孔中并用花键与半轴相连。动力自主减速器从动锥齿轮依次经差速器壳、十字形行星齿轮轴、行星锥齿轮、半轴锥齿轮、半轴输出给左、右驱动轮。两侧车轮阻力相同时，两侧车轮以相同转速转动，此时行星齿轮绕半轴轴线转动——公转。

57

当两侧车轮阻力不同时，行星齿轮在做上述公转运动的同时绕自身轴线转动——自转，因此两半轴齿轮可带动两侧车轮以不同的转速转动，如图 1-105 所示。

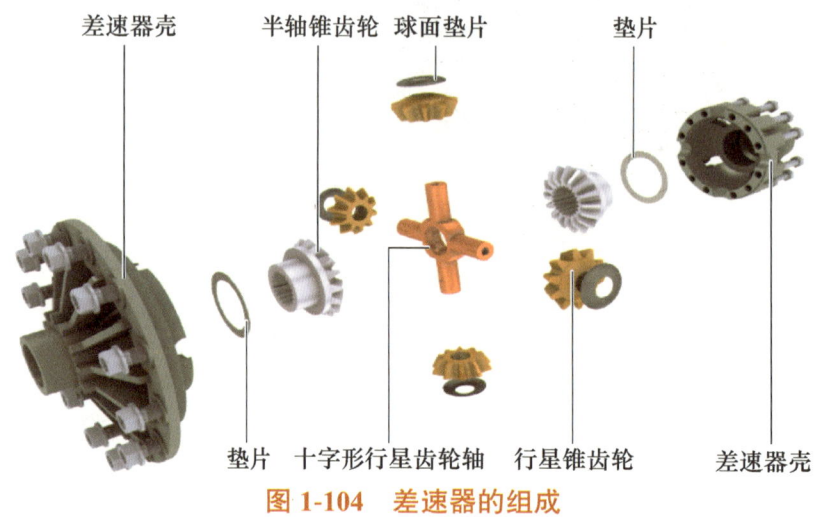

图 1-104　差速器的组成

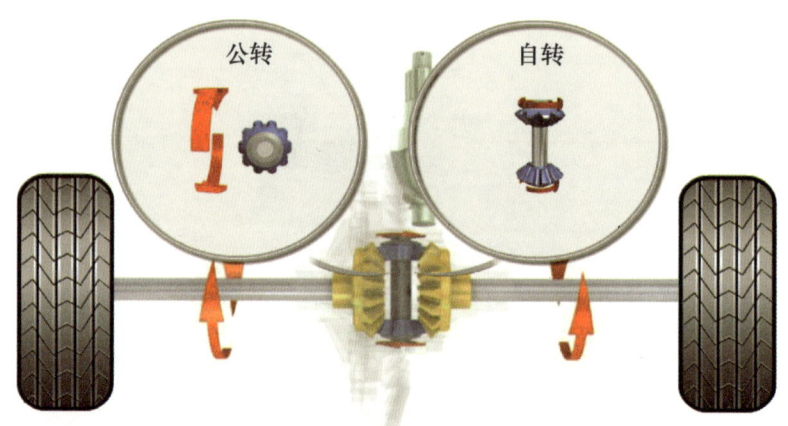

图 1-105　差速器的工作原理图

3. 半轴

（1）半轴的作用　半轴的作用是将差速器传来的动力传给左、右驱动轮，如图 1-106 所示。

（2）半轴的结构　半轴因传递的转矩较大，常制成实心轴，其结构因驱动桥结构形式的不同而异。整体式驱动桥中的半轴为一个刚性整轴，如图 1-107 所示，内端制有花键与半轴齿轮连接，外端制有凸缘与轮毂连接。

4. 驱动桥壳

驱动桥壳的功用是支撑并保护主减速器、差速器和半轴等；使左、右驱动车轮的轴向相对位置固定；与从动桥一起支撑车架及其上的各总成的质量；汽车行驶时，承受由车轮传来的路面反作用力和力矩并经悬架传给车架。其结构如图 1-108 所示。

任务四　后驱传动系统的检查与维护

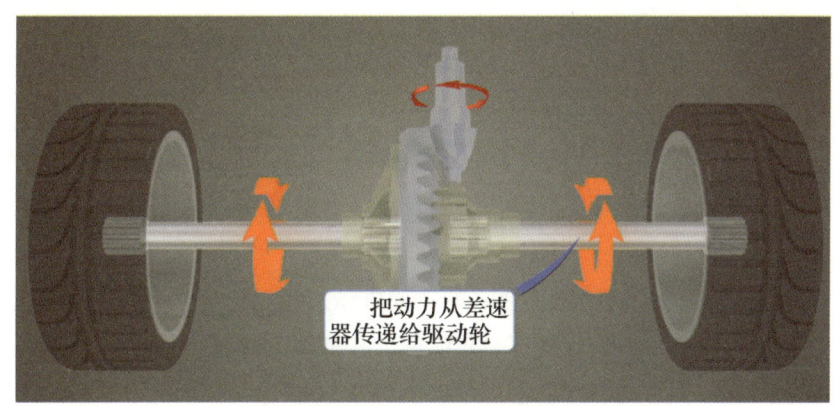

图1-106　半轴的作用

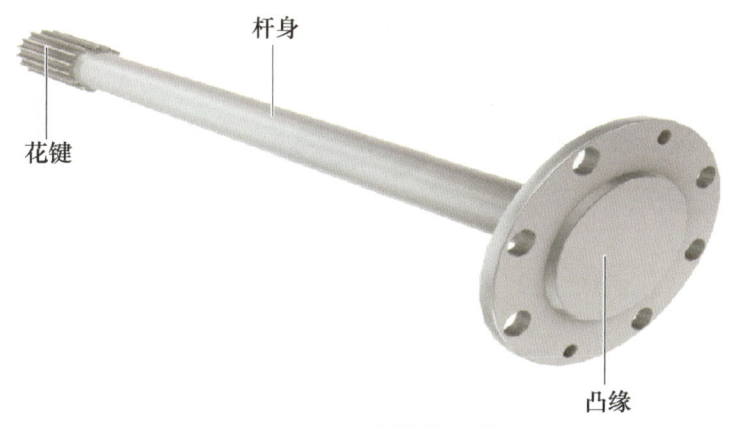

图1-107　半轴的结构

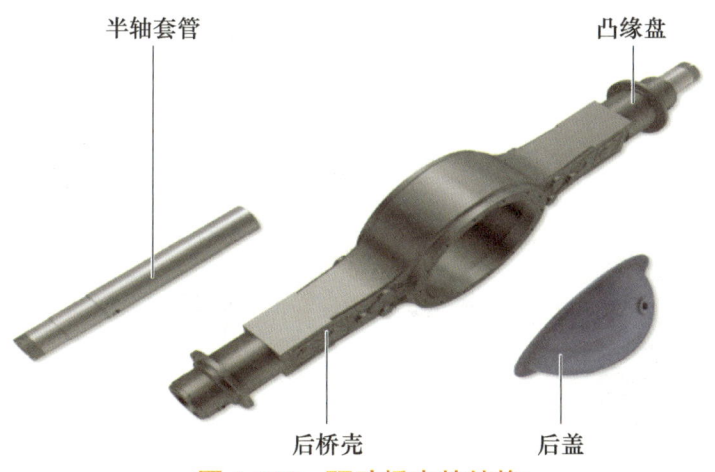

图1-108　驱动桥壳的结构

随堂笔记

后驱传动系统的检查与维护	学习任务单	班级：
		姓名：

1. 目前在大多数汽车上采用发动机前置前轮驱动或_____驱动两种驱动形式。其中，发动机前置前轮驱动汽车将来自发动机的驱动力通过传动桥、差速器直接传送到左、右驱动轴，再驱动车轮。

2. 驱动桥的作用是将万向传动装置传递来的发动机动力经过_____，改变动力传递方向，再分配到左、右驱动轮，使汽车得以行驶，并允许左、右驱动轮以_____的转速行驶。

3. 写出图 1-109 所示零部件的名称。

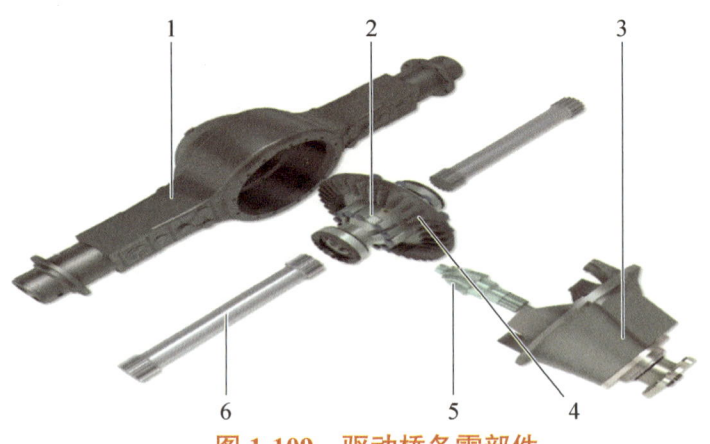

图 1-109 驱动桥各零部件

1. _____ 2. _____ 3. _____
4. _____ 5. _____ 6. _____

4. 写出图 1-110 所示零部件的名称。

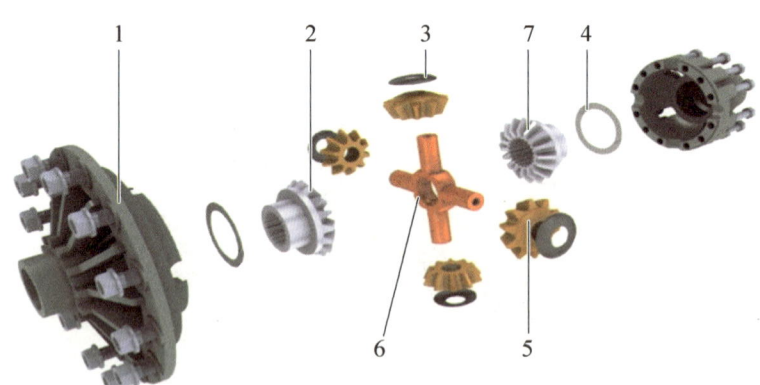

图 1-110 差速器各零部件

1. _____ 2. _____ 3. _____ 4. _____
5. _____ 6. _____ 7. _____

实训任务　后驱传动系统的检查与维护

实训器材

宝马 5 系轿车或实训台架、齿轮油、常用维修工具和维修手册等。

作业准备

1）将车辆在工位停放周正。

2）铺好车内和车外护套。

操作步骤

一、后驱动桥齿轮油油位和油质的检查

1. 油位的检查

1）使用合适的工具拆下后驱动桥壳体上的加油孔螺塞。

2）将食指伸到加油孔内，检查齿轮油油位，应与加油孔下边沿平直。如果油位过低，应检查是否泄漏并添加齿轮油。

2. 油质的检查

1）将食指伸到加油孔内，蘸取少量齿轮油。

2）检查油液是否有异味、是否混浊。如果有异味或混浊，则更换后驱动桥齿轮油。

3）检查油液是否有细小的金属颗粒。如果有，则更换后驱动桥齿轮油。

3. 齿轮油的更换

1）使用合适的工具拆下后驱动桥壳体上的加油孔螺塞，如图 1-111 所示。

2）使用合适的工具拆下后驱动桥排放孔螺塞，如图 1-112 所示，并用容器接好油液，如图 1-113 所示。

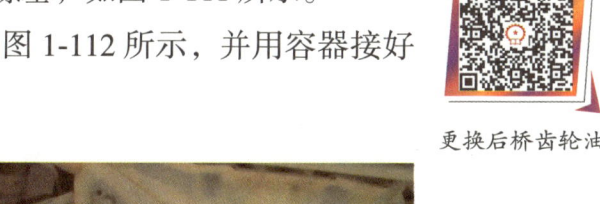

更换后桥齿轮油

图 1-111　拆下后驱动桥壳体上的加油孔螺塞

图 1-112　拆下后驱动桥排放孔螺塞

3）待后驱动桥齿轮油完全排净后，安装排放孔螺塞，按规定力矩拧紧。

4）用专用加注设备将齿轮油从加油孔泵入后驱动桥内，如图 1-114 所示，直到

加油孔下沿有油液流出为止。

图 1-113　排放驱动桥齿轮油

图 1-114　加注新齿轮油

5）安装加油孔螺塞，按规定力矩拧紧。

二、后驱动桥壳体密封件的检查与更换

1. 密封件的检查

1）检查后驱动桥与传动轴接合处是否有油液漏出。如果有油液漏出，可能是驱动桥主减速器油封损坏，应更换主减速器油封。

2）检查后驱动桥左、右驱动轴接合处是否有油液漏出。如果有油液漏出，应更换驱动轴油封。

2. 主减速器油封的更换

1）使用合适的工具拆下传动轴与主减速器凸缘的连接螺栓，分离传动轴。

2）使用合适的工具拆下主减速器凸缘的固定螺母。

3）拔下主减速器凸缘。

4）用专用工具拉出主减速器油封。

5）用抹布清洁主减速器凸缘油封座。

6）在新油封唇口上涂抹润滑脂。

7）用专用工具和锤子将油封敲入。

8）安装主减速器凸缘，将固定螺母拧紧到规定力矩。

9）安装传动轴与主减速器凸缘的连接螺栓，将固定螺母拧紧到规定力矩。

三、后驱动桥的拆卸与检修

1. 后驱动桥的拆卸

1）使用合适的工具拆下驱动桥壳下部的排放孔螺塞，并用油桶接好废弃的齿轮油。

2）拆下驱动桥左、右两侧的车轮。

3）拆下左、右半轴的固定螺栓，取下左、右两侧半轴。

4）拆下传动轴与主减速器的固定螺栓，取下传动轴总成。

5）拆下主减速器壳与驱动桥壳的固定螺栓，取下主减速器与差速器总成。

2. 后驱动桥的分解

1）在主减速器壳两侧轴承盖上做好记号并拆下固定螺栓，如图1-115a所示。

2）取下两个轴承盖和调整螺母，如图1-115b所示。

3）用专用工具固定好主动锥齿轮的凸缘并拆下凸缘的固定螺母，如图1-115c所示。

4）取下主动锥齿轮凸缘和主动锥齿轮，如图1-115d所示。

5）拆下从动盘齿轮与差速器壳体的固定螺栓，如图1-115e所示。

6）从差速器壳上取下从动锥齿轮，如图1-115f所示。

7）用细长的冲子拆下十字形行星齿轮轴的固定锁销，如图1-115g所示。

8）用锤子敲击拆下十字形行星齿轮轴，如图1-115h所示。

9）转动行星锥齿轮和半轴锥齿轮并取出，如图1-115i所示。

图1-115 后驱动桥的分解

随堂笔记

3. 桥壳和半轴套管的检修

1）检查桥壳和半轴套管是否有裂纹，各部分的螺纹损伤均不得超过2牙。

2）检查钢板弹簧座定位孔有无磨损。

3）检查滚动轴承内圈与桥壳的配合，不能过于松旷，否则应更换桥壳。

4. 半轴的检修

1）检查半轴是否有裂纹。

2）检查半轴花键，应无明显的扭转变形。

3）检查半轴内端花键齿与半轴齿轮的花键配合间隙，应不大于0.80mm，否则应更换。

5. 主减速器壳的检修

1）检查主减速器壳体，应无裂损，各部位螺纹的损伤均不得超过2牙，否则应更换。

2）检查差速器左、右轴承孔同轴度公差，应小于0.10mm。

6. 主减速器主、从动齿轮的检修

1）检查齿轮工作表面，不得有明显斑点、剥落、缺损和阶梯形磨损。

2）检查从动盘齿轮的铆钉连接，应牢固可靠；用螺栓连接的，连接螺栓的紧固力矩应符合原厂规定，紧固螺栓应锁止可靠。

小提示

齿轮必须成对更换。

7. 差速器的检修

1）检查差速器壳，不得有裂纹，否则应更换。

2）检查差速器壳与行星锥齿轮、半轴锥齿轮垫片的接触面，应光滑、无沟槽。如果有小的沟槽，可用砂纸打磨，并更换半轴锥齿轮垫片。

3）检查行星锥齿轮、半轴锥齿轮，不得有裂纹，工作表面不得有明显斑点、脱落和缺损。

4）检查差速器壳体与轴承、差速器壳与行星齿轮轴的配合，应没有间隙。

8. 滚动轴承的检修

1）检查轴承的钢球（或柱）和滚道，不得有伤痕、剥落、严重黑斑或烧损变色等缺陷，否则应更换。

2）检查轴承架，不得有缺口、裂纹、铆钉松动或钢球（或柱）脱出等现象，否则应更换。

9. 轮毂的检修

1）检查轮毂，应无裂纹，否则应更换。轮毂各部位螺纹的损伤均不得超过2牙。

2）检查轮毂轴承孔与轴承滚道的配合，不得松旷，否则应更换轮毂。

10. 后驱动桥的安装

按与拆卸相反的顺序安装后驱动桥总成，按规定力矩拧紧各螺栓。

实训任务总结：

随堂笔记

汽车底盘构造与检修 第2版

后驱传动系统的检查与维护		工作任务单		班级：	
				姓名：	

1. 记录车辆信息

品牌		整车型号		生产日期	
发动机型号		发动机排量		行驶里程	
车辆识别代号					

2. 后驱动桥齿轮油液的检查

检查项目	检查情况	检查结果	检查项目	检查情况	检查结果
齿轮油液位	低□ 高□ 无□	正常□ 异常□	齿轮油油质		正常□ 异常□

3. 后驱动桥泄漏的检查

检查项目	泄漏检查情况	泄漏部位名称	维修措施
齿轮油	泄漏□ 正常□		更换□ 调整□ 紧固□ 无□

4. 更换后驱动桥齿轮油

作业项目	维修资料			
齿轮油	齿轮油类型		更换周期	
	齿轮油容量		放油螺栓力矩	

5. 后驱动桥的检查与维修

检查项目	检查情况	部位名称	维修措施
主减速器油封	泄漏□ 裂纹□ 破损□ 松动□		调整□ 维修□ 更换□
壳体密封件	泄漏□ 裂纹□ 破损□ 松动□		调整□ 维修□ 更换□
壳体	变形□ 裂纹□ 破损□ 松动□		调整□ 维修□ 更换□
半轴套管	变形□ 裂纹□ 破损□ 松动□		调整□ 维修□ 更换□
半轴	变形□ 裂纹□ 破损□ 松动□		调整□ 维修□ 更换□
主减速器	变形□ 裂纹□ 破损□ 松动□		调整□ 维修□ 更换□
差速器	变形□ 裂纹□ 破损□ 松动□		调整□ 维修□ 更换□
滚动轴承	变形□ 裂纹□ 破损□ 松动□		调整□ 维修□ 更换□
轮毂	变形□ 裂纹□ 破损□ 松动□		调整□ 维修□ 更换□

6. 查阅维修手册

部件名称	章节及页码		规格（米制）
	第　　章	页	
	第　　章	页	
	第　　章	页	

随堂笔记

任务四　后驱传动系统的检查与维护

后驱传动系统的检查与维护		实习日期：	
姓名：	班级：	学号：	教师签名：
自评：□熟练　□不熟练	互评：□熟练　□不熟练	师评：□合格　□不合格	
日期：	日期：	日期：	

后驱传动系统的检查与维护【评分细则】

序号	评分项	得分条件	分值	评分要求	自评	互评	师评
1	安全/7S/态度	□1. 能进行工位 7S 操作 □2. 能进行设备和工具的安全检查 □3. 能进行车辆安全防护操作 □4. 能进行工具清洁、校准、存放操作 □5. 能进行三不落地操作	15分	未完成1项扣3分	□熟练 □不熟练	□熟练 □不熟练	□合格 □不合格
2	专业技能能力	作业1 □1. 能正确地拆卸放油螺塞 □2. 能正确地检查驱动桥液位 □3. 能正确地检查齿轮油油质 □4. 能正确地排放齿轮油 □5. 能正确地加注齿轮油 作业2 □1. 能正确地检查壳体密封件 □2. 能正确地检查主减速器油封 □3. 能正确地检查驱动桥壳体 □4. 能正确地检查左、右半轴套管 □5. 能正确地拆卸分离驱动桥 □6. 能正确地拆卸主减速器 □7. 能正确地检查主减速器 □8. 能正确地拆卸左、右半轴 □9. 能正确地检查左、右半轴	50分	未完成1项扣3分	□熟练 □不熟练	□熟练 □不熟练	□合格 □不合格
3	工具及设备的使用能力	□1. 能正确地使用维修工具 □2. 能正确地使用油液加注工具 □3. 能正确地使用量具 □4. 能正确地使用预紧式扭力扳手	10分	未完成1项扣3分，扣分不得超过10分	□熟练 □不熟练	□熟练 □不熟练	□合格 □不合格
4	资料、信息查询能力	□1. 能正确地使用维修手册查询资料 □2. 能正确地查询齿轮油型号 □3. 能正确地记录查询资料章节及页码 □4. 能正确地记录所需维修信息	10分	未完成1项扣3分，扣分不得超过10分	□熟练 □不熟练	□熟练 □不熟练	□合格 □不合格
5	数据判断和分析能力	□1. 能判断驱动桥液位加注量 □2. 能判断后驱动桥壳体是否泄漏 □3. 能判断后驱动桥各部件是否正常	10分	未完成1项扣3分	□熟练 □不熟练	□熟练 □不熟练	□合格 □不合格
6	表单填写和报告撰写能力	□1. 字迹清晰 □2. 语句通顺 □3. 无错别字 □4. 无涂改 □5. 无抄袭	5分	未完成1项扣1分	□熟练 □不熟练	□熟练 □不熟练	□合格 □不合格
总分：							

随堂笔记

项目二 / Project 2

行驶系统的构造与检修

任务一

车轮的检查与维护

随堂笔记

 学习目标

知识目标

1）掌握车轮和轮胎的基本结构。

2）掌握轮胎和车轮的分类和尺寸型号。

技能目标

1）具有对轮胎进行一般性检查的能力。

2）具有对轮胎进行换位的能力。

3）具有使用扒胎机拆装轮胎并修补轮胎的能力。

4）具有使用轮胎动平衡机对轮胎进行动平衡检查的能力。

素养目标

1）在工作过程中与小组其他成员合作、交流，养成团队合作意识。

2）养成 7S 的工作习惯。

任务描述

一辆丰田卡罗拉轿车，行驶里程为 30000km，车主反映：左前轮胎气压低且存在不均匀磨损，需要补胎并进行轮胎换位。

相关知识

车轮轮胎作用

一、车轮的作用

车轮位于汽车车身与路面之间，起支承汽车和装载质量的作用；还有传递汽车与路面之间的驱动力、离心力和制动力，缓冲路面颠簸时所引起的振动，保持汽车的行驶方向等作用，如图 2-1 所示。

二、车轮的组成

汽车车轮主要由轮辋、轮胎和气门嘴等组成，如图 2-2 所示。轮胎安装在轮辋

上，直接与路面接触。

图 2-1 车轮的作用

图 2-2 车轮的组成

1. 轮辋

轮辋俗称为钢圈，它置于轮胎和车桥之间，作用是安装轮胎并传递和承受轮胎、车桥之间的各种力和力矩。

轮辋根据所用的材料不同，可分为钢板型轮辋和铝合金型轮辋，如图 2-3 所示。其中，铝合金型轮辋不易变形且美观大方，因此在轿车上的使用最广泛。

轮辋根据结构不同，可分为深槽轮辋、平底轮辋和对开式轮辋三种，如图 2-4 所示。

钢板型轮辋

铝合金型轮辋

图 2-3 不同材料类型的轮辋

深槽轮辋

平底轮辋

对开式轮辋

图 2-4 不同结构类型的轮辋

2. 轮胎

（1）轮胎的作用

1）与汽车悬架共同减缓汽车行驶中所受到的冲击，并衰减由此产生的振动，以保证汽车有良好的乘坐舒适性和行驶平顺性。

2）保证车轮和路面有良好的附着性，以提高汽车的牵引性、制动性和通过性。

3）支承汽车的质量、承受路面的其他反作用力。

因此，轮胎内部通常充有气体，以具有一定的承受载荷的能力和适宜的弹性；轮胎的外部有较复杂的花纹，以提高与路面的附着性。

(2) 轮胎的类型

1）按轮胎内空气压力的大小不同，可分为高压轮胎（0.5~0.7MPa）、低压轮胎（0.15~0.45MPa）和超低压轮胎（0.15MPa 以下），如图 2-5 所示。低压轮胎弹性好、断面宽、接地面积大，胎壁薄散热好，从而提高了汽车行驶的平顺性、稳定性，同时提高了轮胎的使用寿命，所以轿车上几乎全部使用低压轮胎；载货汽车上普遍采用高压轮胎。

2）按轮胎内保持空气方法的不同，充气轮胎可分为有内胎轮胎和无内胎轮胎两种，如图 2-6 所示。有内胎轮胎应用在载货汽车上较多；无内胎轮胎也称为真空轮胎，由于散热性能好和扎钉后不会快速漏气等优点，在轿车上广泛采用。

图 2-5　按轮胎内空气压力大小分类　　　图 2-6　按轮胎内保持空气方法不同分类

3）按轮胎胎体帘布层的结构不同，可分为斜交轮胎和子午线轮胎，如图 2-7 所示。子午线轮胎由于重量轻、弹性大、减振性能好，具有良好的附着性能，且滚动阻力小、承载能力大、行驶中胎温低、胎面耐穿刺，具有轮胎使用寿命长等优点，所以在汽车上应用得越来越多。

4）按轮胎花纹结构的不同，可分为普通花纹轮胎、越野花纹轮胎和混合花纹轮胎三种，如图 2-8 所示。

图 2-7　按轮胎胎体帘布层结构不同分类　　　图 2-8　按轮胎花纹结构不同分类

(3) 轮胎的结构　子午线轮胎在汽车上应用得越来越多。它有用钢丝或植物纤维制作的帘布层，其帘线与胎面中心的夹角接近 90°，并从一侧胎边穿过胎面到另一侧胎边，帘线在轮胎上的分布好像地球的子午线，所以称为子午线轮胎。其结构如图 2-9 所示，从外表看它主要包括胎冠、胎肩和胎侧三部分，内部有带束层和帘布层。

图 2-9　子午线轮胎的结构

> **小知识**
>
> 1）胎冠是车辆与路面接触的重要部分，具有耐磨损、耐摩擦和耐热等性能。
>
> 2）胎侧的主要作用是保护轮胎免受路肩撞击，提高轮胎的强度。在胎侧可以找到各种标记，包含有关轮胎型号和参数的重要信息。

（4）轮胎的规格　轮胎的规格可用外胎直径 D（单位：mm）、轮辋直径 d（单位：in）、断面宽度 B 和断面高度 H 的名义尺寸代号表示，如图 2-10 所示。

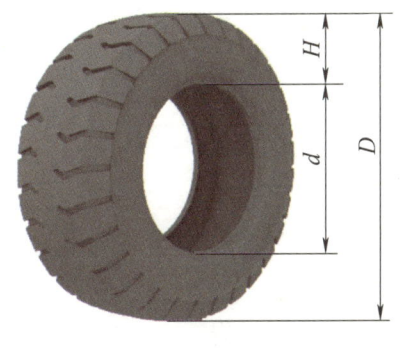

$$轮胎宽高比 = \frac{轮胎断面高度 H}{轮胎断面宽度 B} \times 100\%$$

图 2-10　轮胎尺寸标记

D—外胎直径　d—轮辋直径　H—轮胎断面高度　B—轮胎断面宽度

小知识

一般在轮胎的胎侧会标示轮胎的规格，如轿车轮胎胎侧标示 185/60R13 80H，表示轮胎的断面宽度为 185mm，扁平率（轮胎高宽比）为 60%，R 为子午线轮胎，轮辋直径为 13in，轮胎负荷指数为 80，轮胎速度等级为 H 级，如图 2-11 所示。具体轮胎负荷和最高速度可查轮胎负荷与负荷指数对照表（表 2-1）和轮胎速度级别表（表 2-2）。

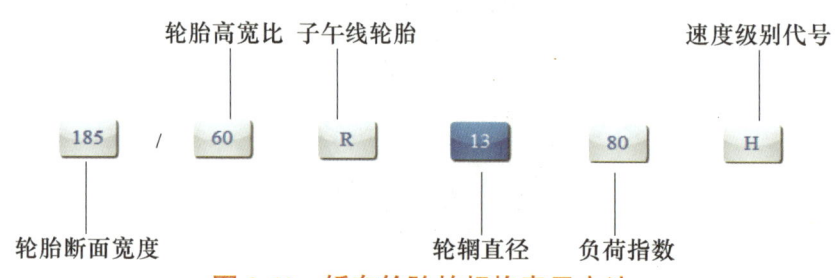

图 2-11　轿车轮胎的规格表示方法

表 2-1　轮胎负荷与负荷指数对照表

负荷指数	负荷 /kg	负荷指数	负荷 /kg	负荷指数	负荷 /kg	负荷指数	负荷 /kg
0	45	40	140	80	450	120	1400
1	46.5	41	145	81	462	121	1450
2	47.5	42	150	82	475	122	1500
3	48.7	43	155	83	487	123	1550
4	50	44	160	84	500	124	1600
5	51.5	45	165	85	515	125	1650
6	53	46	170	86	530	126	1700
7	54.5	47	175	87	545	127	1750
8	56	48	180	88	560	128	1800
9	58	49	185	89	580	129	1850
10	60	50	190	90	600	130	1900
11	61.5	51	195	91	615	131	1950

表 2-2　轮胎速度级别表

速度级别代号	最大速度 /（km/h）	速度级别代号	最大速度 /（km/h）
A1	5	A7	35
A2	10	A8	40
A3	15	B	50
A4	20	C	60
A5	25	D	65
A6	30	E	70

任务一 车轮的检查与维护

(续)

速度级别代号	最大速度/（km/h）	速度级别代号	最大速度/（km/h）
F	80	R	170
G	90	S	180
J	100	T	190
K	110	U	200
L	120	H	210
M	130	V	240
N	140	W	270
P	150	Y	300
Q	160	ZR	240 以上

（5）车轮的使用与维护

1）保持轮胎气压正常。轮胎的气压是决定轮胎使用寿命和工作好坏的重要因素。当轮胎气压过低时，造成胎侧变形加大，胎冠部向内凸起，胎面接地面积增大，使胎肩部位磨损加剧，还会使轮胎滚动阻力增大，燃料消耗增加。若轮胎气压过高，轮胎内部压力增大，接地面积减小，使轮胎的胎冠部位向外凸起，造成胎冠磨损加剧，如图 2-12 所示。

充气不足　　胎肩磨损　　充气压力过大　　胎面中心磨损

图 2-12 轮胎气压不良造成轮胎的异常磨损

2）合理搭配轮胎。搭配轮胎的原则：装用新轮胎时，同一轴上配同一规格、同一结构、同一层级和同一花纹的轮胎；装用新、旧不同的轮胎时，前轮尽量使用最好的轮胎。

3）轮胎的换位。按时、正确地进行轮胎换位可使轮胎磨损均匀，可延长轮胎 20% 左右的使用寿命。常用的子午线轮胎一般采用图 2-13 所示的换位方法。

4）及时更换轮胎。轮胎花纹的凹槽内或胎侧都有磨损标记，如图 2-14 所示。当轮胎磨损到该标记时，必须更换。

5）保持良好的底盘技术状况。轮胎的异常磨损（图 2-15）与底盘技术状况有关，如前轮定位中的前轮外倾与前轮前束配合不当、轮毂轴承松旷、转向传动机构间隙过大、车轮不平衡、轮辋变形、悬架与车架变形或制动技术状况不良等都会引起轮

随堂笔记

胎的异常磨损。

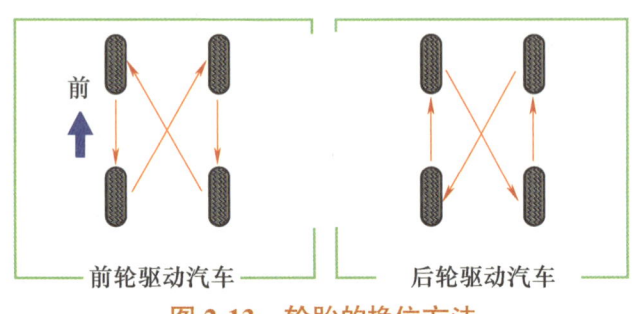

图 2-13　轮胎的换位方法

图 2-14　轮胎磨损极限标记

6）车轮的平衡。车轮是由轮胎、轮毂组成的一个整体，但是由于制造的原因，使这个整体各部分的质量分布不能达到非常的均匀。当汽车车轮高速旋转时，就会形成动不平衡状态，造成车辆在行驶中车轮抖动、转向盘振动的现象。为了避免这种现象或消除已发生的这种现象，就要在车轮上增加配重，使车轮达到平衡。这个校正的过程就是车轮的平衡。

车轮不平衡有两种，静不平衡和动不平衡。静不平衡会引起车轮高速行驶时上下跳动，动不平衡会引起车轮高速行驶时左右摆动，如图 2-16 所示。

中部磨损　　胎肩磨损　　单侧磨损

 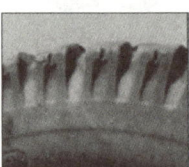

羽状磨损　　环状槽形磨损

图 2-15　轮胎的异常磨损

车轮静不平衡　　车轮动不平衡

图 2-16　车轮不平衡引起的车轮振动

三、轮胎压力的监测

轮胎压力影响轮胎的使用寿命和行驶安全，很多轮胎的爆胎都是由于轮胎气压过低造成的，所以在中级别以上轿车都有胎压监测系统，并在仪表盘内有胎压过低警告灯，如图 2-17 所示。当某个轮胎气压偏低时，该警告灯就会亮起。

轮胎压力监测系统主要有直接式轮胎压力监测系统和间接式轮胎压力监测系统两种。

1)直接式轮胎压力监测系统利用安装在每一个轮胎里的胎压监测传感器（图2-18）通过无线信号直接测量轮胎的气压，并对各轮胎气压进行监控。当轮胎气压太低或有渗漏时，仪表盘内的胎压过低警告灯就会亮起。

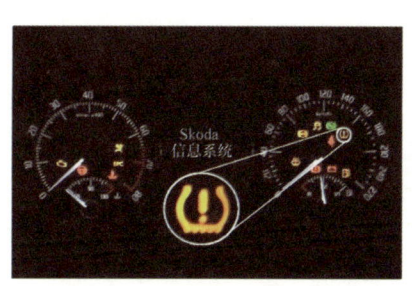

图2-17 胎压过低警告灯

图2-18 胎压监测传感器

2)间接式轮胎压力监测系统通过ABS轮速传感器来比较轮胎之间的转速差（当某轮胎压力低时转速会变快），以达到监控胎压的目的。

随堂笔记

车轮的检查与维护	学习任务单	班级： 姓名：

1. _____位于汽车车身与路面之间，起支承汽车和装载质量的作用，并承受各种作用力。

2. 写出图 2-19 中各部件的名称。

图 2-19　车轮

　　1._____　　2._____　　3._____

3. 轮辋俗称为_____，它根据所用的材料不同，可分为_____和_____两种类型。

4. 轮胎按轮胎内空气压力的大小可分为高压轮胎、低压轮胎和超低压轮胎，其中低压轮胎的压力值为_____。轿车一般采用_____轮胎。

5. 写出图 2-20 中轮胎上标记的含义；查询轮胎负荷指数对照表和轮胎速度级别表，写出该轮胎的负荷与最大速度。

195_____　　　　60_____

R_____　　　　　15_____

88_____　　　　　H_____

负荷_____　　最大速度_____

图 2-20　轮胎

6. 某轮胎出现图 2-21a 所示磨损可能的原因是_____
_____。

某轮胎出现图 2-21b 所示磨损可能的原因是_____
_____。

7. 某车行驶时仪表内的 ⚠ 灯突然亮起，可能的原因是_____
_____。

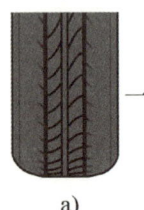 

　　a)　　　　　b)

图 2-21　磨损的轮胎

随堂笔记

任务一　车轮的检查与维护

实训任务　车轮的检查与维护

实训器材

丰田卡罗拉轿车、扒胎机、轮胎动平衡机、轮胎风动扳手（风炮）、补胎工具、轮胎花纹深度尺和轮胎气压表等量具、常用工具。

作业准备

1）检查举升机。

2）将车辆在工位停放周正。

3）铺好车内和车外护套。

操作步骤

1. 拆卸车轮

1）牢靠地顶好车辆并将车辆举升到中间高度位置。

2）选用 21mm 风动套筒（一般为黑色，非风动套筒不能配合风炮使用）连接到风炮上，并连接好压缩空气管快速插头。

3）轻点风炮开关，检查风炮的旋转方向是否为拆松方向（逆时针方向）。

4）按对角交叉的顺序拆下五个车轮紧固螺母如图 2-22 所示。

5）将车轮螺母和风炮整齐摆放到工作台上。

6）用双手环抱方式将车轮取下，如图 2-23 所示。

> **小提示**
> 拆下第五个螺母后要用手顶住车轮，防止车轮掉落。

图 2-22　拆卸车轮紧固螺母

图 2-23　取下车轮

2. 检查车轮

1）检查胎面和胎侧是否有异常磨损、裂纹、鼓包或嵌入金属异物等，如图 2-24 所示。

2）检查轮辋是否变形、裂纹或腐蚀等。

3）用轮胎花纹深度尺测量轮胎花纹深度，如图 2-25 所示。

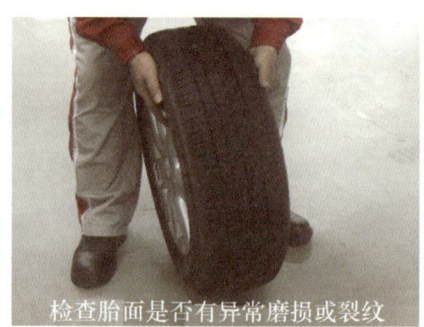

图 2-24 检查胎面和胎侧

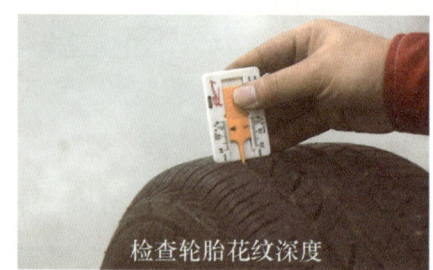

图 2-25 检查轮胎花纹深度

4）拆下气门嘴防尘帽。

5）用轮胎气压表测量轮胎气压，如图 2-26 所示。与维修手册的标准值对照，看是否需要调整气压。

6）用肥皂水检查气门嘴是否漏气。

7）用抹布清洁肥皂水，并拧好气门嘴防尘帽。

图 2-26 测量轮胎气压

3. 拆卸轮胎

1）用气压表将轮胎内的压力释放出来，如图 2-27 所示。

2）用气门嘴拆卸专用工具拆下气门嘴芯。

3）将轮胎放到图 2-28 所示位置，并踩下轮胎挤压臂踏板，使轮胎和轮辋分离。

图 2-27 释放轮胎压力

图 2-28 分离轮胎和轮辋

4）松开轮胎挤压臂踏板，转动轮胎约 180° 再次挤压，然后翻转轮胎挤压另一面，直到轮胎与轮辋彻底分离。

5）将车轮放在卡盘上，如图 2-29 所示，踩下张开盘的卡爪踏板，锁住轮辋。

6）用毛刷在轮胎内圈抹上润滑膏。

7）踩下摆动臂踏板，放下摆动臂，并压下拆装臂，使卡头内沿与轮辋边缘留有少许间隙。

8）用撬棍将轮胎搭到爪头上。踩下转换踏板使卡盘旋转，将一侧轮胎扒出，如图 2-30 所示。

图 2-29　将车轮放在卡盘上

图 2-30　用撬棍撬起轮胎搭在爪头上

9）将轮胎稍许抬起，再用上一步的方法将轮胎另一侧扒出。

10）踩下摆动臂踏板，收起摆动臂，取下轮胎。

4. 修补轮胎

1）找到轮胎被扎破的创口，拔出刺破轮胎的异物，如图 2-31 所示。

2）用打磨机打磨轮胎的气密层，如图 2-32 所示，使气密层变得粗糙（冷补胶片更易黏合在上面）。

图 2-31　拔出刺破轮胎的异物

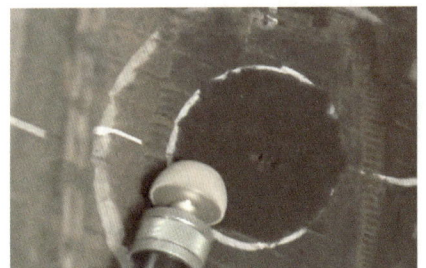

图 2-32　打磨轮胎的气密层

3）在打磨的区域涂上冷补胶水，如图 2-33 所示，稍微烘干一下。

4）贴上冷补胶片并用滚轮在胶片上来回滚压，使冷补胶片和气密层黏合得更紧密，如图 2-34 所示。

图 2-33　涂冷补胶水

图 2-34　贴上冷补胶片

5. 安装轮胎

1）用毛刷在轮胎的密封面上涂一层润滑膏。

2）将轮胎放到轮辋上，踩下摆动臂踏板，放下摆动臂并压下拆装臂，使卡头内沿与轮辋边缘留有少许间隙。

3）将轮胎下侧密封面搭到爪头上，如图2-35所示。踩下转换踏板使卡盘旋转，将一侧轮胎旋转装入。

4）将轮胎上侧密封面搭到爪头上，如图2-36所示。踩下转换踏板使卡盘旋转，将另一侧轮胎旋转装入。

图2-35　将轮胎下侧密封面搭到爪头上

图2-36　将轮胎上侧密封面搭到爪头上

5）用气压表向轮胎中充入适量的压缩空气，充气完成后检查气门嘴是否漏气。

6. 车轮动平衡

1）检查轮胎气压，并加注到标准值。

2）拆下轮胎旧的平衡块。

3）选用合适轴套，将车轮安装在动平衡机上并固定，如图2-37所示。

4）打开轮胎动平衡机电源。

5）拉出测量尺，测量轮胎边距，读出数据并将数据输入动平衡机中，如图2-38所示。

图2-37　将车轮安装在动平衡机上并固定

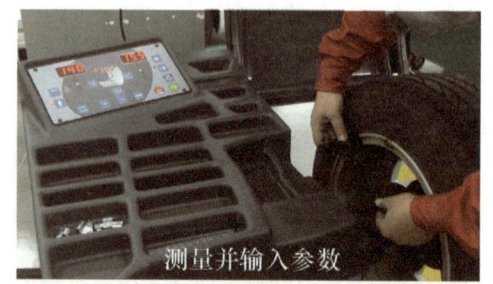

图2-38　测量轮胎边距

6）用轮胎宽度测量尺测量车轮轮辋宽度，读出数据并将数据输入动平衡机中，如图2-39所示。

7）查看轮胎胎侧的轮辋直径，将其输入动平衡机中，如图2-40所示。

图2-39 测量车轮轮辋宽度

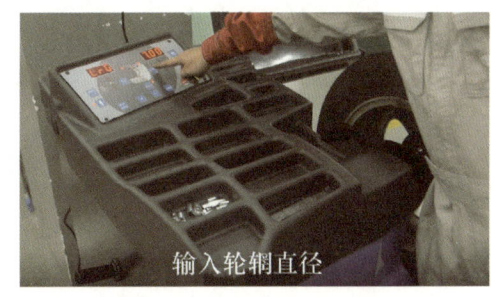

图2-40 输入轮辋直径

8）确认安全后，放下安全罩，车轮在动平衡机上转动。待车轮停止转动后，查看车轮两侧的动不平衡量数据，如图2-41所示。

9）转动车轮到达外侧的动不平衡点，此时该动不平衡点指示灯亮。

10）在轮辋外侧12点位置，根据轮辋的材质和检测到的动不平衡量，选择并安装合适材质和质量的配重块。

11）按相同方式安装车轮内侧配重块，如图2-42所示。

图2-41 车轮动平衡检测

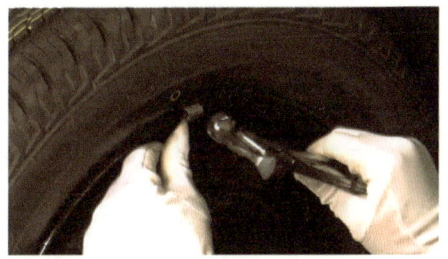

图2-42 安装车轮内侧配重块

12）重新进行车轮动平衡检测，检查动不平衡量是否达到要求。

13）如果仍存在动不平衡，则需要去掉已安装好的配重块，重新进行检测和配重块的安装，直至动不平衡量为零，最后取下车轮。

7. 轮胎换位

1）依次将另外三个车轮用风炮拆下。

2）查看车辆，该车采用发动机前置前轮驱动（FF）的形式，按图2-43所示顺序调换各车轮位置。

8. 安装车轮

1）按与拆卸相反的顺序安装车轮。

2）下降举升机，将车辆落到地面。

3）查询该车型维修手册，找到轮胎紧固螺母的标准紧固力矩。

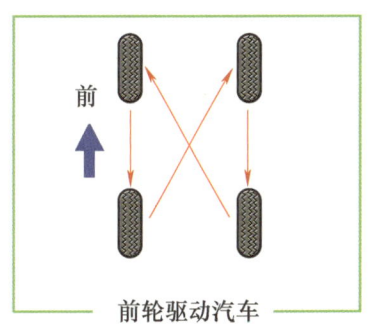

图2-43 调换各车轮位置

4）用预置式扭力扳手按标准紧固力矩拧紧轮胎紧固螺母。

实训任务总结：

随堂笔记

任务一　车轮的检查与维护

车轮的检查与维护	工作任务单	班级： 姓名：	

1. 记录车辆信息

品牌		整车型号		生产日期	
发动机型号		发动机排量		行驶里程	
车辆识别代号					

2. 检查轮胎　　车辆标配轮胎型号：　　　　　　　　标准胎压：

检查项目		左前车轮	左后车轮	右前车轮	右后车轮
轮胎型号					
胎压值	数据				
	判定	正常□　异常□	正常□　异常□	正常□　异常□	正常□　异常□
	维修	调整□　无□	调整□　无□	调整□　无□	调整□　无□
花纹	深度				
	偏磨	左□　中□　右□	左□　中□　右□	左□　中□　右□	左□　中□　右□
	判定	正常□　异常□	正常□　异常□	正常□　异常□	正常□　异常□
	维修	更换□　换位□　无□	更换□　换位□　无□	更换□　换位□　无□	更换□　换位□　无□

3. 拆卸、修补轮胎

拆卸位置	□左前车轮	□左后车轮	□右前车轮	□右后车轮
轮胎修补方法				

4. 车轮动平衡

平衡位置	□左前车轮	□左后车轮	□右前车轮	□右后车轮
动平衡检测值	内侧：		外侧：	
平衡后检测值	内侧：		外侧：	

5. 轮胎换位

注：1. 查阅轮胎换位方法
　　2. 根据车轮检查情况进行轮胎换位
　　3. 轮胎换位用箭头画图标明

6. 查阅维修手册

部件名称	章节及页码	规格（米制）
	第　　章　　　页	
	第　　章　　　页	
	第　　章　　　页	

随堂笔记

车轮的检查与维护		实习日期：		
姓名：	班级：	学号：		教师签名：
自评：☐熟练 ☐不熟练	互评：☐熟练 ☐不熟练	师评：☐合格 ☐不合格		
日期：	日期：	日期：		

车轮的检查与维护【评分细则】

序号	评分项	得分条件	分值	评分要求	自评	互评	师评
1	安全/7S/态度	☐1. 能进行工位7S操作 ☐2. 能进行设备和工具的安全检查 ☐3. 能进行车辆安全防护操作 ☐4. 能进行工具清洁、校准、存放操作 ☐5. 能进行三不落地操作	15分	未完成1项扣3分	☐熟练 ☐不熟练	☐熟练 ☐不熟练	☐合格 ☐不合格
2	专业技能能力	作业1 ☐1. 能正确地举升车辆 ☐2. 能正确地拆卸车轮 ☐3. 能正确地安装车轮 作业2 ☐1. 能正确地读取轮胎规格和型号 ☐2. 能正确、全面地检查轮胎 ☐3. 能正确地检查轮胎压力并调整 作业3 ☐1. 能正确地拆卸轮胎 ☐2. 能正确地找到轮胎漏气点 ☐3. 能正确地修补轮胎 ☐4. 能正确地安装轮胎 作业4 ☐1. 能正确地对车轮进行动平衡检测 ☐2. 能调整轮胎动平衡值在标准范围内 ☐3. 能正确地对轮胎进行换位 ☐4. 能正确地紧固车轮螺栓至标准力矩	50分	未完成1项扣5分，扣分不得超过50分	☐熟练 ☐不熟练	☐熟练 ☐不熟练	☐合格 ☐不合格
3	工具及设备的使用能力	☐1. 能正确地使用维修工具 ☐2. 能正确地使用轮胎气压表 ☐3. 能正确地使用轮胎快速修补工具 ☐4. 能正确地使用车轮动平衡机 ☐5. 能正确地使用扒胎机	10分	未完成1项扣2分	☐熟练 ☐不熟练	☐熟练 ☐不熟练	☐合格 ☐不合格
4	资料、信息查询能力	☐1. 能正确地查询轮胎规格 ☐2. 能正确地查询轮胎的胎压标准 ☐3. 能正确地查询轮胎的拆装方法 ☐4. 能正确地查询轮胎的换位方法 ☐5. 能正确地识读维修手册并查询资料 ☐6. 能正确地记录所查询资料的章节及页码 ☐7. 能正确地记录所需维修信息	10分	未完成1项扣2分，扣分不得超过10分	☐熟练 ☐不熟练	☐熟练 ☐不熟练	☐合格 ☐不合格
5	数据判断和分析能力	☐1. 能判断轮胎气压是否正常 ☐2. 能判断轮胎是否可以正常使用 ☐3. 能分析轮胎漏气的位置及原因 ☐4. 能分析车轮不平衡的原因 ☐5. 能判断轮胎换位是否正常	10分	未完成1项扣3分，扣分不得超过10分	☐熟练 ☐不熟练	☐熟练 ☐不熟练	☐合格 ☐不合格
6	表单填写和报告撰写能力	☐1. 字迹清晰 ☐2. 语句通顺 ☐3. 无错别字 ☐4. 无涂改 ☐5. 无抄袭	5分	未完成1项扣1分	☐熟练 ☐不熟练	☐熟练 ☐不熟练	☐合格 ☐不合格

随堂笔记

总分：

任务二

悬架系统的检查与维护

学习目标

知识目标

1) 掌握悬架系统的作用、类型与组成。
2) 掌握减振器的工作原理。
3) 掌握减振器的拆卸和更换流程及安全措施。

技能目标

1) 具有检查与维护悬架系统各部件的能力。
2) 具有对悬架各部件进行实车拆装和分解的能力。

素养目标

1) 在工作过程中与小组其他成员合作、交流，养成团队合作意识。
2) 养成 7S 的工作习惯。

任务描述

一辆丰田卡罗拉轿车用户反映：行驶到颠簸路面时，车身下部出现"哐哐"的响声，需要对悬架进行检查，确定故障部位并进行修理。

相关知识

一、悬架的作用

悬架系统是现代汽车上的重要总成，对汽车行驶平顺性和操纵稳定性有很大的影响。它的作用是弹性地连接车桥与车架或车身，如图 2-44 所示，可以用传力、缓冲、减振、导向几个词来概括。其具体作用如下：

1) 与轮胎一起吸收和减缓不平整路面所造成的各种摇摆和振动，从而保

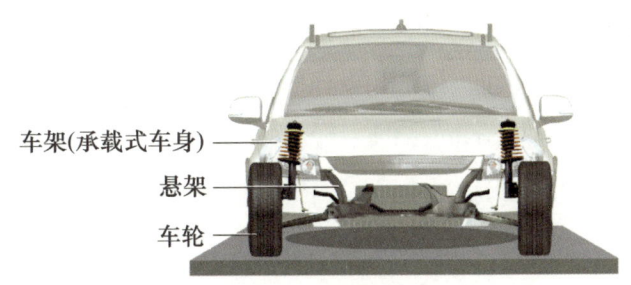

图 2-44 悬架的作用

证乘员和货物的安全，并提高驾驶稳定性。

2）将路面与车轮之间摩擦所产生的驱动力和制动力传输至车架或车身。

3）支承车桥上的车身，并使车身与车轮之间保持适当的几何关系。

二、悬架的类型

汽车悬架可分为非独立悬架和独立悬架两大类，如图2-45所示。

非独立悬架

独立悬架

图 2-45 悬架的类型
a) 非独立悬架 b) 独立悬架

非独立悬架的结构特点是两侧车轮安装在一根整体式车桥上，车轮和车桥一起通过弹性元件悬挂在车架（或车身）下面。当一侧车轮因路面不平相对于车架（或车身）位置发生变化时，另一侧车轮的位置随之发生变化，如图2-46a所示。

独立悬架使两侧车轮各自独立地通过弹性元件悬挂在车架（或车身）下面，其配用的车桥都是断开式车桥。这样，当一侧车轮相对于车架（或车身）位置发生变化时，对另一侧车轮几乎不产生影响，如图2-46b所示。

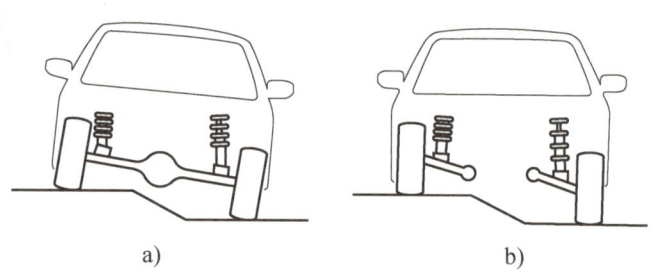

图 2-46 非独立悬架与独立悬架的特点
a) 非独立悬架 b) 独立悬架

由于独立悬架能提高乘坐的舒适性，目前在轿车上应用最广泛。

三、悬架的组成

现代汽车的悬架虽有不同的结构形式，而且前悬架和后悬架的结构也稍有不同，但一般都由弹性元件（弹簧）、减振器、横向稳定杆（稳定器）和连接机构等组成。汽车前、后悬架的组成如图2-47所示。

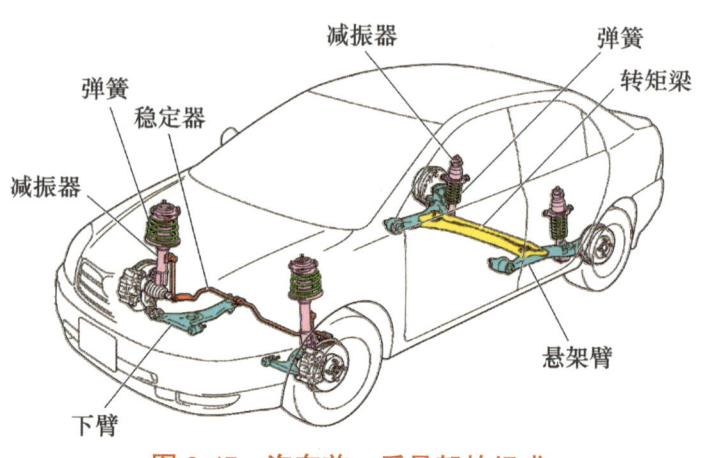

图 2-47 汽车前、后悬架的组成

1. 弹性元件

弹性元件的作用是承受并传递垂直载荷，缓和不平路面引起的冲击，使车架（或承载式车身）与车桥（或车轮）之间保持弹性连接，改善乘坐舒适性。常见的弹性元件主要有螺旋弹簧、钢板弹簧和扭杆弹簧等，如图2-48所示。

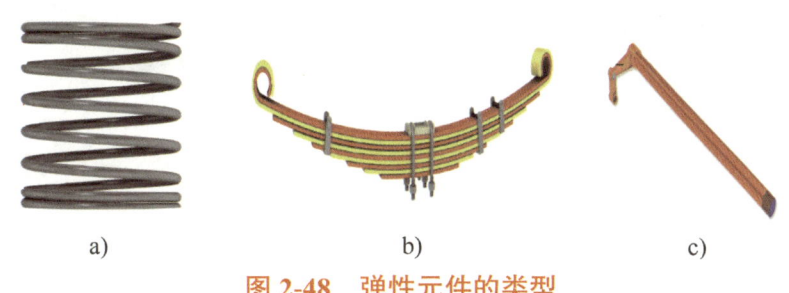

图2-48 弹性元件的类型
a）螺旋弹簧　b）钢板弹簧　c）扭杆弹簧

（1）螺旋弹簧　螺旋弹簧由特殊的圆形钢材缠绕成螺旋结构，利用弹簧的抗扭强度来吸收振动和冲击，如图2-49所示。它具有体积小、重量轻、占用空间小、价格低廉；能高效吸收路面冲击产生的垂直力等优点，在轿车上被广泛采用。但是螺旋弹簧不能吸收横向能量，因此还需要其他的辅助机构。

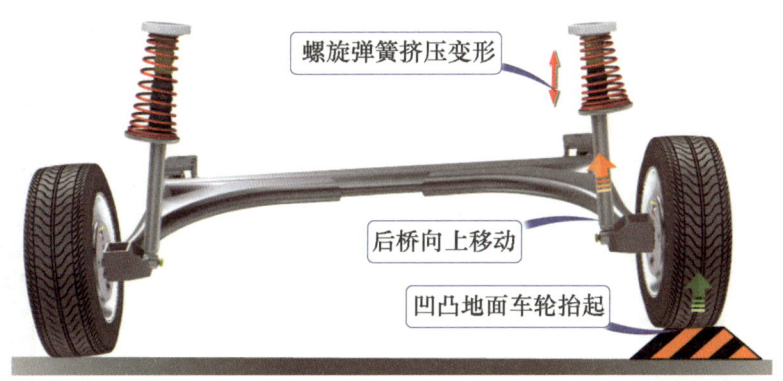

图2-49 螺旋弹簧的工作过程

（2）钢板弹簧　钢板弹簧由若干不等长的合金弹簧片叠加在一起组合而成，其结构如图2-50所示。钢板弹簧除了弹簧功能外，还可看作支撑车桥的臂。其优点在于持久耐用，但由于其质量大、结构厚实，故对行驶舒适性有不利影响，因而在载货汽车上使用较多。其安装位置如图2-51所示。

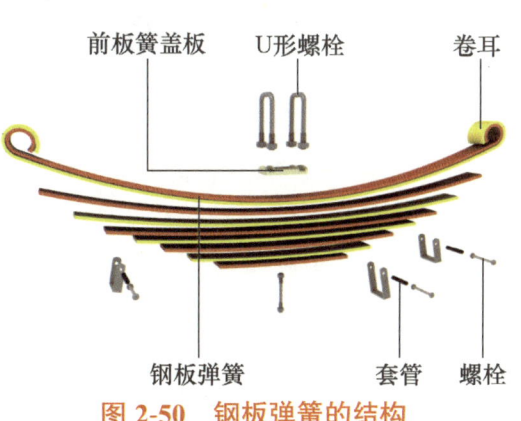

图2-50 钢板弹簧的结构

（3）扭杆弹簧　扭杆弹簧是由高弹性的弹簧钢加工成的一条钢杆，利用扭杆产生扭转弹性变形，如图2-52所示，在车轮与车架之间起弹性连接的作用，较多地用于越野车型的前悬架。

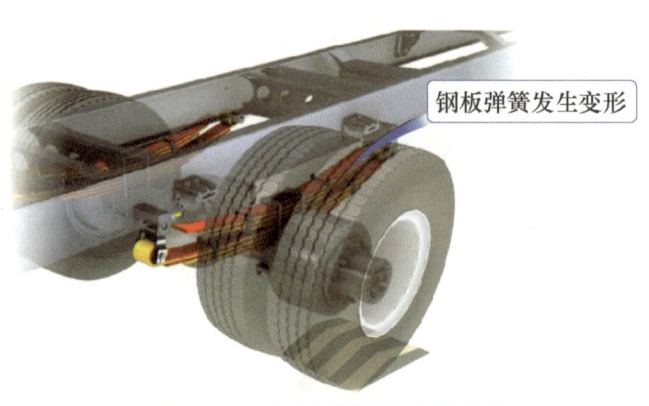

图 2-51 钢板弹簧的安装位置

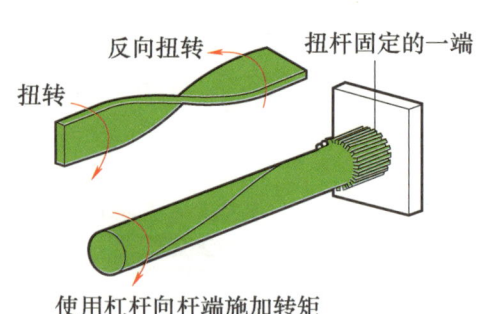

图 2-52 扭杆弹簧扭转弹性变形

2. 减振器

减振器的作用是快速消除弹簧的振动，改善汽车行驶的平顺性，它与弹性元件并联安装，如图 2-53 所示。汽车减振器有液力式、充气式和阻力可调式几种。这里主要讲述液力式减振器。

目前汽车上广泛采用筒式液力式减振器，其结构如图 2-54 所示。能在压缩和伸张两个行程内均起减振作用的减振器称为双向作用式减振器；只在伸张行程起减振作用的减振器称为单向作用式减振器。目前，汽车上多采用双向作用式减振器。

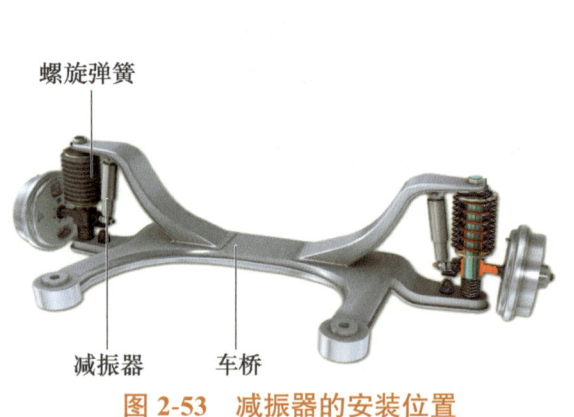

图 2-53 减振器的安装位置

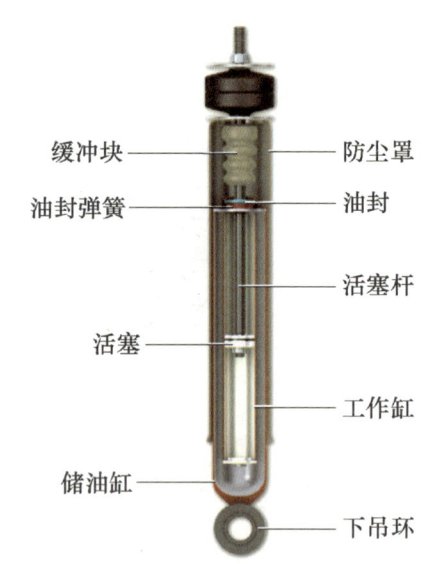

图 2-54 筒式液力式减振器的结构

双向作用式减振器的工作原理如图 2-55 所示。它内部一般具有四个阀：压缩阀、伸张阀、流通阀和补偿阀。流通阀和补偿阀是一般的单向阀，其弹簧弹力很小，当阀上的油压作用力与弹簧弹力同向时，阀处于关闭状态；当油压作用力与弹簧弹力反向时，只要有很小的油压，阀便能开启。压缩阀和伸张阀是卸载阀，其弹簧弹力较大，预紧力较大，只有当油压升高到一定程度时，阀才能开启。其工作过程及工作原理如下：

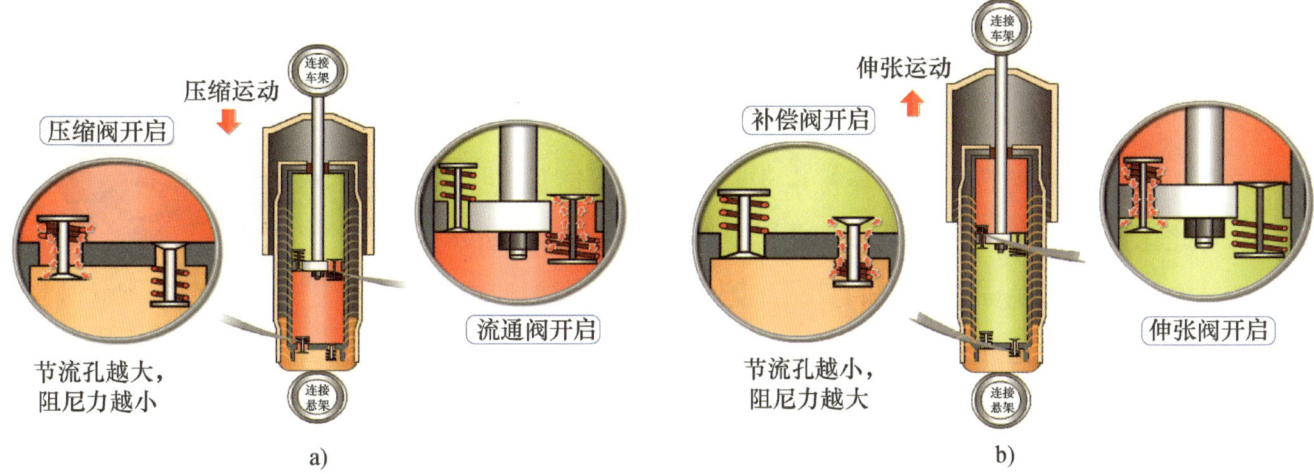

图 2-55　双向作用式减振器的工作原理
a）压缩行程　b）伸张行程

1）压缩行程中，车桥靠近车架（或车身），减振器压缩，活塞下移，活塞下方腔室容积减小，油压增大将流通阀顶开，油液进入活塞上方腔室。因活塞杆占用部分容积，使上腔室增大的容积小于下腔室减小的容积，部分不能进入上腔的油液打开压缩阀流回储油缸。利用油液与孔之间的摩擦来衰减振动。

2）伸张行程中，车桥远离车架（或车身），减振器受拉活塞上移，活塞上方腔室油压增大，推开伸张阀，油液流回活塞下方腔室。因活塞杆的存在，使上腔室减小的容积小于下腔室增大的容积，储油缸中的油液在真空度的作用下流经补偿阀进入下腔室来补偿。由于伸张阀的弹簧刚度和预紧力大于压缩阀且伸张行程的通道截面比压缩行程的通道截面小，所以伸张行程产生的阻尼力大于压缩行程时产生的阻尼力，从而达到迅速减振的要求。

3. 横向稳定杆

横向稳定杆可以防止车身在转向等情况下发生过大的横向倾斜，改善汽车的操纵稳定性和行驶平顺性。横向稳定杆如图 2-56 所示。

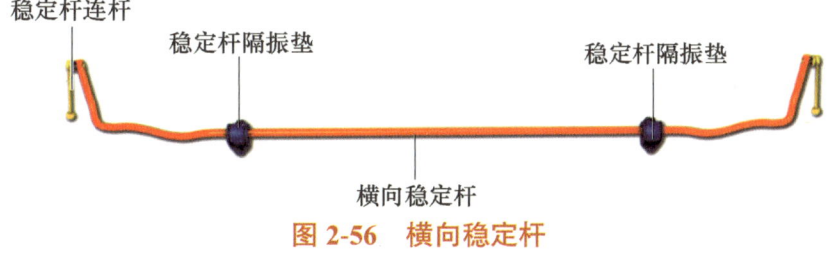

图 2-56　横向稳定杆

横向稳定杆在独立悬架上使用，非独立悬架无须使用。

4. 连接机构

连接机构包括下摆臂、横向导杆和纵向推力杆等，它们都是通过隔振胶套与车桥或车身相连。下摆臂隔振胶套如图 2-57 所示，用来传递除垂直力以外的各种力和力矩，并确定车轮相对于车架（或车身）的运动关系。因此连接机构的隔振胶套容易磨损和产生裂纹，从而造成在颠簸路面行驶时异响。

5. 下摆臂球节

下摆臂与转向节的连接由于转向需要要能偏转，因此采用球节的连接形式。球节的结构如图 2-58 所示。该球节由于承受非常大的负荷，因此较容易磨损造成间隙过大而产生异响。

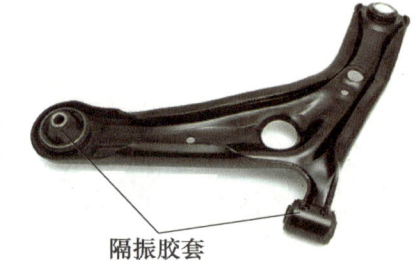

图 2-57　下摆臂隔振胶套

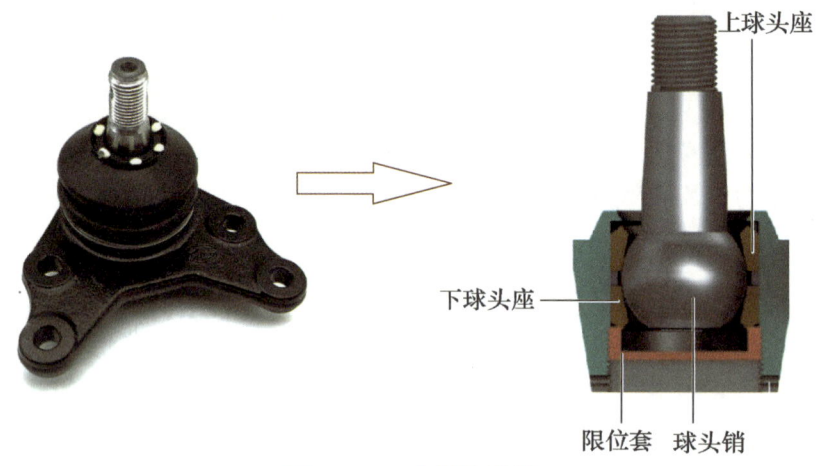

图 2-58　球节的结构

四、前悬架的结构

为将发动机总成的位置降低和前移，使汽车重心下降，从而提高汽车行驶稳定性，前悬架一般采用独立悬架，常见的有麦弗逊式独立悬架和双横臂式独立悬架等。

1. 麦弗逊式独立悬架

如图 2-59 所示，麦弗逊式独立悬架主要由车桥、下摆臂（左、右）、下摆臂球节（左、右）、减振器（左、右）和螺旋弹簧（左、右）、稳定杆、稳定杆连杆（左、右）、隔振垫（左、右）、转向节（左、右）、防尘套（左、右）、支承轴承（左、右）和支承支座（左、右）等组成。

麦弗逊式独立悬架结构相对简单；零件少、重量轻、悬架占用空间小，可增加发动机舱的可用空间；悬架支承点之间距离大，安装误差或零件制造误差对前轮定位的干扰小，除了车轮前束外，一般不需要定位调整，因此在中小型车辆中得到了广泛使用。

2. 双横臂式独立悬架

双横臂式独立悬架广泛用于较大车辆的前悬架。如图 2-60 所示，它主要由车桥、下摆臂、上摆臂、下摆臂球节、上摆臂球节、减振器、螺旋弹簧、横向稳定杆、稳定杆连杆、转向节等组成。

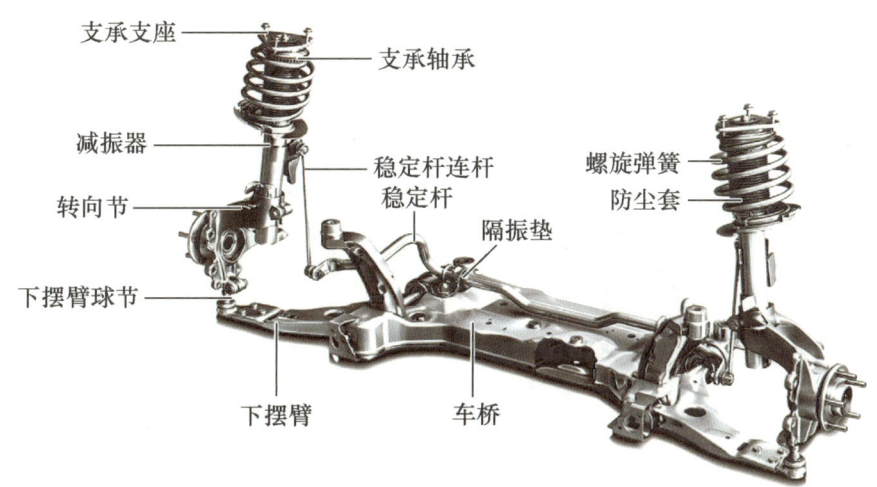

图 2-59　麦弗逊式独立悬架的结构

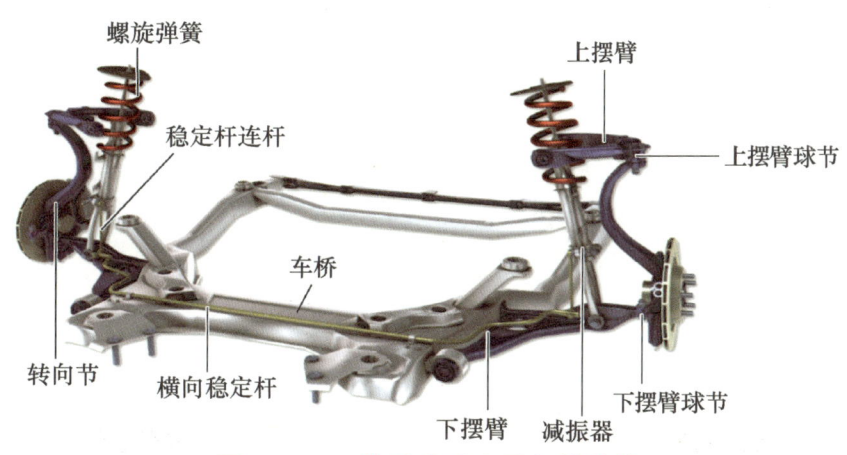

图 2-60　双横臂式独立悬架的结构

双横臂式独立悬架结构中，车轮通过上、下摆臂安装到车身上，悬架的几何形状可根据上下摆臂的长度及其安装角按需要进行设计。

五、后悬架的结构

经济型轿车为了节约成本，后悬架一般采用非独立悬架；中、高级轿车为了提高车辆的舒适性和稳定性，后悬架都采用独立悬架。

1. 纵臂型带转矩梁式非独立悬架

纵臂型带转矩梁式非独立悬架的结构如图 2-61 所示，它主要由转矩梁、纵臂（扭力梁）、减振器（左、右）、螺旋弹簧（左、右）、橡胶护套（左、右）和弹簧座等组成。

由于结构简单、尺寸紧凑，能保证大的行李舱空间，因此该类型悬架在经济型轿车中应用最广泛。

当顶升汽车时,不能用千斤顶或类似的工具顶升转矩梁,防止变形。

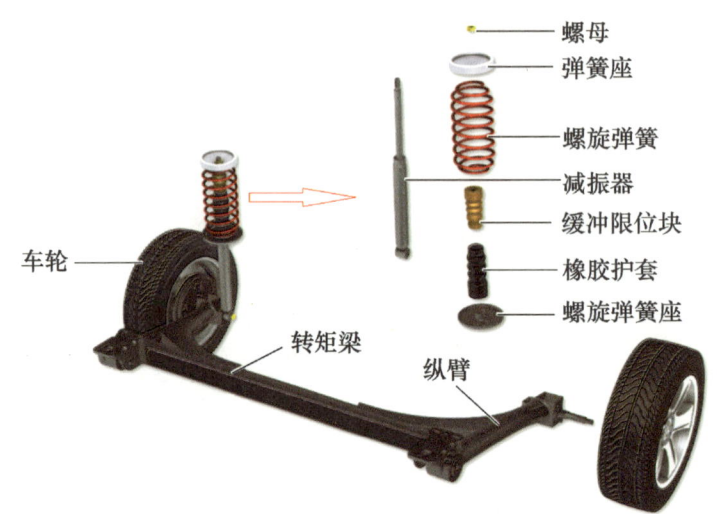

图 2-61 纵臂型带转矩梁式非独立悬架的结构

2. 多连杆式独立悬架

多连杆式独立悬架由三根或三根以上连接拉杆构成,并且能提供多个方向的控制力,使轮胎具有可靠的行驶轨迹。当前三连杆结构已不能满足人们对底盘操控性能的要求,结构更精确、定位更准确的四连杆式和五连杆式独立悬架深受欢迎。如图 2-62 所示,多连杆式独立悬架主要由车桥、减振器、螺旋弹簧、横向稳定杆和多条拉杆组成。

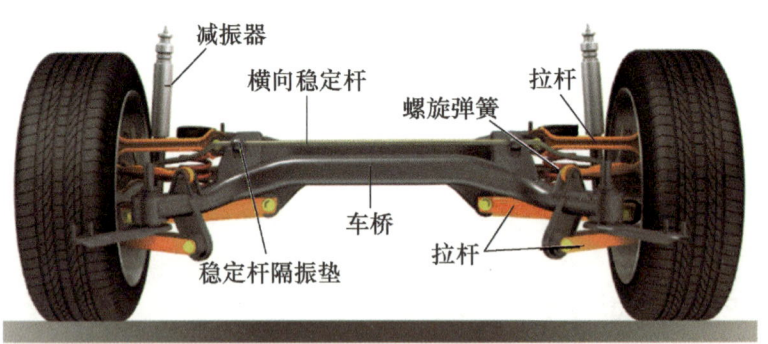

图 2-62 多连杆式独立悬架的结构

多连杆式独立悬架结构相对复杂,材料成本、研发成本以及制造成本远高于其他类型的悬架而且其占用空间大,但由于舒适性和稳定性高,因此在中、高级轿车上应用较广泛。

任务二　悬架系统的检查与维护

悬架系统的检查与维护	学习任务单	班级： 姓名：

1. 悬架的作用是_____地连接车桥与车架或车身，它的作用可以用_____、_____、_____、_____几个词来概括。

2. 汽车悬架可分为_____悬架和_____悬架两大类。其中当一侧车轮因路面不平而位置发生变化时，另一侧车轮的位置随之发生变化的悬架是_____悬架；当一侧车轮相对于车身位置发生变化时，对另一侧车轮几乎不产生影响的悬架是_____悬架。目前在轿车上应用最广泛的是_____悬架。

3. 汽车前悬架和后悬架一般都由_____、_____、_____和连接机构等组成。

4. 汽车悬架的弹性元件主要有_____、_____和扭杆弹簧等。其中，体质小、重量轻、占用空间小、能高效吸收冲击力，在轿车上广泛被使用的是_____。

5. 汽车上能快速消除弹簧的振动、改善汽车行驶的平顺性的部件是_____；汽车悬架中行驶一段时间后可能会渗油的部件是_____；汽车上能防止车身在转向等情况下发生过大的横向倾斜、改善汽车的操纵稳定性和行驶平顺性的部件是_____。

6. 写出图2-63所示各零部件的名称。

1._____　2._____
3._____　4._____
5._____　6._____
7._____　8._____
9._____　10._____
11._____　12._____

随堂笔记

图2-63　麦弗逊式独立悬架各零部件

7. 写出图2-64所示各零部件的名称。

1._____　2._____
3._____　4._____
5._____　6._____
7._____　8._____
9._____

图2-64　纵臂型带转矩梁式非独立悬架各零部件

实训任务 1　悬架系统的检查与维护

实训器材

丰田卡罗拉轿车、预置式扭力扳手（20~100N·m、60~340N·m）、常用工具。

作业准备

1）检查举升机。

2）将车辆在工位停放周正。

3）铺好车内和车外护套。

操作步骤

1. 检查悬架部件

1）检查并确保轮胎气压正常。

2）分别快速压下并放松减振器部位的翼子板，检查四个减振器的阻力感，如图 2-65 所示。将测试的感觉与性能完好的车辆进行比较，如果感觉差距较大或四个减振器的感觉不一致，应对悬架进行检查。

3）将车辆停于水平地面，分别检查车辆的前面和后面左、右两侧车身高度是否一致，如图 2-66 所示。如存在倾斜，说明悬架系统有故障。

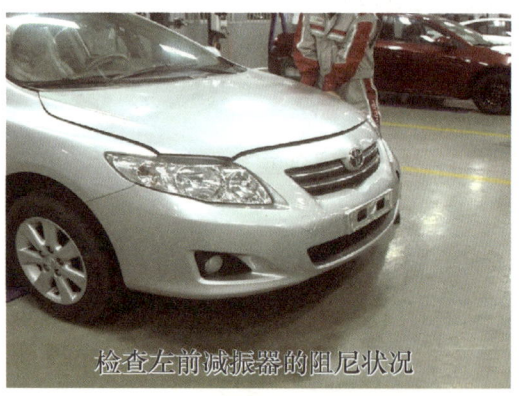

图 2-65　检查左前减振器的阻尼状况

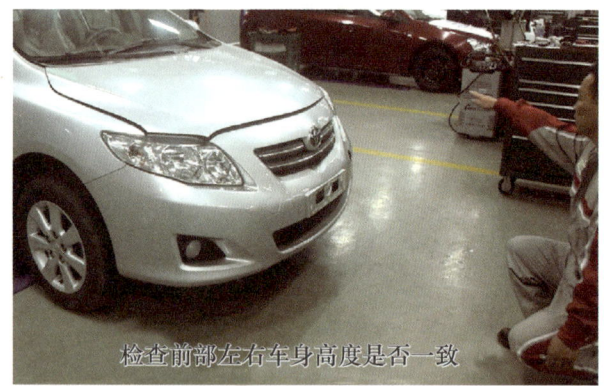

图 2-66　检查前部左右车身高度是否一致

4）牢靠地举升车辆到中间高度位置，并使举升机可靠落锁。

5）双手左右和上下晃动某个车轮，检查车轮轴承和悬架是否松动。如果松动，需进一步检查松动的部位。

6）双手转动车轮，检查车轮轴承在转动时是否存在异响。

7）依次晃动和转动另外三个车轮，检查车轮轴承和悬架是否松动、转动时车轮轴承是否存在异响。

8）再次举升车辆到较高位置，并使举升机可靠落锁。

9）检查某个车轮侧的下摆臂和拉杆是否有裂纹、变形；摇晃检查稳定杆连杆是否有松动、变形；检查螺旋弹簧是否折断、松动，如图 2-67 所示；检查减振器是否漏油、变形，如图 2-68 所示；检查减振器防尘罩是否损坏等。

图 2-67　检查后螺旋弹簧

图 2-68　检查减振器

10）依次检查另外三个车轮，检查各车轮悬架部件是否松动、变形、裂纹和漏油等。

11）用撬棍用力撬下摆臂球节的下端，检查下摆臂球节是否松动，如图 2-69 所示。

12）用撬棍撬下臂或拉杆与车桥的连接处，检查隔振胶套（衬套）是否有明显松旷或异响。如果有明显松旷或异响，则需要更换隔振胶套或拉杆总成。

图 2-69　检查下摆臂球节

2. 紧固悬架部件螺栓

1）查询维修手册，并标注悬架部件各螺栓的紧固力矩值。

2）选用预置式扭力扳手，对照维修手册标准值分别调整好需要紧固螺栓的紧固力矩值，检查车桥与车身连接螺栓、下臂与车桥连接螺栓、下臂与球节连接螺栓、球节与转向节连接螺母、转向节与减振器连接螺栓、稳定杆连杆与减振器连接螺栓、稳定杆连杆与稳定杆连接螺栓、后桥纵臂与车身连接螺栓、减振器与纵臂连接螺栓等是否松动。如果有松动，则拧紧到标准值，如图 2-70 所示。

图 2-70　拧紧减振器与纵臂连接螺栓

3. 更换横向稳定杆隔振垫

1）选用合适工具拆下左、右稳定杆连杆与稳定杆固定螺母。

2）选用合适工具拆下左、右稳定杆隔振垫固定座固定螺栓，并取下隔振胶套，如图2-71所示。

3）安装新的隔振垫。

4）安装左、右稳定杆隔振垫固定座螺栓，并按规定力矩拧紧，如图2-72所示。

图2-71 拆卸隔振垫

图2-72 拧紧隔振垫固定座螺栓

5）安装左、右稳定杆连杆与稳定杆固定螺母，并按规定力矩拧紧。

4. 更换前控制臂

1）牢靠地举升车辆到中间高度位置。

2）用风炮拆卸前轮（需更换控制臂的一侧）。

3）拆卸控制臂与前车桥的两个连接螺栓，如图2-73所示。

4）拆卸控制臂与球节连接的三个螺栓，分离控制臂与球节，如图2-74所示。

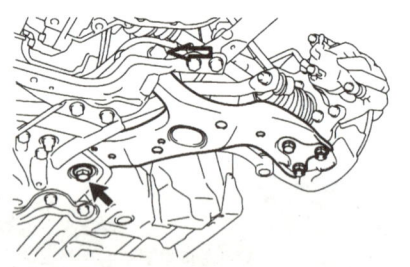

图2-73 拆卸控制臂与前车桥的两个连接螺栓

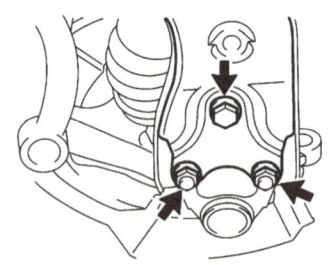

图2-74 拆卸控制臂与球节连接的三个螺栓

5）从车桥上取下控制臂。

6）检查新的控制臂规格是否正确。

7）将控制臂安放到前车桥上并对正螺栓孔。

8）安装控制臂与前车桥连接的两个固定螺栓，并按规定力矩拧紧，如图2-75所示。

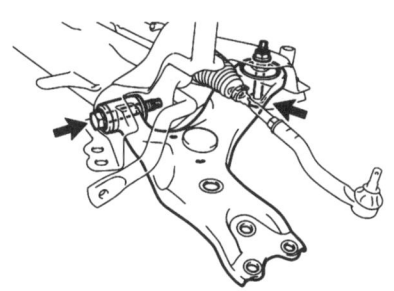

图 2-75 安装控制臂

9）安装控制臂与球节连接的三个固定螺栓，并按规定力矩拧紧。

10）安装前车轮，并按规定力矩拧紧轮胎螺栓。

实训任务总结：

随堂笔记

汽车底盘构造与检修 第2版

悬架系统的检查与维护	工作任务单	班级：
		姓名：

1. 记录车辆信息

品牌		整车型号		生产日期	
发动机型号		发动机排量		行驶里程	
车辆识别代号					

2. 检查车身高度

检查项目		检查情况	判定
车身高度	前车身	□倾斜　□未倾斜	□异常　□正常
	后车身	□倾斜　□未倾斜	□异常　□正常

3. 基本检查

检查项目		左前车轮	左后车轮	右前车轮	右后车轮
胎压值	调整前				
	调整后				
减振器阻尼	判定	□过硬　□过软　□正常	□过硬　□过软　□正常	□过硬　□过软　□正常	□过硬　□过软　□正常
	维修	□更换　□调整	□更换　□调整	□更换　□调整	□更换　□调整
车轮轴承	判定	□异响　□松动　□正常	□异响　□松动　□正常	□异响　□松动　□正常	□异响　□松动　□正常
	维修	□维修　□调整　□更换	□维修　□调整　□更换	□维修　□调整　□更换	□维修　□调整　□更换

4. 检查悬架各部件

项目名称	检查情况	维修措施
	破损□　变形□　老化□　松动□　泄漏□　正常□	调整□　维修□　更换□
	破损□　变形□　老化□　松动□　泄漏□　正常□	调整□　维修□　更换□
	破损□　变形□　老化□　松动□　泄漏□　正常□	调整□　维修□　更换□
	破损□　变形□　老化□　松动□　泄漏□　正常□	调整□　维修□　更换□
	破损□　变形□　老化□　松动□　泄漏□　正常□	调整□　维修□　更换□

5. 更换横向稳定杆隔振垫及前控制臂

项目名称	执行情况	判定
更换横向稳定杆隔振垫	已执行□　否□	正常□　异常□
更换前控制臂	已执行□　否□	正常□　异常□

6. 查询维修手册

部件名称	章节及页码	规格（米制）
	第　　章　　　页	
	第　　章　　　页	
	第　　章　　　页	
	第　　章　　　页	
	第　　章　　　页	

随堂笔记

任务二　悬架系统的检查与维护

悬架系统的检查与维护		实习日期：	
姓名：	班级：	学号：	教师签名：
自评：□熟练　□不熟练	互评：□熟练　□不熟练	师评：□合格　□不合格	
日期：	日期：	日期：	

悬架系统的检查与维护【评分细则】

序号	评分项	得分条件	分值	评分要求	自评	互评	师评
1	安全/7S/态度	□ 1. 能进行工位 7S 操作 □ 2. 能进行设备和工具的安全检查 □ 3. 能进行车辆安全防护操作 □ 4. 能进行工具清洁、校准、存放操作 □ 5. 能进行三不落地操作	15分	未完成1项扣3分	□熟练 □不熟练	□熟练 □不熟练	□合格 □不合格
2	专业技能能力	作业1 □ 1. 能正确地检查车身高度 □ 2. 能正确地检查轮胎气压 □ 3. 能正确地调整轮胎气压 □ 4. 能正确地检查减振器阻尼 □ 5. 能正确地检查车轮轴承 作业2 □ 1. 能正确地检查底盘悬架各部件 □ 2. 能正确地判断零件使用情况 □ 3. 能正确地使用维修工具进行检查 作业3 □ 1. 能正确地拆装车轮 □ 2. 能正确地更换稳定杆隔振垫 □ 3. 能正确地对比隔振垫型号 □ 4. 能正确地拆卸、更换前控制臂 □ 5. 能正确地对比控制臂零件号	50分	未完成1项扣5分，扣分不得超过50分	□熟练 □不熟练	□熟练 □不熟练	□合格 □不合格
3	工具及设备的使用能力	□ 1. 能正确地使用举升机 □ 2. 能正确地使用气枪及气管 □ 3. 能正确地使用维修工具	10分	未完成1项扣5分，扣分不得超过10分	□熟练 □不熟练	□熟练 □不熟练	□合格 □不合格
4	资料、信息查询能力	□ 1. 能正确地查询螺栓紧固力矩 □ 2. 能正确地查询悬架部件检查方法 □ 3. 能正确地查询悬架部件拆卸步骤 □ 4. 能正确地识读维修手册查询资料 □ 5. 能正确地记录查询资料章节和页码	10分	未完成1项扣2分	□熟练 □不熟练	□熟练 □不熟练	□合格 □不合格
5	数据判断和分析能力	□ 1. 能判断各悬架部件衬套是否正常 □ 2. 能判断各悬架部件球头是否正常 □ 3. 能判断各悬架部件间隙是否正常	10分	未完成1项扣3分	□熟练 □不熟练	□熟练 □不熟练	□合格 □不合格
6	表单填写和报告撰写能力	□ 1. 字迹清晰 □ 2. 语句通顺 □ 3. 无错别字 □ 4. 无涂改 □ 5. 无抄袭	5分	未完成1项扣1分	□熟练 □不熟练	□熟练 □不熟练	□合格 □不合格

总分：

随堂笔记

随堂笔记

实训任务 2　前、后减振器的拆装

实训器材

丰田卡罗拉轿车或悬架实训台架、预置式扭力扳手（20~100N·m、60~340N·m）、螺旋弹簧压缩器、常用工具。

作业准备

1）检查举升机。

2）将车辆在工位停放周正。

3）铺好车内和车外护套。

4）预先拆下车辆的刮水器臂和风窗玻璃下挡风罩。

操作步骤

1. 拆卸前减振器

1）牢靠地举升车辆，使轮胎离开地面。

2）用风炮拆卸前轮（需拆卸减振器的一侧）。

3）拆卸稳定杆连杆与减振器连杆固定螺母，并分离稳定杆连杆，如图 2-76 所示。

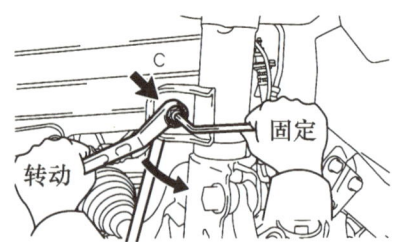

图 2-76　拆卸稳定杆连杆与减振器连杆固定螺母

4）拆卸前轮转速传感器固定螺栓和卡夹，如图 2-77 所示拆下前制动软管固定螺栓。

5）拆下前减振器与转向节连接的两个螺栓和螺母，并分离转向节与减振器，如图 2-78 所示。

6）拆下减振器座的三个固定螺母，如图 2-79 所示。当拆下最后一个螺母时，要防止减振器突然掉下。

> **小提示**
>
> 如果球节随固定螺母一起转动，则使用六角扳手（6mm）固定双头螺栓。

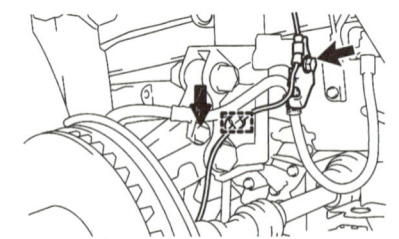

图 2-77　拆卸前轮转速传感器固定螺栓和卡夹

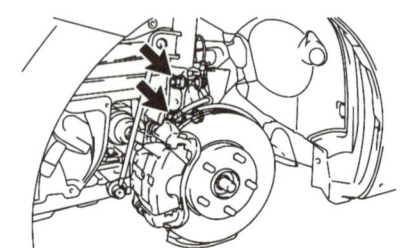

图 2-78　分离转向节与减振器

7）从车上取下带螺旋弹簧总成的减振器。

8）将螺旋弹簧压缩专用工具安装到螺旋弹簧上，并压缩螺旋弹簧，如图 2-80 所示。

9）拆下前减振器中心固定螺母。

任务二　悬架系统的检查与维护

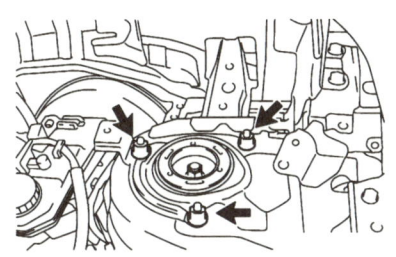

图2-79　拆卸减振器的固定螺母

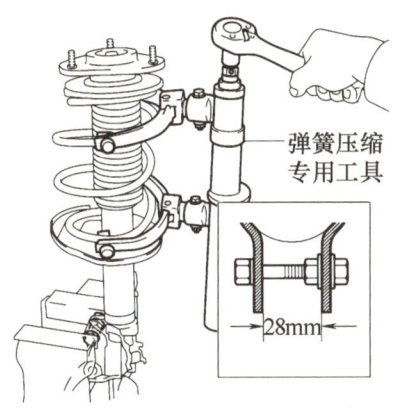

图2-80　压缩螺旋弹簧

10）顺序取下弹簧支承座、上隔振垫、螺旋弹簧与压缩工具、防尘罩和下隔振垫等。

2. 检查前悬架部件

1）压缩并伸长减振器杆多次，如图2-81所示应无异常阻力或声音且操作阻力正常，否则更换减振器。

2）检查弹簧支承座内的支承轴承，转动时应灵活，且无卡滞和异响。

3）检查弹簧上、下隔振垫，应无破损。

3. 安装前减振器

1）安装下隔振垫到弹簧座上。

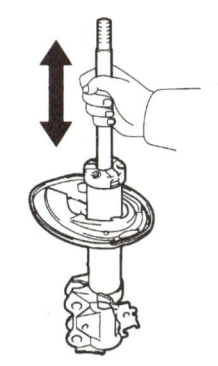

图2-81　检查减振器各部件

2）安装压缩后的螺旋弹簧到减振器座上，油漆标记朝下，如图2-82所示。

3）依次安装防尘罩、上隔振垫、弹簧上支承座。

4）暂时安装前减振器中心固定螺母，如图2-83所示。

减振器的安装

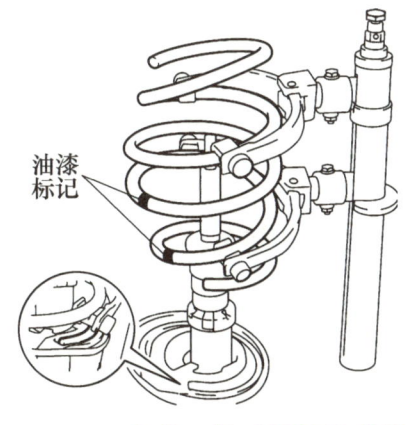

图2-82　安装压缩后的螺旋弹簧

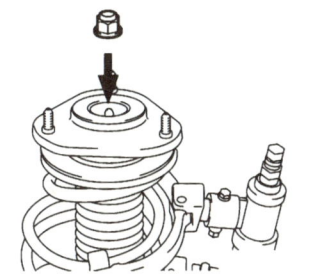

图2-83　安装前减振器中心固定螺母

5）松开螺旋弹簧压缩专用工具。

6）将减振器与螺旋弹簧总成安装到车身的减振器支座上，并按规定力矩拧紧三个固定螺母。

7）连接减振器与转向节，安装固定螺栓，并按规定力矩拧紧两个螺母。

8）完全紧固减振器中心固定螺母。

9）安装好前轮转速传感器固定螺栓和卡夹、前制动软管固定卡夹，并拧紧固定螺栓。

10）安装稳定杆连杆到减振器，并按规定力矩拧紧固定螺母。

11）安装前车轮，并按规定力矩拧紧轮胎螺栓。

4. 拆卸后减振器

1）用举升机将车辆举升到轮胎离开地面。

2）拆下后车轮（左或右）。

3）用千斤顶和木块支撑后桥横梁总成的弹簧座，如图 2-84 所示，或者将较厚的木块垫到弹簧座的下端，操纵举升机稍许下降即可。

4）用六角套筒扳手（6mm）固定后减振器杆，再用梅花扳手拆下锁紧螺母，如图 2-85 所示。

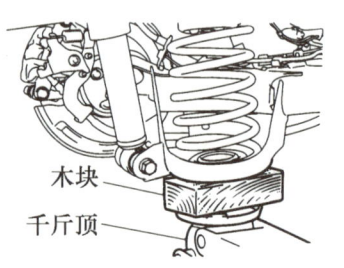

图 2-84　用千斤顶和木块支撑弹簧座

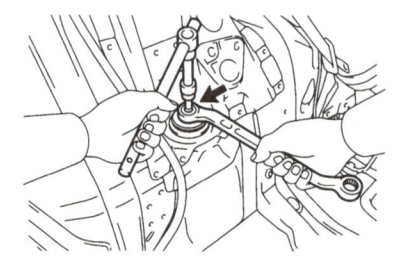

图 2-85　拆下后减振器杆锁紧螺母

5）拆下后减振器缓冲垫挡片，并取下缓冲垫。

6）拆下后减振器下固定螺栓，取下减振器和减振器缓冲块，如图 2-86 所示。

5. 检查后减振器

压缩和伸长减振器杆，检查并确认没有异常阻力或异常声音，如图 2-87 所示。否则，更换新的减振器。

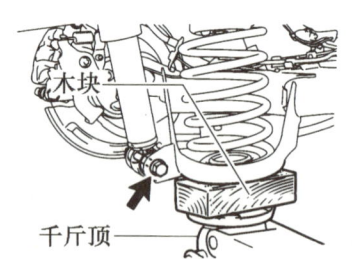

图 2-86　拆下后减振器下固定螺栓

6. 安装后减振器

1）安装减振器缓冲块到减振器上。

2）用千斤顶和木块支撑后桥横梁总成的弹簧座，或者将较厚的木块垫到弹簧座的下端，操纵举升机稍许下降即可。

3）安装减振器到减振器下座上，暂时安装固定螺栓。

4）拉伸减振器杆，并对正上安装孔。

5）安装缓冲块和垫片，如图2-88所示，安装锁紧螺母。

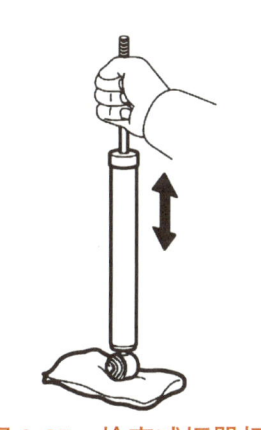

图2-87 检查减振器杆

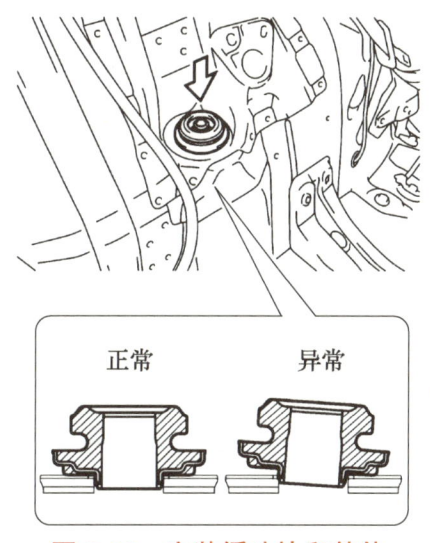

图2-88 安装缓冲块和垫片

6）用六角套筒扳手（6mm）固定后减振器杆，再用梅花扳手拧紧锁紧螺母。

7）按规定力矩拧紧减振器下座固定螺栓。

8）安装后车轮，并按规定力矩拧紧轮胎螺栓。

实训任务总结：

随堂笔记

前、后减振器的拆装	工作任务单	班级：
		姓名：

1. 记录车辆信息

品牌		整车型号		生产日期	
发动机型号		发动机排量		行驶里程	
车辆识别代号					

2. 检查并拆装左前减振器

项目名称	检查情况	判定	维修措施
减振器	变形□ 异响□ 泄漏□ 无□	正常□ 异常□	更换□ 无□
减振器座	破损□ 硬化□ 脱落□ 无□	正常□ 异常□	更换□ 无□
支撑轴承	破损□ 松动□ 异响□ 无□	正常□ 异常□	更换□ 无□
减振器防尘套	破损□ 硬化□ 脱落□ 无□	正常□ 异常□	更换□ 无□
螺旋弹簧外观	变形□ 腐蚀□ 无弹性□ 无□	正常□ 异常□	更换□ 无□
螺旋弹簧垫	破损□ 硬化□ 脱落□ 无□	正常□ 异常□	更换□ 无□

3. 检查并拆装左、后减振器

项目名称	检查情况	判定	维修措施
减振器	变形□ 异响□ 泄漏□ 无□	正常□ 异常□	更换□ 无□
减振器缓冲块	破损□ 硬化□ 脱落□ 无□	正常□ 异常□	更换□ 无□
螺旋弹簧外观	变形□ 腐蚀□ 无弹性□ 无□	正常□ 异常□	更换□ 无□

4. 查阅维修手册

部件名称	章节及页码	规格（米制）
	第　　　章　　　页	
	第　　　章　　　页	
	第　　　章　　　页	
	第　　　章　　　页	
	第　　　章　　　页	
	第　　　章　　　页	

随堂笔记

任务二　悬架系统的检查与维护

前、后减振器的拆装		实习日期：	
姓名：	班级：	学号：	教师签名：
自评：□熟练　□不熟练	互评：□熟练　□不熟练	师评：□合格　□不合格	
日期：	日期：	日期：	

前、后减振器的拆装【评分细则】

序号	评分项	得分条件	分值	评分要求	自评	互评	师评
1	安全/7S/态度	□1. 能进行工位7S操作 □2. 能进行设备和工具的安全检查 □3. 能进行车辆安全防护操作 □4. 能进行工具清洁、校准、存放操作 □5. 能进行三不落地操作	15分	未完成1项扣3分	□熟练 □不熟练	□熟练 □不熟练	□合格 □不合格
2	专业技能能力	作业1 □1. 能正确地拆装左前车轮 □2. 能正确地拆装稳定杆连杆 □3. 能正确地拆装转向节与减振器螺栓 □4. 能正确地拆装减振器顶部螺栓 □5. 能正确地拆装减振器总成 □6. 能正确地检查减振器工作情况 □7. 能正确地检查防尘套老化情况 □8. 能正确地检查轴承磨损情况 □9. 能正确地检查减振垫 作业2 □1. 能正确地拆装后车轮 □2. 能正确地拆装减振器 □3. 能正确地检查减振器工作情况 □4. 能正确地检查减振垫	50分	未完成1项扣5分，扣分不得超过50分	□熟练 □不熟练	□熟练 □不熟练	□合格 □不合格
3	工具及设备的使用能力	□1. 能正确地使用维修工具 □2. 能正确地使用减振器弹簧拆装工具	10分	未完成1项扣5分	□熟练 □不熟练	□熟练 □不熟练	□合格 □不合格
4	资料、信息查询能力	□1. 能正确地查询减振器螺栓紧固力矩 □2. 能正确地查询减振器的拆装步骤 □3. 能正确地识读维修手册并查询资料 □4. 能正确地记录查询资料章节和页码 □5. 能正确地记录所需维修信息	10分	未完成1项扣2分	□熟练 □不熟练	□熟练 □不熟练	□合格 □不合格
5	数据判断和分析能力	□1. 能判断减振器是否漏油 □2. 能判断防尘套、轴承是否正常 □3. 能判断各胶垫是否正常	10分	未完成1项扣3分	□熟练 □不熟练	□熟练 □不熟练	□合格 □不合格
6	表单填写和报告撰写能力	□1. 字迹清晰 □2. 语句通顺 □3. 无错别字 □4. 无涂改 □5. 无抄袭	5分	未完成1项扣1分	□熟练 □不熟练	□熟练 □不熟练	□合格 □不合格

总分：

随堂笔记

项目三 / Project 3

转向系统的构造与检修

任务一

转向系统的检查与维护

🛠 学习目标

知识目标

1）掌握转向系统的作用、类型与组成。

2）掌握机械式转向系统的工作过程。

3）掌握转向球节的拆卸和更换流程及安全措施。

技能目标

1）具有检查与维护转向系统各部件的能力。

2）具有对转向系统各部件进行实车拆装的能力。

3）具有更换转向助力油的能力。

素养目标

1）在工作过程中与小组其他成员合作、交流，培养团队合作意识，锻炼沟通能力。

2）养成服从管理、吃苦耐劳与规范作业的良好工作习惯。

🚗 任务描述

一辆丰田花冠轿车用户反映：转动转向盘较以前沉重，而且转向时有轻微的异响。请你对转向系统进行检查，确定故障部位并进行修理，同时对转向系统进行维护。

相关知识

一、转向系统的作用

汽车转向系统的作用是保证汽车在行驶中能按驾驶人的操纵要求，适时地改变行驶方向，如图3-1所示。由于转向系统在汽车上起着非常重要的作用，因此，对转向系统有以下要求。

1. 极好的机动性

当车辆在一条狭窄、弯曲的道路上拐弯时，转向系统必须能够敏捷地、容易地和平稳地转动前车轮。

2. 良好的转向用力

由于在停车或低速时转向力很大，而随着车速的提高，转向力减小。因此，为了得到较容易的转向和较好的路面感觉，转向机在低速时要轻，而在高速时要较重。

3. 平稳恢复

车辆在转向时，驾驶人必须牢牢地抓住转向盘。但是转向结束后，当驾驶人取消转动转向盘所用的力时，转向盘应该平稳地恢复原位，也就是说，车轮返回到正向前方的位置上。

图 3-1 转向系统的作用

4. 将来自路面的冲击减至最小

不允许出现由于路面不平造成的转向轮控制失灵及反冲现象。

二、转向系统的类型

1. 按结构不同分类

汽车转向系统按结构不同可分为机械式转向系统和助力式转向系统，如图 3-2 所示。其中，机械式转向系统由于转向时没有外界助力，完全靠驾驶人的手来施加转向力，因此转向较沉重。目前汽车上的转向系统基本都采用助力式转向系统。

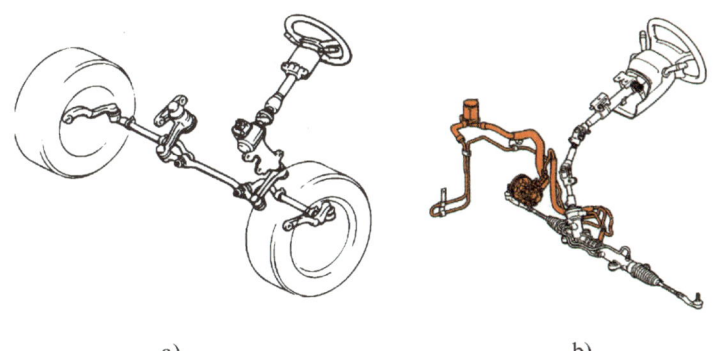

图 3-2 转向系统按结构不同分类
a）机械式转向系统 b）助力式转向系统

2. 按助力方式不同分类

助力式转向系统按助力时动力源不同可分为液压助力式转向系统和电动助力式转向系统两类，如图 3-3 所示。其中，电动助力式转向系统在轿车上应用得越来越广泛。

三、转向系统的结构与工作原理

液压助力式转向系统是在机械式转向系统的基础上增加了一套液压助力装置，因此它的结构可以分成机械结构和液压系统结构两个部分。

1. 机械结构

转向系统机械结构主要由转向盘、转向管柱、转向机和转向传动机构等组成，如图 3-4 所示。其中，转向传动机构是一种杆和臂的组合件，通过杆和臂把转向机的运动传送给左、右前车轮。

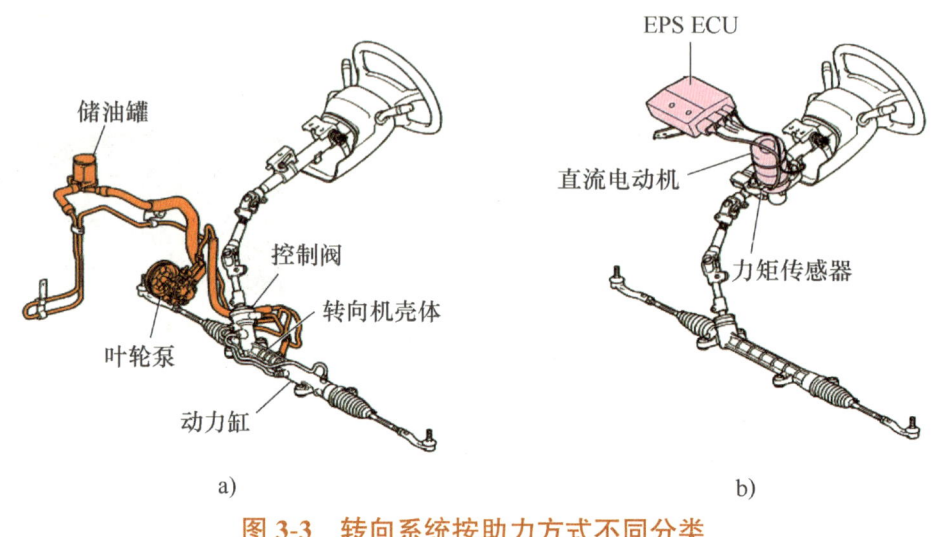

图 3-3 转向系统按助力方式不同分类
a）液压助力式转向系统　b）电动助力式转向系统

（1）转向管柱　转向管柱连接转向盘和转向机，它的作用是将驾驶人操纵转向盘的力传递给转向机，从而使转向轮偏转。它的结构如图 3-5 所示，主要由转向主轴、转向柱管、转向柱万向节、中间轴、碰撞吸能机构（托架）、伸缩与倾斜调整机构和转向柱锁止机构等组成。

转向主轴安装在转向柱管内，它的顶端是锥形和锯齿形的，转向盘用一个螺母装配到其上面；转向主轴的下端通过中间轴与万向节连接到转向机。

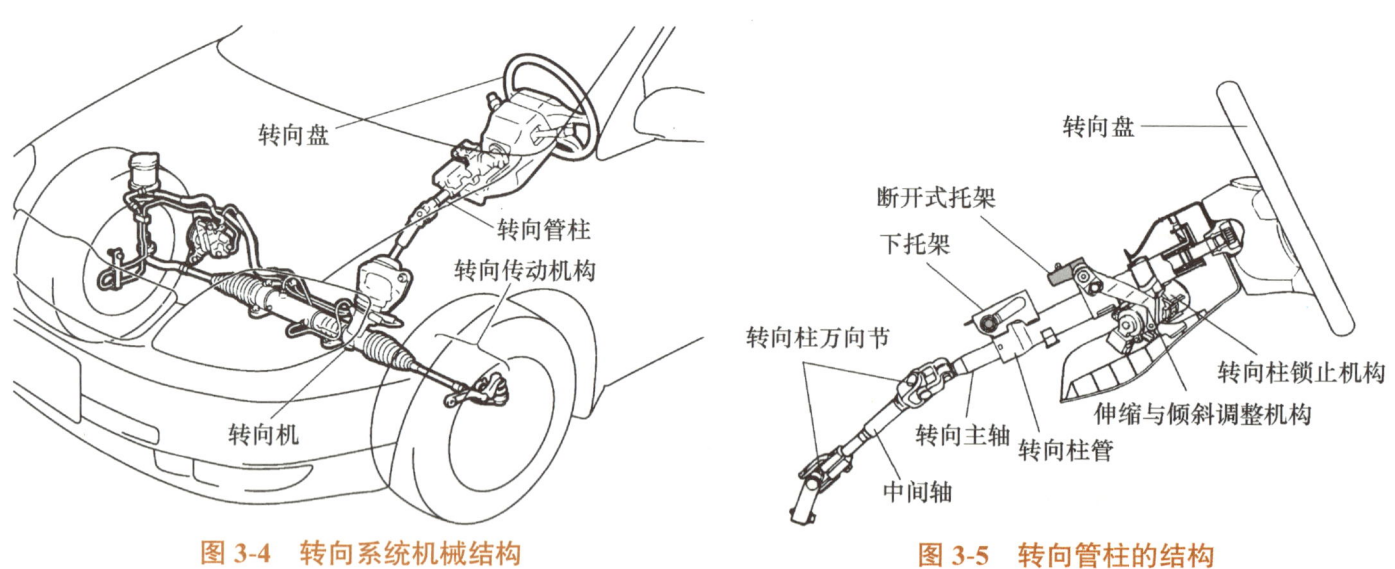

图 3-4 转向系统机械结构　　　　　图 3-5 转向管柱的结构

1）碰撞吸能机构。碰撞吸能机构由下托架、断开式托架、中间轴等组成。转向管柱通过下托架和断开式托架安装在仪表板支架上。

当车辆发生较严重的碰撞时，转向机壳体在一次碰撞（车辆碰撞）过程中移动，

任务一 转向系统的检查与维护

中间轴收缩，这样减少转向管柱和转向盘伸进车厢而挤压驾驶人。当二次撞击（驾驶人与转向盘相撞）时，断开式托架和下托架分离，使整个转向管柱向前移动，减少二次撞击对驾驶人的伤害，如图3-6所示。

2）转向柱锁止机构。转向柱锁止机构是一种防盗功能装置，如图3-7所示。当拔出点火钥匙后，凸轮轴就会推动锁杆将转向主轴锁止，禁止转向盘转动；当驾驶人把点火钥匙插入钥匙筒并旋转到ACC位置时，就会将锁杆拉回，从而解锁转向主轴，转向盘可以转动。

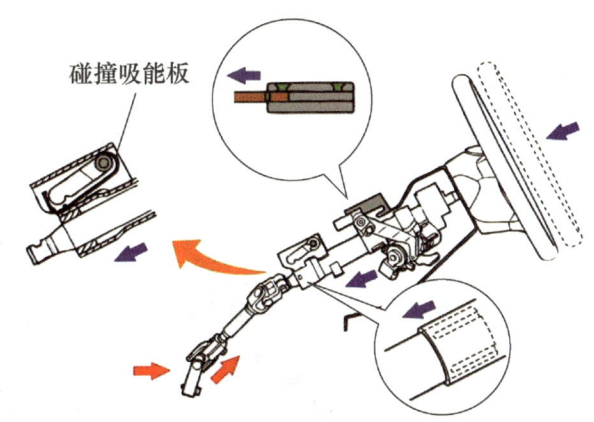

图3-6 碰撞吸能机构的工作过程

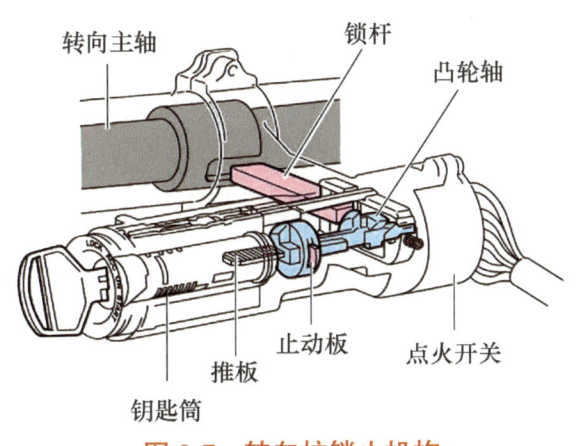

图3-7 转向柱锁止机构

小提示

因为转向管柱设计成吸收轴向冲击的结构，因此，在取下转向盘时，千万不能试图用锤敲打转向主轴，因为用力过大可能会使碰撞吸能机构中的销断裂。

3）伸缩与倾斜调整机构。为了满足不同体型驾驶人的需要，车辆的转向盘可以进行伸缩和倾斜调整，如图3-8所示。当感觉转向盘位置或距离不太适合自身时，通过释放锁止手柄，可进行伸缩和倾斜调整，待调整到合适位置后，将锁止手柄锁止即可。

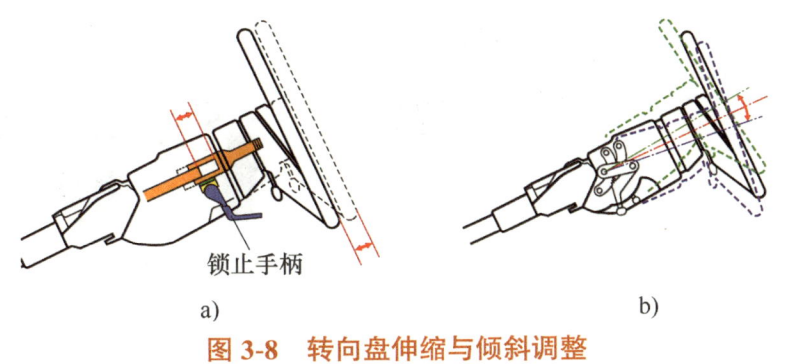

图3-8 转向盘伸缩与倾斜调整
a）伸缩调整 b）倾斜调整

（2）转向机

1）作用。转向机是转向系统中的减速增力传动装置，其作用是增大由转向盘传

113

到转向节的力,并改变力的传递方向。

2)类型。转向机俗称"方向机",它的种类较多,一般按转向机中传动副的结构形式分类,目前应用较广泛的有齿轮齿条式、循环球式和蜗杆曲柄指销式等,如图3-9所示。其中,齿轮齿条式转向机在轿车中使用最广泛。

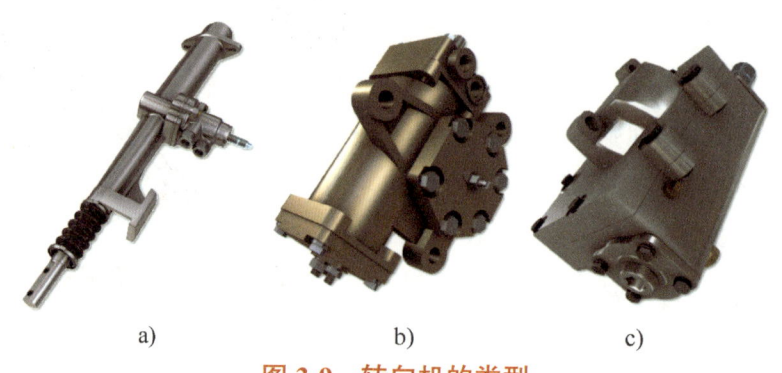

图 3-9 转向机的类型

a)齿轮齿条式 b)循环球式 c)蜗杆曲柄指销式

齿轮齿条传动的工作原理

3)齿轮齿条式转向机的结构与工作原理。齿轮齿条式转向机主要由主动斜齿轮、齿条、转向器壳体、压紧弹簧、锁止螺母、齿条调整螺母和防尘套等组成,如图3-10所示。

压紧弹簧通过齿条导向套将齿条压靠在主动斜齿轮上,保证无间隙啮合,压紧弹簧的预紧力可用齿条调整螺母进行调整。

齿轮齿条式转向机在驾驶人转动转向盘时,转向柱内的转向轴带动主动斜齿轮转动,与之啮合的转向齿条则沿轴向左右移动,从而使左、右横拉杆带动转向节左、右转动,使左、右前轮偏转,实现汽车转向,如图3-11所示。

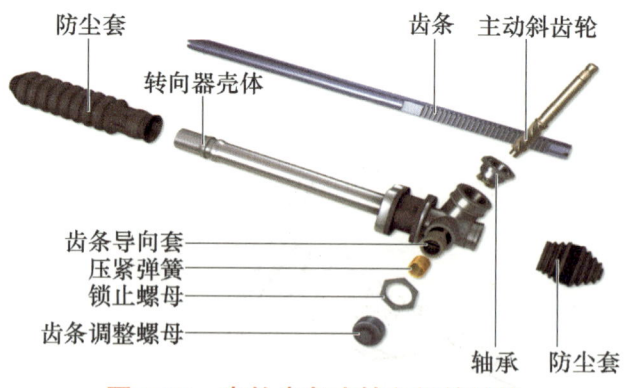

图 3-10 齿轮齿条式转向机的结构

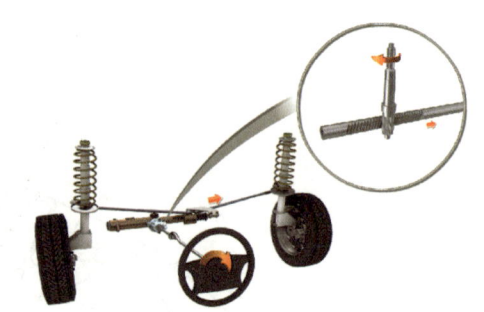

图 3-11 齿轮齿条式转向机的工作原理

(3)转向传动机构 转向传动机构的作用是将转向机输出的力传给左、右转向轮,使两侧转向轮偏转,以实现汽车转向。它主要由横拉杆和转向节等组成,它们之间采用球头连接。球头的结构如图3-12所示。

汽车在转向时,为了保证转向轮纯滚动,需要使内侧车轮偏转角度大于外侧车轮偏转角度，如图 3-13 所示。为了保证这种运动关系，将转向传动机构设计成梯形连接，如图 3-14 所示。

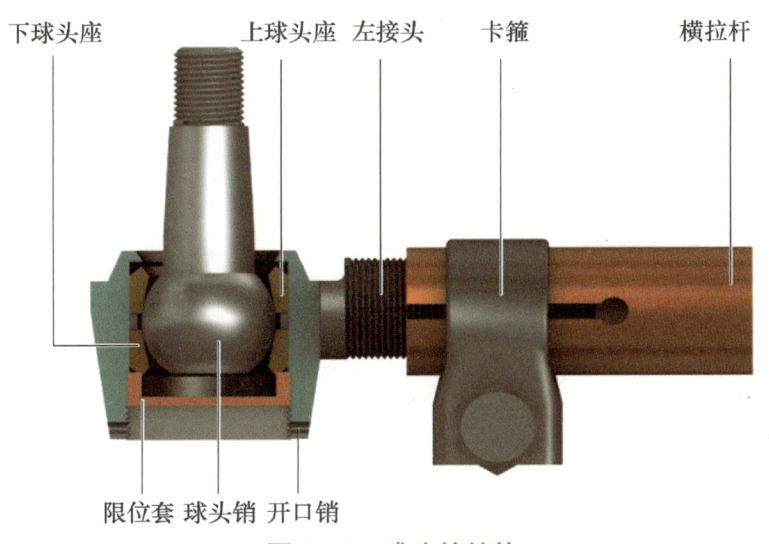

图 3-12 球头的结构

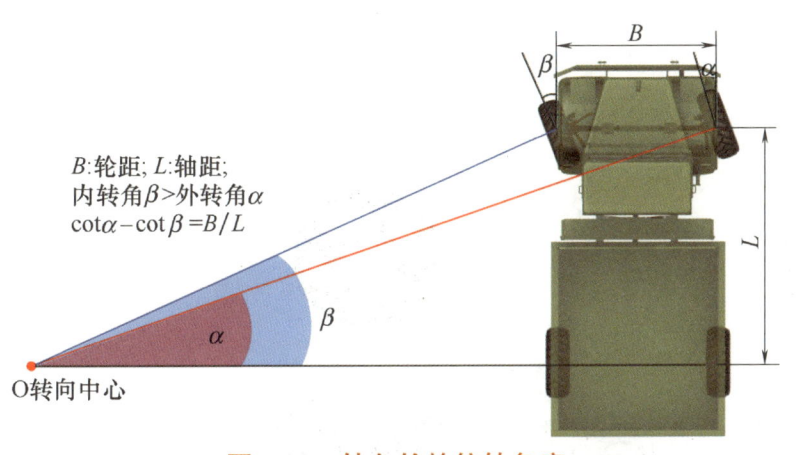

图 3-13 转向轮的偏转角度

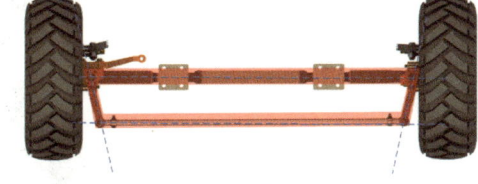

图 3-14 转向梯形

2. 液压系统结构

由于机械式转向系统完全依靠驾驶人的体力来使车轮偏转，转向较重，目前只在少部分微型车上采用，现代轿车都采用助力式转向系统，而且慢慢从液压助力式过渡到电动助力式。

液压助力式转向系统的结构如图 3-15 所示，它主要由储油罐、转向液压泵、转向控制阀、油缸、进油管、出油管等组成。

（1）储油罐　储油罐的作用是储存、滤清和冷却液压转向助力装置的工作油液，一般罐盖上有油标尺，便于检查油液的多少，如图 3-16 所示。

（2）转向液压泵

1）作用。转向液压泵是液压助力转向系统的动力源，其作用是将发动机输入的机械能转换为液压能输出，一般安装在发动机前部，由发动机曲轴通过传动带驱动，只要发动机运转，液压泵就使油液循环流动。

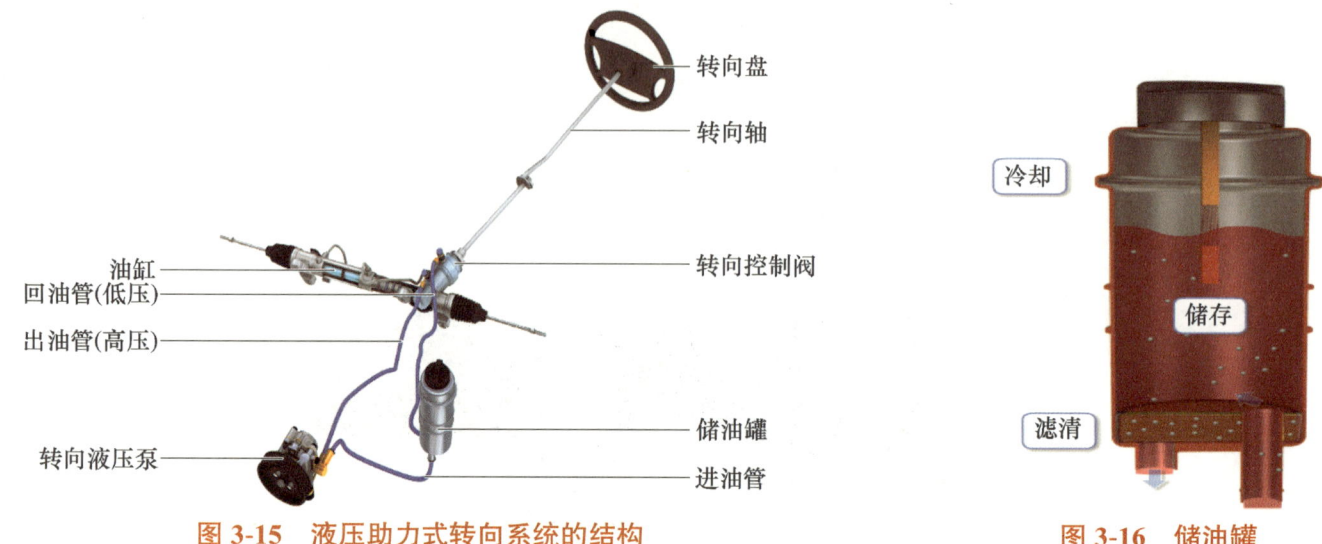

图 3-15　液压助力式转向系统的结构　　图 3-16　储油罐

2）类型。转向液压泵按结构不同，分为叶片泵、齿轮泵和转子泵三种，如图 3-17 所示，其中叶片泵应用较普遍。

3）叶片泵的结构与工作原理。叶片泵主要由驱动轴驱动且四周开有小槽的转子、安装在转子槽上的叶片、定子、安全阀和壳体等组成，如图 3-18 所示。

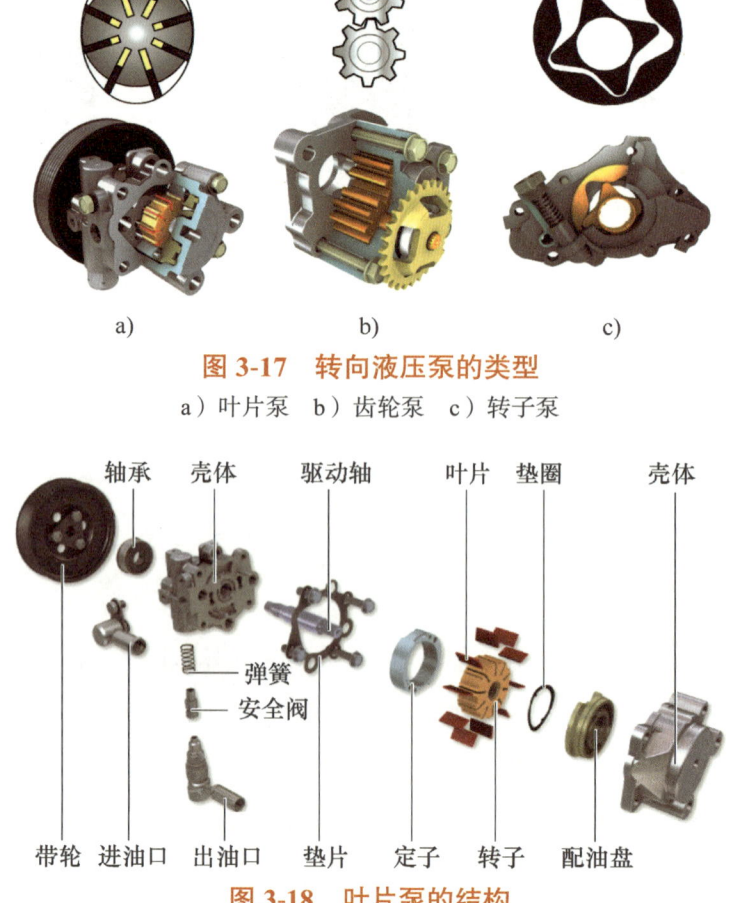

图 3-17　转向液压泵的类型
a）叶片泵　b）齿轮泵　c）转子泵

图 3-18　叶片泵的结构

其工作原理如图 3-19 所示。当转子由发动机通过传动带驱动旋转时，叶片在离心力及高压液压油的作用下紧贴在定子的内表面，其工作容积开始由小变大吸进低压油液；而后工作容积由大变小，压缩油液，输出高压油液。转子每旋转一周，每个工作缸都各自吸、压油两次。当系统油压过高时，安全阀打开泄压。

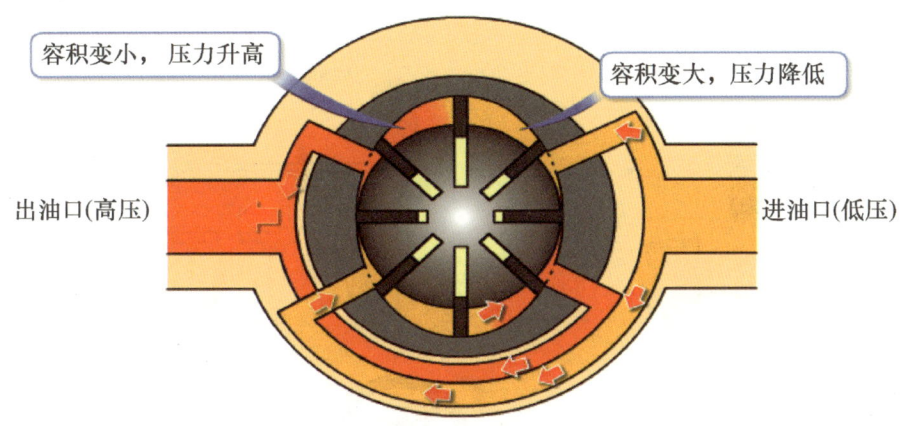

图 3-19 叶片泵的工作原理

（3）转向控制阀　转向控制阀、油缸一般与转向机制成一体。图 3-20 所示为齿轮齿条式液压助力式转向机。转向控制阀的作用是将来自液压泵的液压油精确地分配到油缸，并将多余的油液送回储油罐。

转向控制阀主要由阀体、阀芯、扭杆和壳体等组成，如图 3-21 所示。

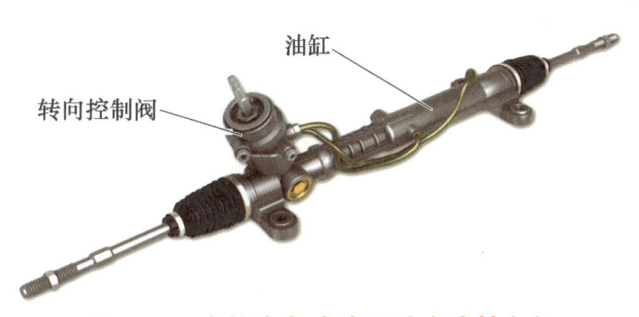

图 3-20 齿轮齿条式液压助力式转向机

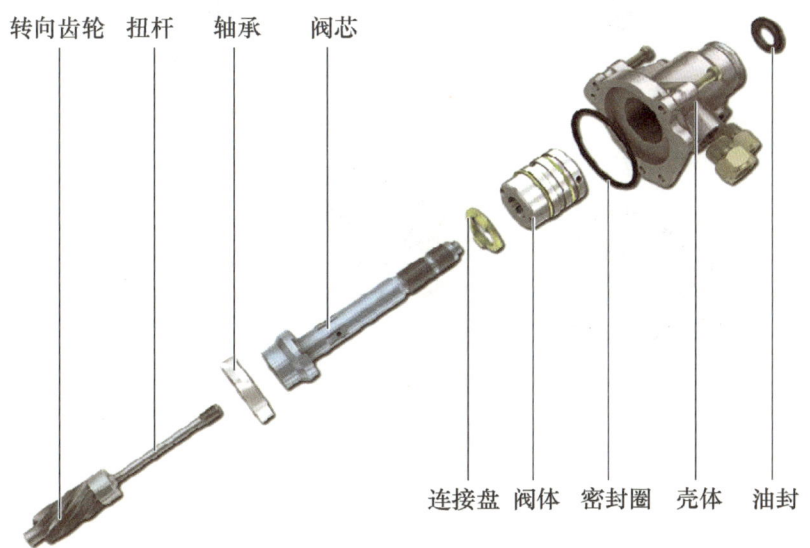

图 3-21 转向控制阀的结构

当车辆直线行驶时，如图 3-22 所示，转向控制阀阀芯处于阀体的中间位置，此时转向液压泵泵过来的液压油经转向控制阀后直接流回储油罐，动力油缸两端压力相等。

当车辆向右转向时，如图 3-23 所示，在转向轴的带动下，转向控制阀随之移动，接通油缸右侧与转向液压泵的油路，来自转向液压泵的高压液压油推动动力油缸向左侧移动，同时动力油缸左侧的油液流回储油罐，从而推动转向轮向右偏转。

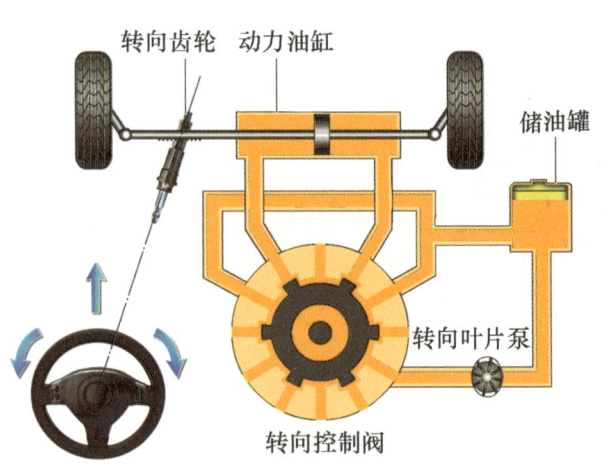

图 3-22　直线行驶时转向控制阀的工作原理

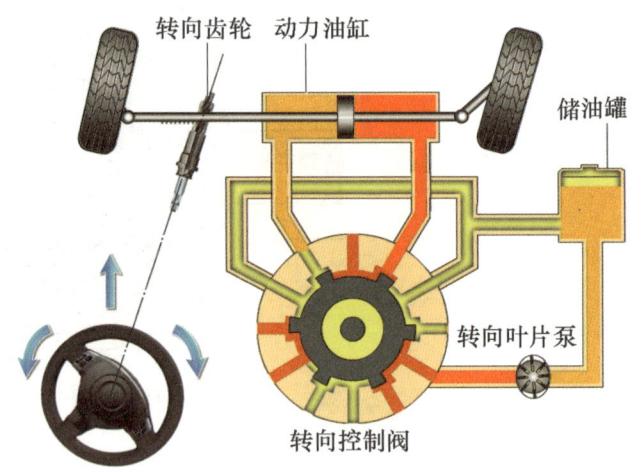

图 3-23　向右转向时转向控制阀的工作原理

当车辆向左转向时，如图 3-24 所示，在转向轴的带动下，转向控制阀随之移动，接通油缸左侧与转向液压泵的油路，来自转向液压泵的高压液压油推动动力油缸向右侧移动，同时动力油缸右侧的油液流回储油罐，从而推动转向轮向左偏转。

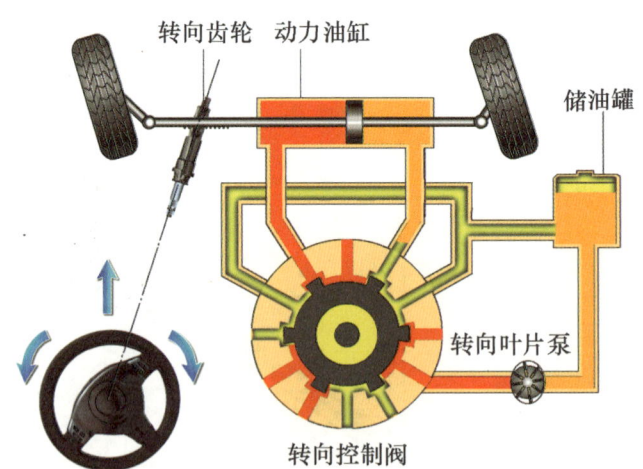

图 3-24　向左转向时转向控制阀的工作原理

任务一　转向系统的检查与维护

转向系统的检查与维护	学习任务单	班级： 姓名：

1. 汽车转向系统的作用是保证汽车在行驶中能按驾驶人的操纵要求，适时地改变_____。

2. 汽车转向系统按结构不同可分为机械式转向系统和_____式转向系统，目前在车辆上应用得较广泛的是_____式转向系统。

3. 转向系统按助力时动力源不同可分为_____式转向系统和电动助力式转向系统两类。

4. 写出图 3-25 中各零部件的名称。

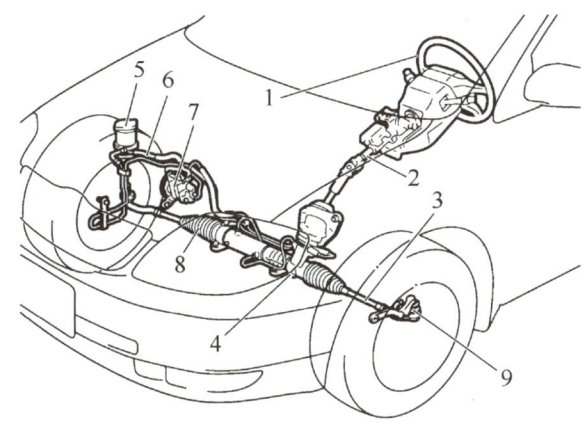

图 3-25　转向系统各部件

1. _____　　2. _____　　3. _____

4. _____　　5. _____　　6. _____

7. _____　　8. _____　　9. _____

5. 连接转向盘和转向机的是_____，其上配有碰撞吸能机构、_____机构和伸缩与倾斜调整机构。

6. 转向机是转向系统中的_____传动装置，其作用是增大由转向盘传到转向节的力，并改变力的传递方向。目前应用较广泛的有_____式、循环球式和蜗杆曲柄指销式等。其中，_____式转向机在轿车中使用最广泛。

7. 转向液压系统主要由_____、_____、转向控制阀、油缸、进油管、出油管等组成。

8. 转向液压泵按结构不同，分为_____泵、齿轮泵和转子泵三种。

9. 当叶片泵转子由发动机通过传动带驱动旋转时，叶片在离心力及高压液压油的作用下紧贴在定子的内表面，其工作容积开始由小变大_____低压油液；而后工作容积由大变小，_____油液，输出高压油液。转子每旋转一周，每个工作缸都各自吸、压油两次。

10. 转向控制阀的作用是将来自_____的液压油精确地分配到_____，并将多余的油液送回储油罐。

随堂笔记

实训任务 1　转向系统机械部件的检查

实训器材

丰田花冠轿车、钢直尺、常用工具和维修手册等。

作业准备

1）检查举升机。

2）将车辆在工位停放周正。

3）铺好车内和车外护套。

操作步骤

1. 检查转向盘与转向柱

（1）**检查转向盘的自由行程**　转向盘左、右轻微转动而车轮不动的角度为转向盘的自由行程，选用钢直尺进行测量，如图 3-26 所示。最大自由行程为 30mm，如果自由行程超过最大值，应检查转向系统的连接机构是否有磨损和损坏。

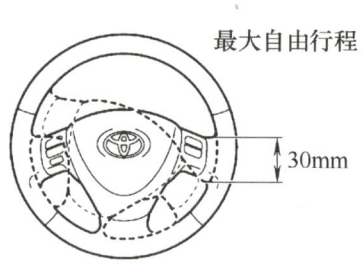

图 3-26　转向盘自由行程

（2）**检查转向柱伸缩与倾斜调整机构**　释放转向柱锁止手柄，检查拉伸转向盘与倾斜调整转向盘是否运动灵活，且在任意位置是否都能锁止。前、后、左、右晃动转向盘，转向柱应无松动。

（3）**检查转向柱锁止功能**　拔下点火开关钥匙，转动转向盘时应锁止；插入点火开关钥匙并旋转到 ACC 位置，转向盘应解锁并能转动。如果此时点火开关钥匙无法转动（可能由于转向柱锁止过紧），可一边晃动转向盘一边转动点火开关钥匙。

2. 拆装转向管柱

1）将两前轮转向正前位置。

2）选用合适的扳手拆开蓄电池负极连接。

3）用一字螺钉旋具缠好胶带或用内饰撬板拆下转向盘左、右侧装饰盖，如图 3-27 所示。

4）选用合适的工具拆下主气囊的两个固定螺栓，如图 3-28 所示。

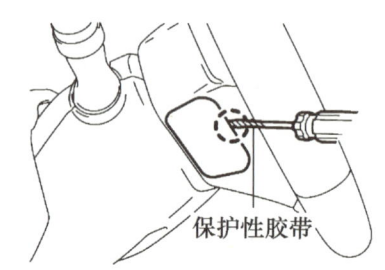

图 3-27　拆下转向盘左、右侧装饰盖

> **小提示**
>
> 放置时，气囊正面一定朝上，严禁将气囊正面朝下放置。

5）断开气囊线束插接器和喇叭线束插接器。

6）将主气囊放置到安全的位置。

7）选用合适的工具拆下转向盘总成固定螺母，并在转向盘总成和转向主轴上做好装配标记，如图 3-29 所示。

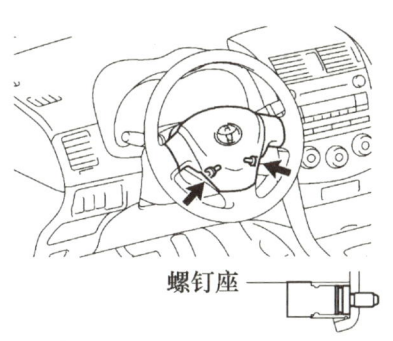

图 3-28 拆下主气囊固定螺栓

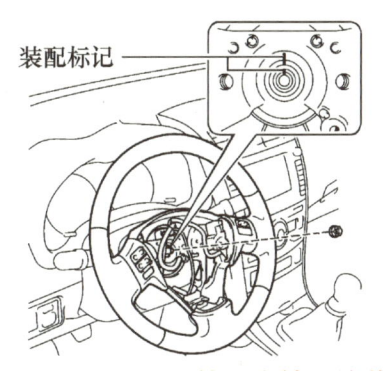

图 3-29 转向盘总成和转向主轴上的装配标记

8）用左、右手腕抬起转向盘并晃动，拆下转向盘。如果过紧无法晃下，则需要使用专用顶拔器拉出转向盘，如图 3-30 所示。

9）拆下与转向盘相连的相关线束，并取下转向盘。

10）直接用手指按下并拆下转向柱上、下装饰盖。

11）断开螺旋电缆和转向信号开关总成上相关线束插接器。

12）用鲤鱼钳夹住转向信号开关固定卡夹，并用螺钉旋具提起卡爪，然后从转向柱上拆下螺旋电缆与转向信号开关总成，如图 3-31 所示。

> **小提示**
>
> 小心拆卸，不要损坏卡爪。

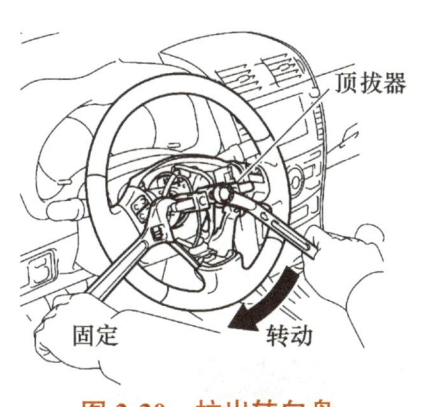

图 3-30 拉出转向盘

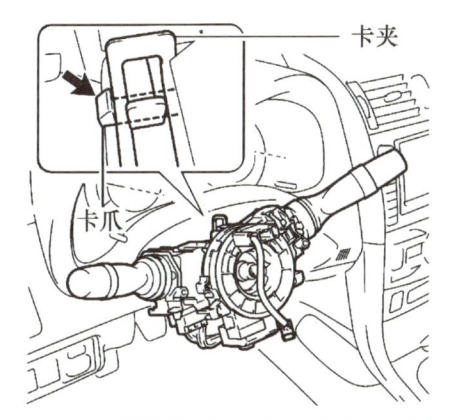

图 3-31 拆下转向信号开关固定卡夹

13）拆下相关仪表装饰板。

14）拆下组合仪表固定螺栓，并拔下组合仪表插接器。

15）拆卸转向柱孔盖消音板，如图 3-32 所示。

16）在转向中间轴接头处做好装配标记，如图 3-33 所示，选用合适的工具拆下转向中间轴接头固定螺栓，然后分离接头。

17）断开与转向柱相连线束的插接器。

18）拆下固定转向柱的三个螺栓，并取下转向柱总成，如图 3-34 所示。

19）用台虎钳固定转向柱，进一步分解转向柱上的附件。

20）按与拆卸相反的顺序和装配标记安装转向柱总成，并按规定力矩拧紧相关螺栓。安装螺旋弹簧时，要将螺旋线圈对中。

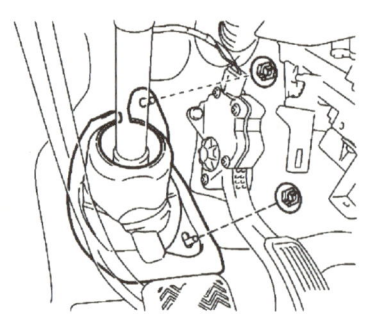

图 3-32 拆卸转向柱孔盖消音板

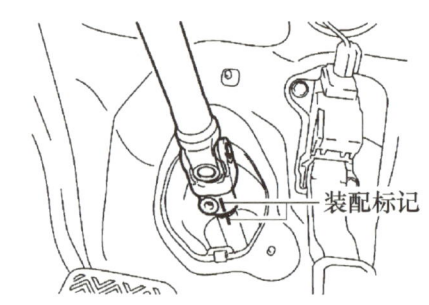

图 3-33 转向中间轴接头处的装配标记

3. 检查转向系统部件

1）牢靠地举升车辆到高位。

2）用力晃动左、右横拉杆球头，检查是否有松动。如果有松动，则更换拉杆球头。

3）检查左、右横拉杆是否存在弯曲变形或其他损坏。

4）检查左、右转向节是否有裂纹或其他损坏。

4. 更换转向球节

1）将点火开关置于 ACC 位，将转向盘转至直线行驶的位置，检查两个前轮是否处于直线行驶位置。

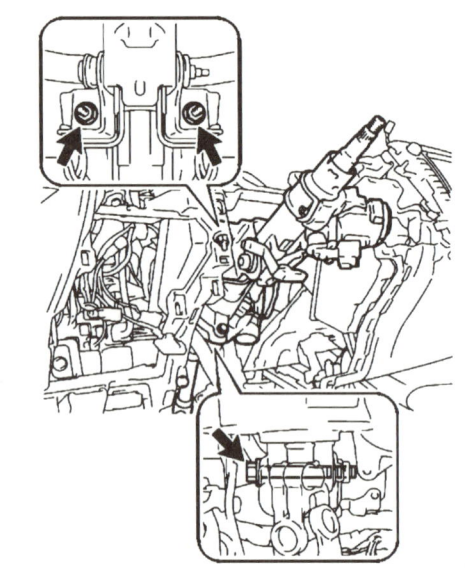

图 3-34 拆下固定转向柱的三个螺栓

2）将点火开关转到 LOCK 位，拔下点火开关钥匙，稍微转动转向盘，使转向盘锁止而不能转动。

3）举升车辆到中间高度位置，拆卸车轮。

4）使用干净的抹布清洁转向拉杆球头及拉杆。

5）使用专用记号笔在拉杆球头和锁紧螺母的中心水平方向做一个装配记号，如图 3-35 所示。

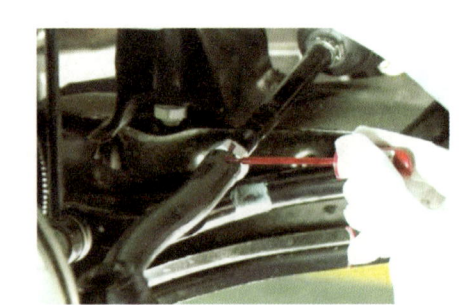

图 3-35 拉杆球头和锁紧螺母的装配记号

6）检查并记录转向拉杆螺纹部分内侧最边缘位置与锁紧螺母之间的螺牙个数，如图 3-36 所示。

7）选用合适的工具拆卸转向拉杆与转向节的固定螺母，拧松后并取下。

8）选用转向球节拆卸专用工具并安装到转向球节上，使用工具旋转专用工具上的紧固螺栓，使球头和转向节分离，如图 3-37 所示。

9）用两个呆扳手松开转向横拉杆的锁紧螺母，如图 3-38 所示，用手转动并取下转向球头。

图 3-36　螺牙

图 3-37　分离球头和转向节

10）检查新的转向拉杆球头零件号是否正确；检查转向拉杆球头外观是否有破损、螺纹是否有损伤、锈蚀等现象；检查球头是否活动自如。

11）将转向拉杆球头安装到转向拉杆上，如图 3-39 所示，检查转向拉杆锁紧螺母内侧外露螺牙个数是否与拆卸时记录相符，必要时调整。

图 3-38　松开转向横拉杆的锁紧螺母

图 3-39　安装转向拉杆球头

12）适当旋转横拉杆球头并压入转向臂内，用塑料锤向下敲击转向拉杆球头，使其安装到位。

13）用手将转向拉杆球头紧固螺母旋入。查询维修手册，选用合适的工具并按规定力矩拧紧。

14）用两个呆扳手紧固转向横拉杆的锁紧螺母。

15）安装车轮，并按规定力矩拧紧轮胎的紧固螺栓。

实训任务总结：

转向系统机械部件的检查	工作任务单	班级：
		姓名：

1. 记录车辆信息

品牌		整车型号		生产日期	
发动机型号		发动机排量		行驶里程	
车辆识别代号					

2. 测量转向盘自由间隙

检查项目	记录	规格	判定
转向盘自由行程			正常□ 异常□

3. 检查转向机械部件

作业项目	记录	作业项目	记录
转向柱伸缩与倾斜调整	正常□ 异常□	转向柱锁止功能	转动□ 不可转动□

4. 拆装转向管柱

项目名称	记录	项目名称	记录
对正转向盘	已执行□ 否□	拆装螺旋电缆	已执行□ 否□
断开蓄电池负极1min以上	已执行□ 否□	拆装转向信号开关总成	已执行□ 否□
拆装主安全气囊总成	已执行□ 否□	中间轴接头处做拆装标记	已执行□ 否□
拆装转向盘	已执行□ 否□	拆装转向柱总成	已执行□ 否□

5. 检查转向系统部件

项目名称	检查情况	维修措施
	破损□ 变形□ 老化□ 松动□ 泄漏□ 正常□	调整□ 维修□ 更换□
	破损□ 变形□ 老化□ 松动□ 泄漏□ 正常□	调整□ 维修□ 更换□
	破损□ 变形□ 老化□ 松动□ 泄漏□ 正常□	调整□ 维修□ 更换□

6. 更换转向球节

项目名称	记录	项目名称	记录
做装配标记	已执行□ 否□	转向拉杆螺纹内侧牙数	
更换转向球节	已执行□ 否□		

7. 查询维修手册

部件名称	章节及页码	规格（米制）
	第　　章　　　页	
	第　　章　　　页	
	第　　章　　　页	

随堂笔记

任务一　转向系统的检查与维护

转向系统机械部件的检查		实习日期：		
姓名：	班级：	学号：		教师签名：
自评：□熟练　□不熟练	互评：□熟练　□不熟练	师评：□合格　□不合格		
日期：	日期：	日期：		

转向系统机械部件的检查【评分细则】

序号	评分项	得分条件	分值	评分要求	自评	互评	师评
1	安全/7S/态度	□1. 能进行工位7S操作 □2. 能进行设备和工具的安全检查 □3. 能进行车辆安全防护操作 □4. 能进行工具、校准、存放操作 □5. 能进行三不落地操作	15分	未完成1项扣3分	□熟练 □不熟练	□熟练 □不熟练	□合格 □不合格
2	专业技能能力	作业1 □1. 能正确地测量转向盘的自由行程 □2. 能正确地检查转向柱伸缩与倾斜功能 □3. 能正确地检查转向柱锁止功能 □4. 能正确地检查转向柱ACC位置解锁功能 作业2 □1. 能正确地拆装转向盘主安全气囊 □2. 能正确地拆装转向盘 □3. 能正确地拆装螺旋电缆 □4. 能正确地拆装转向信号开关总成 □5. 能正确地做好装配标记 □6. 能正确地拆装转向柱总成 作业3 □1. 能正确地检查转向系统各部件 □2. 能正确地分析、判断检查情况 作业4 □1. 能正确地更换转向球节 □2. 能正确地做好装配标记 □3. 能正确地记录螺纹内侧牙数	50分	未完成1项扣4分，扣分不得超过50分	□熟练 □不熟练	□熟练 □不熟练	□合格 □不合格
3	工具及设备的使用能力	□1. 能正确地使用自由行程检测工具 □2. 能正确地使用维修专用工具 □3. 能正确地使用维修工具	10分	未完成1项扣3分	□熟练 □不熟练	□熟练 □不熟练	□合格 □不合格
4	资料、信息查询能力	□1. 能正确地使用维修手册查询资料 □2. 能正确地记录查询资料的章节及页码 □3. 能正确地记录所需维修信息	10分	未完成1项扣3分	□熟练 □不熟练	□熟练 □不熟练	□合格 □不合格
5	数据判断和分析能力	□1. 能判断转向盘的自由行程是否正常 □2. 能判断转向柱锁止、倾斜、伸缩功能	10分	未完成1项扣5分	□熟练 □不熟练	□熟练 □不熟练	□合格 □不合格
6	表单填写和报告撰写能力	□1. 字迹清晰 □2. 语句通顺 □3. 无错别字 □4. 无涂改 □5. 无抄袭	5分	未完成1项扣1分	□熟练 □不熟练	□熟练 □不熟练	□合格 □不合格

总分：

随堂笔记

实训任务 2　转向系统液压部件的检查

实训器材

别克凯越轿车、常用维修工具、维修手册。

作业准备

1) 检查举升机。

2) 将车辆在工位停放周正。

3) 铺好车内和车外护套。

操作步骤

1. 转向助力液压系统的基本检查

1) 使用干净的抹布清洁转向助力液储液罐上的污物。

2) 检查转向助力液液面的位置，如是加热后的转向助力液，油液液面应在标记"MAX"（最高）和"MIN"（最低）之间。如果是冷却后的转向助力液，油液液面应在"MIN"（最低）标记处，如图 3-40 所示。

3) 检查转向助力液是否变稀、颜色是否变得发黑、是否有杂质，如果是则需更换转向助力液。

图 3-40　转向助力液液面

4) 检查储液罐是否漏油，液压管路是否扭曲、折皱或破裂漏油等。

5) 起动发动机，转动转向盘，检查左、右转向是否轻便，是否存在异响。

6) 举升车辆到较高位置。

7) 检查转向助力泵和转向机是否漏油。

2. 转向助力泵传动带的检查与更换

1) 在助力泵传动带连接中心位置（图 3-41 所示箭头位置），用大拇指以 98N 的力按压传动带，传动带应下沉 8~10mm。否则，调整传动带的张紧力。

2) 检查传动带是否老化、有裂纹等损坏。如果是，则更换传动带。

3) 选用合适的工具稍许松开转向助力泵的固定螺栓。

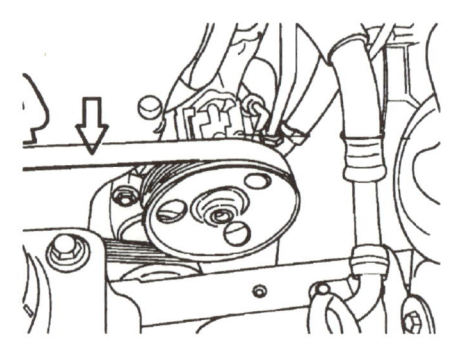

图 3-41　检查助力泵传动带

4) 向发动机侧推动转向助力泵，取下传动带，对比新的传动带规格。

5）将新的传动带安装到曲轴带轮和转向助力泵带轮上。

6）用撬棍将助力器推向外侧,并检查传动带张紧力(由于传动带使用后会变长,新的传动带要稍紧一些),然后拧紧转向助力泵固定螺栓。

7）再次确定传动带张力。新的传动带用大拇指以98N的力按压时,应下沉7~8.5mm。

3. 转向机的拆装

1）转动转向盘,使左、右车轮正对前方,拔下点火开关钥匙,使转向盘锁止或者用安全带绑住转向盘,防止转向盘自由转动。

2）拆开蓄电池负极连接。

3）牢靠地举升车辆到中间高度位置。

4）拆卸左、右前车轮。

5）选用合适的工具松开转向机进、出油管接头,如图3-42所示,用容器接收助力转向油液,待油液流尽后拆下进、出油管接头。

6）在转向柱与转向机的连接处做好装配标记。

7）选用合适的工具拆下转向柱与转向机连接处的夹紧螺栓,如图3-43所示,分离转向柱与转向机。

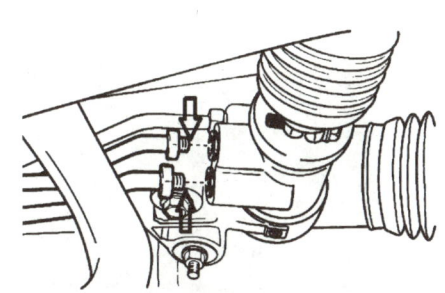
图3-42 拆卸进、出油管接头

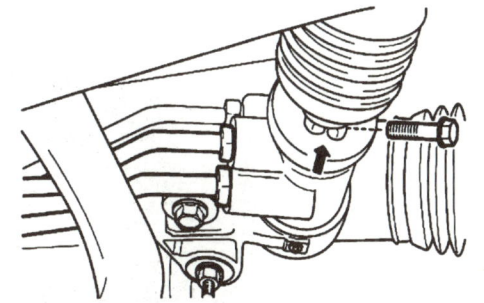
图3-43 拆下转向柱与转向机连接处的夹紧螺栓

8）选用合适的工具拆卸左、右转向横拉杆球头紧固螺母,如图3-44所示,用球节拆卸专用工具从转向节上断开左、右转向横拉杆球头。

9）选用合适的工具拆卸转向机壳体的固定螺母和螺栓,如图3-45所示。

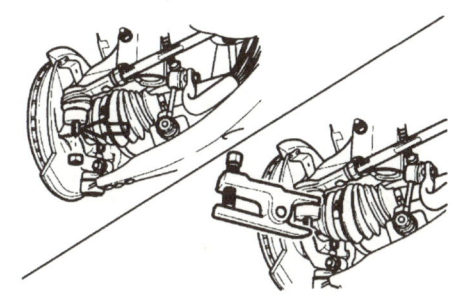
图3-44 拆卸左、右转向横拉杆球头紧固螺母

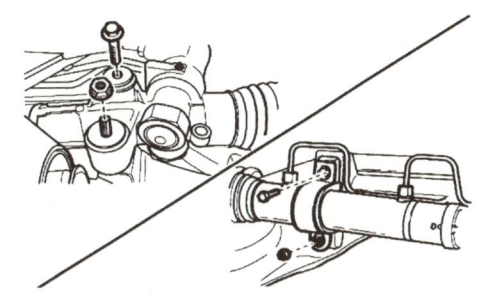
图3-45 拆卸转向机壳体的固定螺母和螺栓

随堂笔记

10）移开变速驱动桥中心托架。

11）取出转向机总成。

12）按与拆卸相反的顺序安装转向机，对正装配标记，按规定力矩拧紧各螺栓。

4. 转向器齿条轴承预紧度的调整

1）选用合适的工具松开锁止螺母，如图3-46所示。

2）顺时针拧紧调节器塞至7N·m，然后松开30°~40°。

3）固定调节器塞的同时，将锁止螺母紧固到调节器塞上。

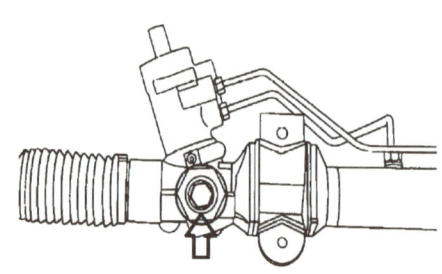

图3-46 轴承预紧度调整锁止螺母

5. 转向助力泵油液的添加与排气

1）当更换转向助力液或转向助力液液位不足时，应按维修手册要求加注规定型号的转向助力液，使液面至"MIN"标记位置，如图3-47所示。

2）起动发动机并怠速运转，重新检查液面。必要时，添加转向助力液，使液面达到"MIN"标记位置。

3）将转向盘从左到右、从右到左来回转动，排出液压系统中的空气，如图3-48所示。

> **小提示**
>
> 动力转向系统维修后，如果必要还需从转向机构排除空气，才能得到正确的液面读数。油液中的空气可能会导致转向助力泵产生噪声，时间久了还会导致转向助力泵损坏。

图3-47 加注转向助力液

图3-48 排出液压系统中的空气

4）转向盘回到中心位置，让发动机继续运转1~3min后，关闭点火开关，使发动机停止运转。

5）再次确认储液罐液位是否正常。

实训任务总结：_____
_____
_____
_____
_____

任务一　转向系统的检查与维护

转向系统液压部件的检查	工作任务单	班级： 姓名：	

1. 记录车辆信息

品牌		整车型号		生产日期	
发动机型号		发动机排量		行驶里程	
车辆识别代号					

2. 检查转向助力液

检查项目	记录	检查项目	记录
转向助力液液位		转向助力液泄漏	
转向助力液油质		转向助力功能	

3. 检查、更换转向助力泵传动带

检查项目	检查情况	维修措施
传动带	破损□　脱层□　老化□　松动□　裂纹□　正常□	维修□　更换□
按压传动带下沉量	mm	调整□　更换□

4. 拆装转向机

项目名称	记录	项目名称	记录
对正锁紧转向盘	已执行□　否□	检查中间轴接头处拆装标记	已执行□　否□
拆卸左、右前车轮	已执行□　否□	检查横拉杆紧固螺纹拆装标记	已执行□　否□
断开转向机进油管	已执行□　否□	拆卸左转向横拉杆球头	已执行□　否□
断开转向机出油管	已执行□　否□	拆卸右转向横拉杆球头	已执行□　否□
用容器接收转向助力液	已执行□　否□	拆装转向机总成	已执行□　否□

5. 调整转向器齿条轴承预紧度

检查项目	记录	判定	规格
调整预紧度	已执行□　否□	异常□　正常□	

6. 转向助力泵油液的添加与排气

作业项目	记录	作业项目	记录
加注转向助力液		转向助力液排气	已执行□　否□

7. 查询维修手册

部件名称	章节及页码	规格（米制）
	第　　章　　　页	
	第　　章　　　页	
	第　　章　　　页	

随堂笔记

转向系统液压部件的检查			实习日期：		
姓名：		班级：		学号：	教师签名：
自评：☐熟练 ☐不熟练		互评：☐熟练 ☐不熟练		师评：☐合格 ☐不合格	
日期：		日期：		日期：	

转向系统液压部件的检查【评分细则】

序号	评分项	得分条件	分值	评分要求	自评	互评	师评
1	安全/7S/态度	☐1. 能进行工位 7S 操作 ☐2. 能进行设备和工具的安全检查 ☐3. 能进行车辆安全防护操作 ☐4. 能进行工具清洁、校准、存放操作 ☐5. 能进行三不落地操作	15分	未完成1项扣3分	☐熟练 ☐不熟练	☐熟练 ☐不熟练	☐合格 ☐不合格
2	专业技能能力	作业1 ☐1. 能正确地检查转向助力液液位 ☐2. 能正确地查询转向助力液型号 ☐3. 能正确地检查转向系统是否泄漏 ☐4. 能正确地检查液压助力功能 ☐5. 能正确地检查传动带 ☐6. 能正确地调整传动带张紧力 作业2 ☐1. 能正确地对正锁紧转向盘 ☐2. 能正确地拆装左、右前车轮 ☐3. 能正确地拆装转向机油管 ☐4. 能正确地排放转向助力液 ☐5. 能正确地记录中间轴接头处拆装标记 ☐6. 能正确地拆装转向横拉杆球头 ☐7. 能正确地拆装转向机总成 ☐8. 能正确地调整转向器齿条轴承预紧度 ☐9. 能正确地加注转向助力液 ☐10. 能正确地进行助力液压系统排气	50分	未完成1项扣3分	☐熟练 ☐不熟练	☐熟练 ☐不熟练	☐合格 ☐不合格
3	工具及设备的使用能力	☐1. 能正确地选用维修工具 ☐2. 能正确地使用转向助力液更换机器	10分	未完成1项扣3分	☐熟练 ☐不熟练	☐熟练 ☐不熟练	☐合格 ☐不合格
4	资料、信息查询能力	☐1. 能正确地识读维修手册查询资料 ☐2. 能正确地使用用户手册查询资料 ☐3. 能正确地记录所查询资料的章节及页码 ☐4. 能正确地记录所需维修信息	10分	未完成1项扣2分	☐熟练 ☐不熟练	☐熟练 ☐不熟练	☐合格 ☐不合格
5	数据判断和分析能力	☐1. 能判断转向助力液油质和油位是否正常 ☐2. 能判断转向系统是否漏油 ☐3. 能判断转向助力传动带是否正常 ☐4. 能判断转向助力液的加注量	10分	未完成1项扣3分，扣分不得超过10分	☐熟练 ☐不熟练	☐熟练 ☐不熟练	☐合格 ☐不合格
6	表单填写和报告撰写能力	☐1. 字迹清晰 ☐2. 语句通顺 ☐3. 无错别字 ☐4. 无涂改 ☐5. 无抄袭	5分	未完成1项扣1分	☐熟练 ☐不熟练	☐熟练 ☐不熟练	☐合格 ☐不合格

总分：

随堂笔记

任务二

四轮定位的检查与调整

✻ 学习目标

知识目标

1) 掌握四轮定位的作用与何时需要做四轮定位。
2) 掌握车轮定位参数的定义及各角度的作用。
3) 掌握定位仪的操作流程及安全措施。

技能目标

1) 具有对车辆进行定位前基本检查的能力。
2) 具有使用四轮定位仪测量车轮角度的能力。
3) 具有调整车辆定位角度的能力。

素养目标

1) 在工作过程中与小组其他成员合作、交流,养成团队合作意识,锻炼沟通能力。
2) 养成服从管理、吃苦耐劳与规范作业的良好工作习惯。

🚗 任务描述

一辆通用威朗轿车用户反映:车辆行驶时有跑偏的现象,且左、右前轮胎有"吃胎"的现象,需要对车辆进行检查,确定故障部位并进行修理。

相关知识

一、车轮定位的作用

车轮定位角度是存在于悬架系统和各活动零部件间的相对角度,保持正确的车轮定位角度,可确保车辆的直线行驶稳定性及操控性,改善车辆的转向性并确保转向系统回正,避免轴承不当受力而受损,更可确保轮胎与地面紧密接合,减少轮胎的不正常磨损,确保转向时的稳定性。不正确的车轮定位角度,会造成汽车转向不足或转向过度,如图3-49所示,造成安全事故等。

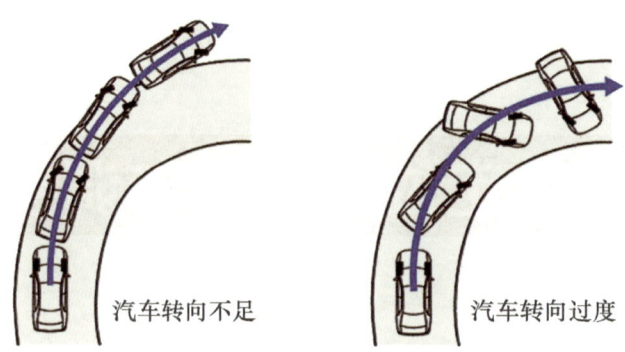

图 3-49　汽车转向不足与转向过度

> **小知识**
>
> 什么时候进行车轮定位
>
> 1) 当车辆出现转向沉重、发抖、跑偏、不能自动回正等现象时应对车轮进行定位。
>
> 2) 当驾驶时有车辆飘浮、摇摆等不正常的行驶感觉或转向盘不正时应对车轮进行定位。
>
> 3) 当轮胎出现不正常的磨损时应对车轮进行定位。
>
> 4) 更换汽车悬架或转向系统的零部件后应对车轮进行定位。
>
> 5) 车辆前部或后部经碰撞事故维修后应对车轮进行定位。
>
> 6) 车辆每行驶一年左右需要对车轮进行定位检查。

二、车轮定位的内容

1. 转向车轮定位

为了保证汽车直线行驶的稳定性和转向的轻便性，减少轮胎和其他零部件的磨损，转向车轮、转向节和前轴三者与车架的安装应保持一定的相对位置关系，这种安装位置关系称为转向车轮定位，简称为前轮定位。对于两端装有主销的转向桥，汽车转向时，转向车轮会围绕主销轴线偏转。现代轿车采用的断开式转向桥没有主销，如麦弗逊式独立悬架采用减振器代替主销，减振器的轴线相当于主销轴线，如图 3-50 所示。

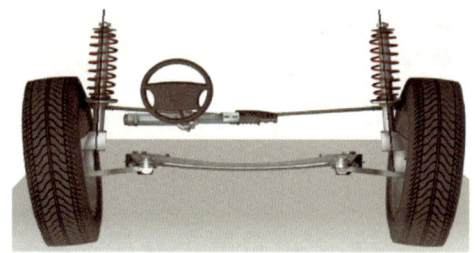

图 3-50　悬架的类型与主销轴线

转向车轮的定位参数主要有主销后倾、主销内倾、前轮外倾和前轮前束。

(1) **主销后倾**　安装在前轴上的主销（减振器），其上端略向后倾斜，称为主销后倾。在汽车纵向平面内，主销轴线与地面垂线之间的夹角 β，称为主销后倾角，如

图 3-51 所示。

主销后倾的作用是保证汽车直线行驶的稳定性，并使汽车转弯后车轮能自动回正。后倾角越大，车速越高，车轮的稳定效应越强；但后倾角不宜过大，否则在转向时会使转向盘沉重或回正过猛而打手，一般主销后倾角在 3° 以内，且一般是不能调整的。

（2）**主销内倾**　主销（减振器）安装在前轴上，其上端略向内倾斜，称为主销内倾。在汽车横向平面内，主销轴线与地面垂线之间的夹角，称为主销内倾角 α，如图 3-52 所示。

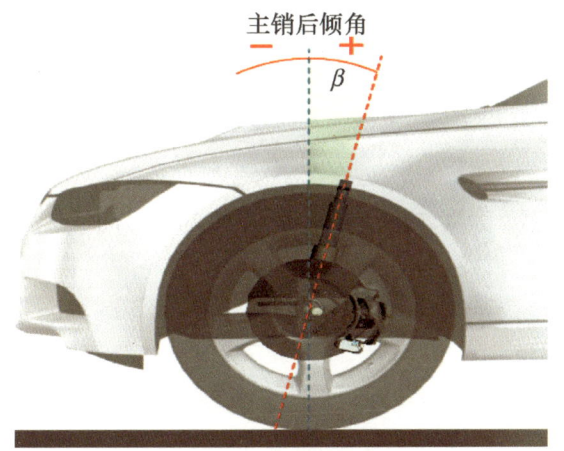

图 3-51　主销后倾角

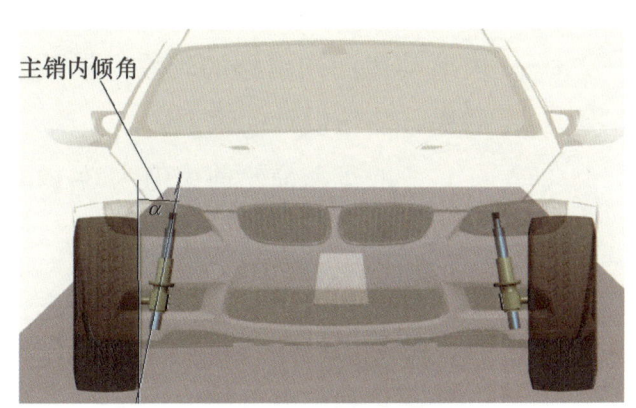

图 3-52　主销内倾角

主销内倾的作用是使车轮转向后能自动回正，且转向操纵轻便。

一般主销内倾角为 5°~8°，通常是不能单独调整的。

（3）**前轮外倾**　在汽车横向平面内，前轮略向外倾斜，称为前轮外倾。在汽车横向平面内，地面垂线与前轮中心线形成的夹角 γ，称为前轮外倾角，如图 3-53 所示。当车轮顶部向车外侧倾斜时为正值，反之为负值。

图 5-53　前轮外倾角

如果空车时车轮正好与路面垂直，则满载时车轮会出现内倾，这将加速汽车轮胎的偏磨，同时会加重车轮外轴承和轮毂的负荷，降低它们的使用寿命，因此，设计时预留有一定的外倾角来防止满载时车轮内倾。目前有一些汽车将外倾角设计为"0"，甚至负外倾。

一般前轮外倾角为 1° 左右，只有少部分车型的前轮外倾角能够调整。

(4) 前轮前束 汽车两前轮的旋转平面不平行,前端略向内收,这种现象称为前轮前束。两前轮前段距离 B 与后段距离 A 的差值即为前束值,如图 3-54 所示。当后段大于前段时为正值,反之为负值。

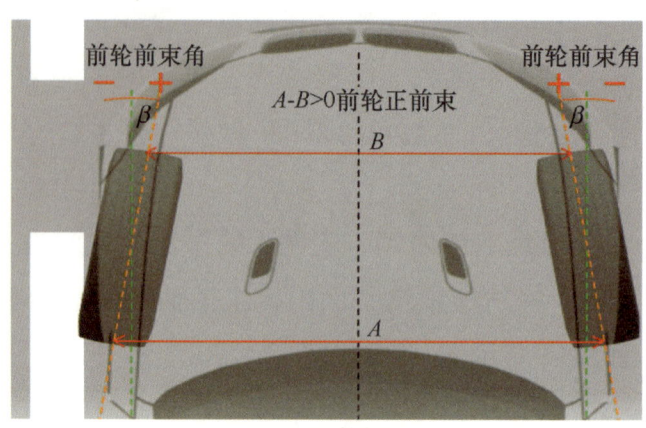

图 3-54 前轮前束

前轮前束的作用是当前轮有了外倾角后,在滚动时,就类似于圆锥滚动,从而导致两侧车轮向外滚开,由于转向横拉杆和车桥的约束使车轮不可能向外滚开,车轮将在地面上出现边滚动边向内滑移的现象,从而会增加轮胎的磨损,为了抵消前轮外倾带来的不良后果,前轮设计前束值。

一般车型前轮前束值为 0~12mm,也有的车型为了与负前轮外倾角相配合,其前束取负值。

2. 后轮定位

随着道路条件的改善,当代轿车的行驶速度越来越大,汽车后轮具有一定程度的外倾角和前束可使后轮获得合适的侧偏角,有利于提高高速行驶时的操纵稳定性。

(1) 后轮外倾角 在汽车横向平面内,后轮略向外倾斜,称为后轮外倾。在汽车横向平面内,地面垂线与后轮中心线形成的夹角,称为后轮外倾角,如图 3-55 所示。当车轮顶部向车外侧倾斜时为正值,反之为负值。

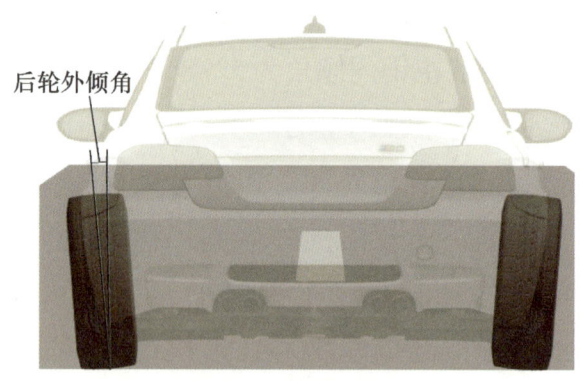

图 3-55 后轮外倾角

后轮外倾角对轮胎磨损和操纵性有影响。理想状态是四个车轮的运动外倾角为零,这样轮胎与路面接触良好,从而得到最佳的牵引性能和操纵性能,但实际上轿车为了对载荷进行补偿,一般采用一个较小的正后轮外倾角。

(2) 后轮前束 汽车两后轮的旋转平面不平行,前段略向内收,这种现象称为后轮前束。两后轮前段距离 B 与后段距离 A 的差值即为后轮前束值,如图 3-56 所示。当后段大于前段时为正值,反之为负值。

如果后轮没有前束,当汽车行驶时,在驱动力 F 作用下,后轴将产生一定弯曲使后轮出现前张现象,造成轮胎异常磨损,如图 3-57 所示,为了抵消这种前张现象,后轮预先设置前束角。

任务二　四轮定位的检查与调整

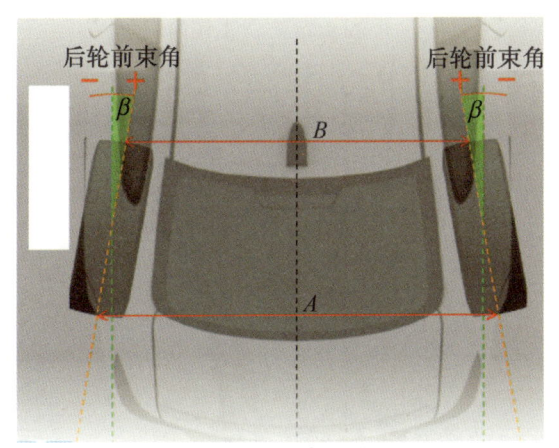

图 3-56　后轮前束

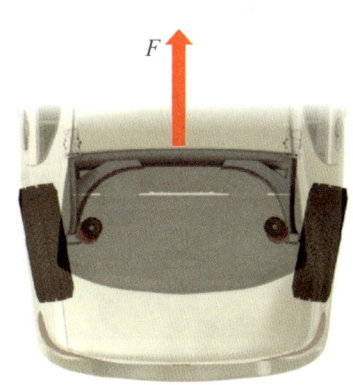

图 3-57　后轮前张现象

3. 其他车轮定位参数

（1）**推进线与推进角**　前轴中心与后轴中心的连线称为车体中心线（也称为车辆几何中心线）。四轮定位仪在测量后轮单侧前束时，是参考车体中心线来测量的。然后通过后轮单侧前束平分点作一直线与后轮中心相交，确定推进线，即汽车后轮总前束角的平分线为汽车的推进线。推进线与车体中心线之间的夹角，称为推进角，如图 3-58 所示。

推进线是车辆在路上直线行驶时的实际方向。如果推进线与几何中心线不同，驾驶人必须转向以使车辆直线行驶，这将导致在推进线方向上转向盘不正。理论上讲，车辆推进线应该与车体中心线相同，否则形成过大的推进角会造成汽车行驶时跑偏。

一般四轮定位仪在测量后轮单独前束时，是以车体中心线为参考的；测量前轮的单侧前束时，是以推进线为定位基准来测量的。因此，在进行四轮定位调整时，必须先调整后轮再调整前轮。为了让推进角接近于零，应将两后轮的单独前束调整到正常范围且尽可能相等。

（2）**包容角**　从汽车正前看，主销轴线和车轮中心线之间的夹角称为包容角。它在数值上等于主销内倾角和前轮外倾角之和，如图 3-59 所示。如果外倾角为正值，需要加上外倾角；如果外倾角为负值，需要减去外倾角。包容角是一个非常重要的车轮定位诊断参数，可用来诊断悬架系统结构定位失准或悬架组件变形。

（3）**轴距**　汽车前轴中心到后轴中心的距离称为轴距，如图 3-60 所示，即同一侧前轮中心到后轮中心的距离。轴距偏差即一侧两轮中心的距离与另一侧两轮中心的距离的差值。

（4）**轮距**　轮距有前轮的轮距和后轮的轮距，前轮的轮距即两前轮中心的距离，后轮的轮距即两后轮中心的距离，如图 3-61 所示。

随堂笔记

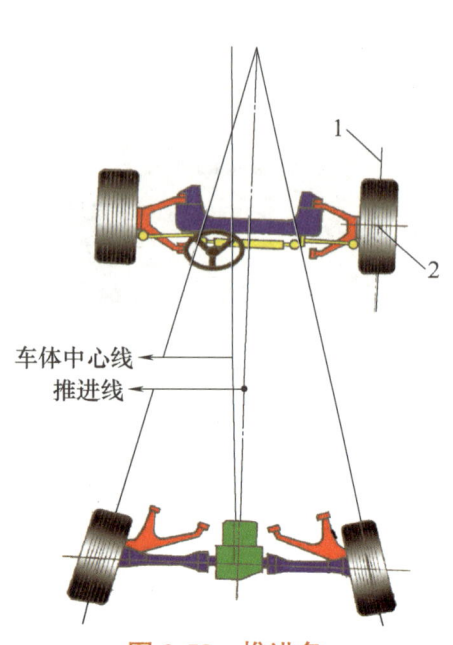

图 3-58　推进角

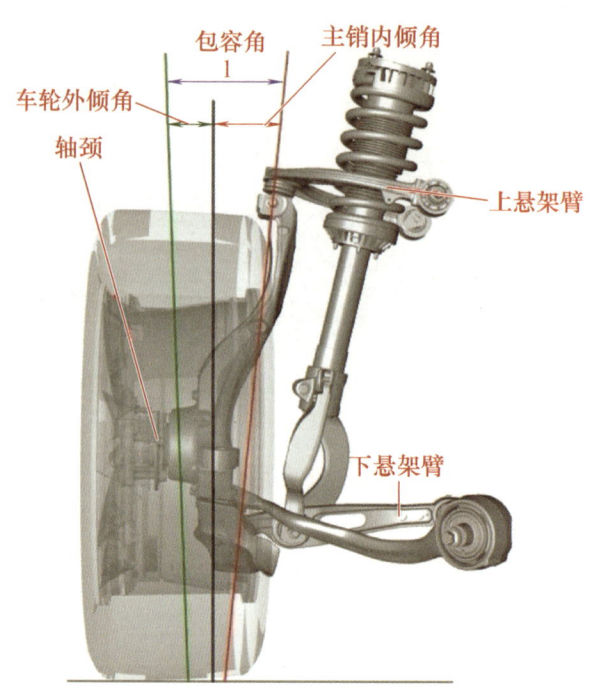

图 3-59　包容角

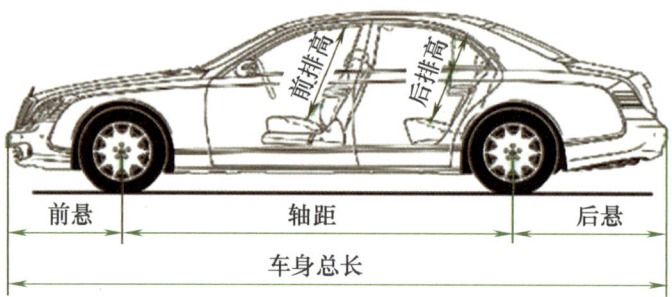

图 3-60　汽车轴距

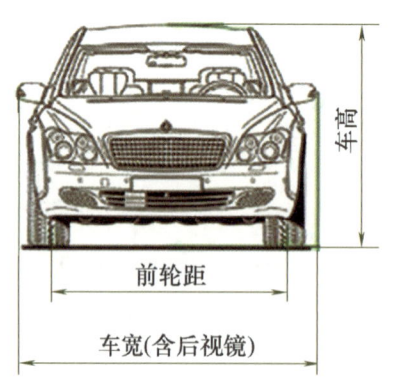

图 3-61　汽车轮距

随堂笔记

任务二　四轮定位的检查与调整

| 四轮定位的检查与调整 | 学习任务单 | 班级：
姓名： |

1. 不正确的车轮定位可能造成轮胎_____，直线行驶时方向_____，在汽车转向时可能造成_____或转向过度。

2. 当某辆车出现轮胎偏磨，且行驶时有跑偏的现象，你会建议他做_____检查。

3. 在汽车纵向平面内，主销轴线与地面垂线之间的夹角，称为_____。它的作用是保证汽车直线行驶的稳定性，并使汽车转弯后车轮能_____。

4. 在汽车横向平面内，主销轴线与地面垂线之间的夹角，称为_____。它的作用是使车轮转向后能_____，且转向操纵轻便。

5. 在汽车横向平面内地面垂线与前轮中心线形成的夹角，称为_____。它的作用是防止汽车满载时车轮出现内倾。

6. 汽车两前轮的旋转平面不平行，前端略向内收，这种现象称为_____。它是为了抵消_____后带来的不良后果而设计的定位角度。

7. 后轮定位的角度主要有车轮外倾和_____。

8. 写出图 3-62 所示各车辆参数的名称。

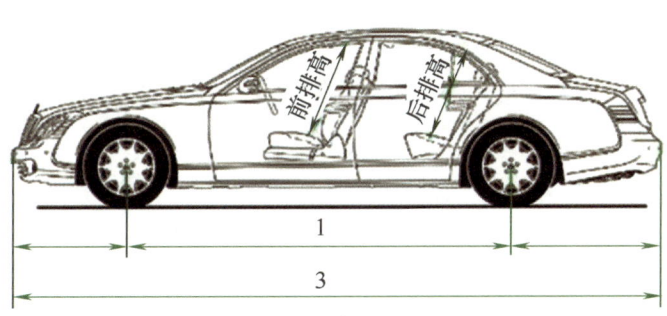
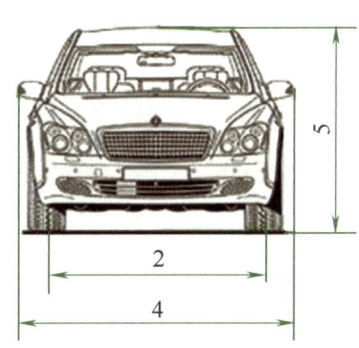

图 3-62　车辆各参数

1. _____　　2. _____　　3. _____

4. _____　　5. _____

随堂笔记

实训任务　四轮定位的检查与调整

实训器材

通用威朗轿车、3D 四轮定位仪、轮胎气压表、花纹深度尺、预制式扭力扳手（20~100N·m）和常用工具等。

作业准备

1）检查举升机。
2）将车辆在举升机上停放周正。
3）铺好车内护套。

操作步骤

1. 定位前基本检查

1）安装车轮挡块（后轮）。
2）检查定位举升机左、右后滑板固定销安装是否到位。
3）检查定位举升机左、右前转角盘固定销安装是否到位。
4）检查车辆在举升机上停放是否周正，前轮是否在转角盘中心位置。
5）打开点火开关，降下左前车窗玻璃。
6）检查车辆行驶里程和燃油箱中燃油液位并做好记录，关闭点火开关。

定位前基本检查

> **小提示**
>
> 如果燃油箱中燃油液位较低，要查询维修手册，查找燃油箱容积，根据仪表燃油液位显示计算添加配重，如图 3-63 所示，使车身承受满油的重量，否则可能造成定位检测角度值不准。

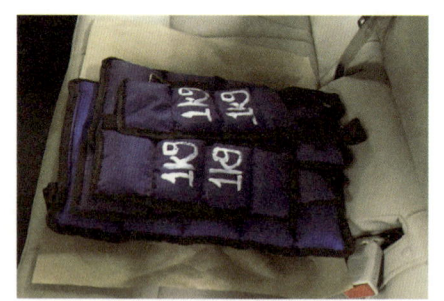
图 3-63　添加配重

7）检查乘员舱和行李舱是否有较重的物品，如有，应取出。
8）用轮胎气压表测量轮胎气压，如图 3-64 所示。如异常，应调整至标准气压。

2. 定位前底盘检查

1）操作举升机大剪上升到高位，落好安全锁并检查落锁是否到位。

图 3-64　测量轮胎气压

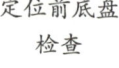
定位前底盘检查

2）检查前悬架的左、右减振器是否漏油，螺栓弹簧是否折断，转向节是否损坏，下臂是否损坏，下臂前后衬套是否松动，稳定杆与连接是否松动等。

3）检查左、右转向横拉杆是否弯曲，横拉杆球头是否松动。

4）检查后悬架的减振器是否漏油、螺栓弹簧是否折断、拖臂与后桥是否变形或损坏等，如图3-65所示。

5）用合适的工具检查底盘、悬架各部件螺栓是否松动，如图3-66所示。

图3-65　检查后减振器

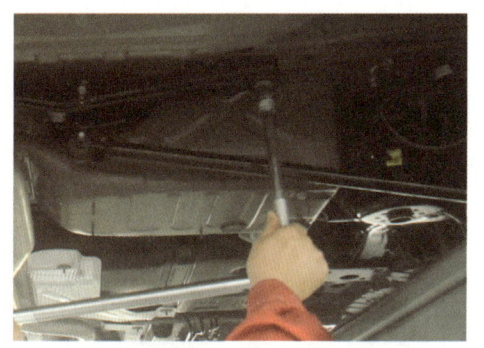

图3-66　检查悬架各部件螺栓

定位前车轮检查

3. 定位前车轮检查

1）操作举升机大剪下降到最低落锁的位置，按下落锁按钮，并检查左、右落锁是否到位。

2）安装四个小剪举升机垫块，旋转大/小剪选择开关到小剪位置，操纵举升机小剪完全上升，然后小剪落锁。

3）分别上下、左右晃动车轮，检查车轮是否松动，如图3-67所示，依次检查四个车轮。如果松动，应检查是由于车轮轴承损坏，还是悬架损坏造成的，处理完松动故障后才能继续定位作业。

4）分别用手转动四个车轮，检查车轮转动是否正常，听车轮轴承是否有异响，制动是否有拖滞。

图3-67　检查车轮

5）检查四个车轮的轮胎是否有裂纹、是否嵌入金属异物、是否偏磨；轮辋是否有碰撞或变形等。

6）用轮胎花纹深度尺测量四个轮胎的花纹深度，如图3-68所示。如果低于最小值，则建议更换轮胎。

7）检查四个车轮的轮胎型号与标准型号（一

图3-68　测量花纹深度

一般在左前门框或右侧 B 柱上有标识）是否一致。

8）检查前轴两侧轮胎花纹是否相同，检查后轴两侧轮胎花纹是否相同。

4. 定位前复位与车身高度测量

1）拔下左、右后滑板固定销并放到大剪平台上。

2）拔下左、右前转角盘固定销并放到大剪平台上。

3）操作举升机小剪下降到底。

4）用双手按压前保险杠中间位置数次，使前悬架复位。

5）用双手按压后保险杠中间位置数次，使后悬架复位，如图 3-69 所示。

6）选用卷尺测量四个车轮位置的车身高度，如图 3-70 所示。对比四个位置的差值，如果差值超过 10mm，则不符合定位要求，需要检查悬架是否有故障。

图 3-69　复位后悬架

图 3-70　车身高度测量

5. 定位仪的操作与卡具的安装

1）打开定位仪检测程序。

2）输入车辆 VIN。

3）根据作业车辆品牌与型号，打开车辆使用数据库，选择相应车型。

4）输入轮胎型号、尺寸、胎压、花纹深度等。

5）对应安装四个车轮卡具并锁止牢靠，如图 3-71 所示。

图 3-71　安装车轮卡具

6. 轮胎偏位的检测

1）操作电脑进入偏位补偿界面，如图 3-72 所示，确认四个车轮卡具信号正常。如果异常，应检查卡具安装是否准确。

2）释放驻车制动器手柄、档位置于空档、移开车轮挡块，根据电脑提示扳动左后车轮使车辆向后移动，如图 3-73 所示，直到界面跳转；再扳动左后车轮向前，直到界面跳转。完毕后，安装车轮挡块防止车辆滑移。

任务二 四轮定位的检查与调整

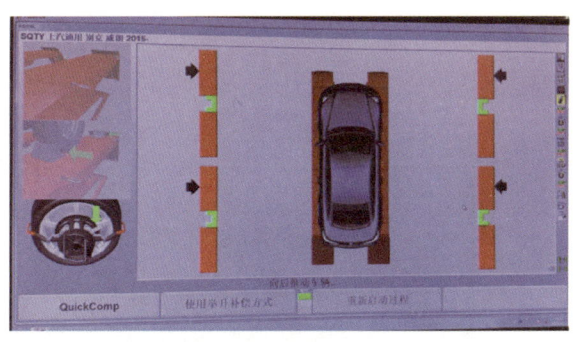

图 3-72 电脑偏位补偿界面

图 3-73 扳动左后车轮使车辆向后移动

7. 定位角度的检测

1）牢靠地安装制动踏板锁，如图 3-74 所示。

2）操作电脑进入定位检测界面。

3）根据电脑提示向左转转向盘约 20°，再根据电脑提示向右转转向盘约 20°，如图 3-75 所示，最后根据提示将前轮对中。

4）操作电脑进入最大转向角测量界面，根据提示分别左、右转动转向盘。最后根据提示将前轮对中，屏幕显示最大转向角检测值。

图 3-74 安装制动踏板锁

定位角度的检测

5）操作电脑进入下一步，屏幕显示检测的角度值，红色数据为不合格数据，绿色数据为合格数据，如图 3-76 所示。

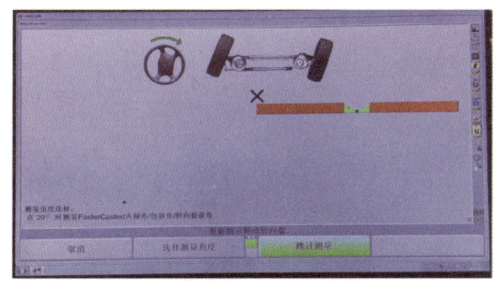

图 3-75 电脑提示向右转转向盘约 20°

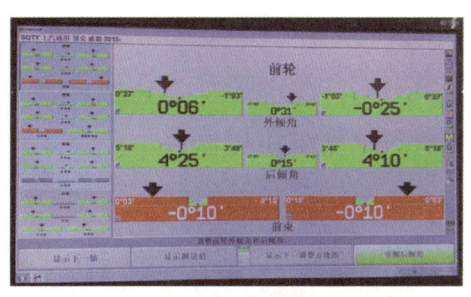

图 3-76 屏幕显示检测的角度值

8. 前束的调整

1）将转向盘转到正中位置，用转向盘锁固定转向盘，如图 3-77 所示。

2）操作举升机将车辆升到较高位置，并确保举升机安全落锁。

3）选用合适的扳手松开左、右横拉杆球节锁止螺母，用扳手分别转动横拉杆，如图 3-78 所示。

图 3-77 固定转向盘

前束的调整

141

4）用呆扳手转动横拉杆的同时，观察屏幕的数值，直到前轮前束值显示成绿色，如图 3-79 所示，且左、右数值尽可能相等。

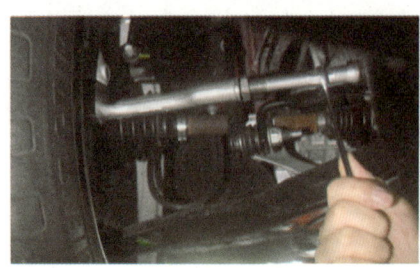

图 3-78　用扳手分别转动横拉杆

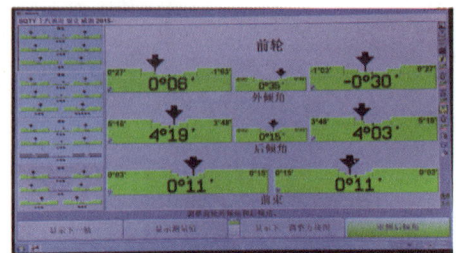

图 3-79　前轮前束值显示绿色

调整后的检测

5）按维修手册规定力矩拧紧左、右横拉杆锁止螺母。

9. 调整后的检测

1）操作电脑进入调整后检测界面。

2）根据电脑提示将转向盘左转 20°、右转 20°，回正转向盘后屏幕显示调整后检测数据。

3）查看前束值是否正常。如果异常，应再次进行调整。

4）保存作业单，打印检测数据。

定位后复位

10. 定位后复位

1）操作电脑退出定位检测程序。

2）收起定位仪卡具、制动踏板锁、转向盘锁。

3）升起举升机小剪，插入转向盘固定销和后滑板固定销，下降举升机小剪。

4）收起车内护套，变速杆置于 P 位，拉紧驻车制动器手柄，关闭车窗。

5）收起车轮挡块。

6）清洁车身及作业工位。

实训任务总结：_____

任务二　四轮定位的检查与调整

四轮定位的检查与调整	工作任务单	班级： 姓名：

1. 记录车辆信息

品牌		整车型号		生产日期	
发动机型号		发动机排量		行驶里程	
车辆识别代号					

2. 检查轮胎　　车辆标配轮胎型号【　　】　胎压【　　】

检查项目		左前车轮	左后车轮	右前车轮	右后车轮
轮胎型号					
胎压值	数据				
	判定	正常□　异常□	正常□　异常□	正常□　异常□	正常□　异常□
	维修	调整□　修补□　无□	调整□　修补□　无□	调整□　修补□　无□	调整□　修补□　无□
花纹	深度				
	偏磨	左□　中□　右□	左□　中□　右□	左□　中□　右□	左□　中□　右□
	判定	正常□　异常□	正常□　异常□	正常□　异常□	正常□　异常□
	维修	更换□　换位□　无□	更换□　换位□　无□	更换□　换位□　无□	更换□　换位□　无□

3. 检查车轮轴承

检查项目		左前车轮	左后车轮	右前车轮	右后车轮
检查情况	判定	□异响　□松动 □正常	□异响　□松动 □正常	□异响　□松动 □正常	□异响　□松动 □正常
	维修	□维修　□调整 □更换	□维修　□调整 □更换	□维修　□调整 □更换	□维修　□调整 □更换

4. 记录车身高度

测量位置	左前 P 值	右前 P 值	左后 R 值	右后 R 值
测量值				
车身高度差值				

5. 检查底盘悬架各部件

项目名称	检查情况	维修措施
	破损□　变形□　老化□　松动□　泄漏□　正常□	调整□　维修□　更换□
	破损□　变形□　老化□　松动□　泄漏□　正常□	调整□　维修□　更换□
	破损□　变形□　老化□　松动□　泄漏□　正常□	调整□　维修□　更换□

6. 定位数据

参数名称	左前	右前	左后	右后
主销内倾角			—	—
主销后倾角			—	—
车轮外倾角				
前轮前束角			—	—
后轮前束角	—	—		
调整后轮前束角			—	—

7. 查阅维修手册

部件名称	章节及页码	规格（米制）
	第　　章　　页	
	第　　章　　页	
	第　　章　　页	

随堂笔记

四轮定位的检查与调整			实习日期：	
姓名：	班级：		学号：	教师签名：
自评：☐熟练 ☐不熟练	互评：☐熟练 ☐不熟练		师评：☐合格 ☐不合格	
日期：	日期：		日期：	

四轮定位的检查与调整【评分细则】

序号	评分项	得分条件	分值	评分要求	自评	互评	师评
1	安全/7S/态度	☐1. 能进行工位7S操作 ☐2. 能进行设备和工具的安全检查 ☐3. 能进行车辆安全防护操作 ☐4. 能进行工具清洁、校准、存放操作 ☐5. 能进行三不落地操作	15分	未完成1项扣3分	☐熟练 ☐不熟练	☐熟练 ☐不熟练	☐合格 ☐不合格
2	专业技能能力	☐1. 能正确地对车辆进行定位前的基本检查 ☐2. 能正确地检查燃油箱中燃油液位 ☐3. 能正确地检查轮胎型号与气压 ☐4. 能正确地检查底盘部件状况 ☐5. 能正确地检查车轮状况 ☐6. 能正确地进行车辆复位 ☐7. 能正确地测量车身高度 ☐8. 能正确地操作电脑并输入车辆信息 ☐9. 能正确地安装车轮卡具 ☐10. 能正确地对车轮进行偏位检测 ☐11. 能正确地对车辆进行转向角度测量 ☐12. 能正确地对车辆进行最大转向角度检测 ☐13. 能正确地安装制动踏板锁和转向盘锁 ☐14. 能正确地调整前轮前束到标准值 ☐15. 能正确地进行调整后的检测 ☐16. 能正确地进行定位仪复位与卡具回收	50分	未完成1项扣4分，扣分不得超过50分	☐熟练 ☐不熟练	☐熟练 ☐不熟练	☐合格 ☐不合格
3	工具及设备的使用能力	☐1. 能正确地使用四轮定位仪 ☐2. 能正确地操作举升机 ☐3. 能正确地使用制动踏板锁与转向盘锁 ☐4. 能正确地使用维修工具	10分	未完成1项扣3分，扣分不得超过10分	☐熟练 ☐不熟练	☐熟练 ☐不熟练	☐合格 ☐不合格
4	资料、信息查询能力	☐1. 能正确地查询车辆信息 ☐2. 能正确地查询轮胎型号及信息 ☐3. 能正确地记录所查询资料的章节及页码 ☐4. 能正确地记录所需维修信息	10分	未完成1项扣2分	☐熟练 ☐不熟练	☐熟练 ☐不熟练	☐合格 ☐不合格
5	数据判断和分析能力	☐1. 能判断轮胎是否正常 ☐2. 能判断车身高度是否正常 ☐3. 能判断四轮定位数据是否正常 ☐4. 能分析确定左、右横拉杆的调整方向	10分	未完成1项扣3分，扣分不得超过10分	☐熟练 ☐不熟练	☐熟练 ☐不熟练	☐合格 ☐不合格
6	表单填写和报告撰写能力	☐1. 字迹清晰 ☐2. 语句通顺 ☐3. 无错别字 ☐4. 无涂改 ☐5. 无抄袭	5分	未完成1项扣1分	☐熟练 ☐不熟练	☐熟练 ☐不熟练	☐合格 ☐不合格
总分：							

项目四 / Project 4
制动系统的构造与检修

任务一
制动系统的检查与维护

学习目标

知识目标

1）掌握制动系统的作用、类型与组成。
2）掌握制动系统的工作原理。
3）掌握制动器的拆卸和更换流程及安全措施。

技能目标

1）具有检查与维护制动系统各部件的能力。
2）具有对制动系统各部件进行实车拆装的能力。
3）具有检测并更换制动液的能力。
4）具有熟练使用维修手册查找制动系统各部件规格的能力。

素养目标

1）在工作过程中与小组其他成员合作、交流，养成团队合作意识，锻炼沟通能力。
2）养成服从管理、规范作业与精益求精的良好工作习惯。

任务描述

一辆丰田卡罗拉轿车用户反映：踩制动踏板时感觉行程比以前长，而且制动效果也不如以前。请你对制动系统进行检查，确定故障部位并进行修理，同时对制动系统进行维护。

相关知识

一、制动系统的作用

为了使行驶中的车辆减速或停车，就必须产生使车轮旋转变慢的力。制动系统的作用就是利用机械摩擦来产生制动力，使汽车根据驾驶人的需要适时减速或停车，还能使已经停驶的车辆实现可靠停放。制动系统的作用如图4-1所示。

任务一　制动系统的检查与维护

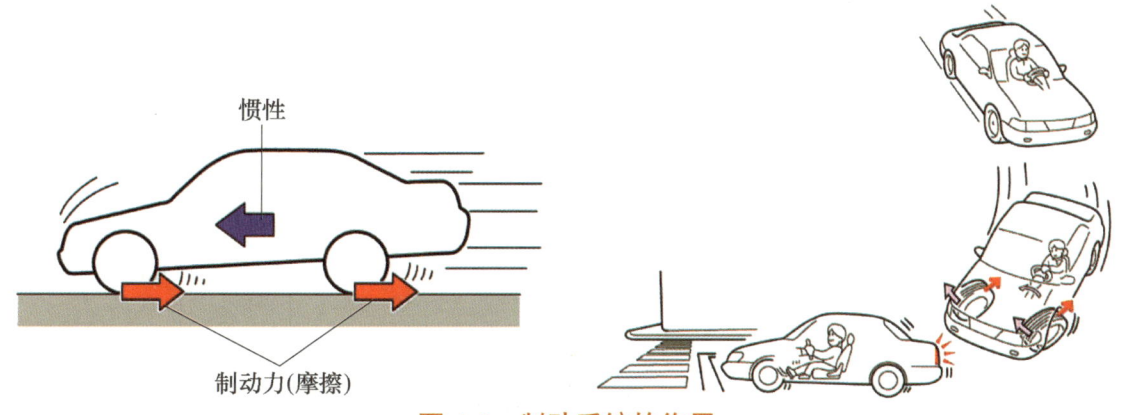

图 4-1　制动系统的作用

二、制动系统的分类

汽车制动系统按制动传动介质不同，可分为液压制动系统和气压制动系统两大类，如图 4-2 所示。轿车上普遍采用液压制动系统，大型载货汽车上采用气压制动系统。

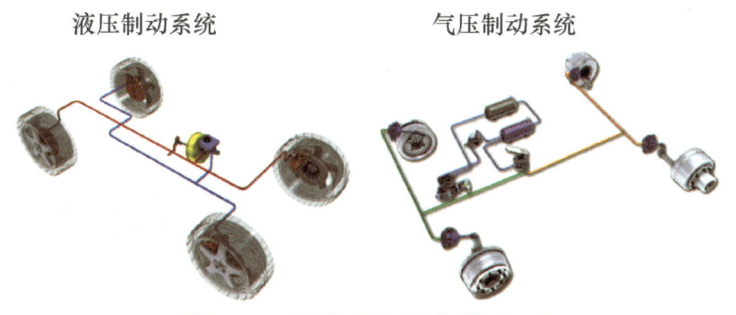

图 4-2　制动系统的分类（一）

汽车制动系统按制动系统的作用分类，可分为行车制动系统和驻车制动系统两大类，如图 4-3 所示。行车制动系统用于行驶中的汽车，通常由驾驶人用脚操纵实现减速或停车；驻车制动系统用于停驶的车辆，通常由驾驶人用手操纵使车辆停留原地不动，俗称"手刹"。

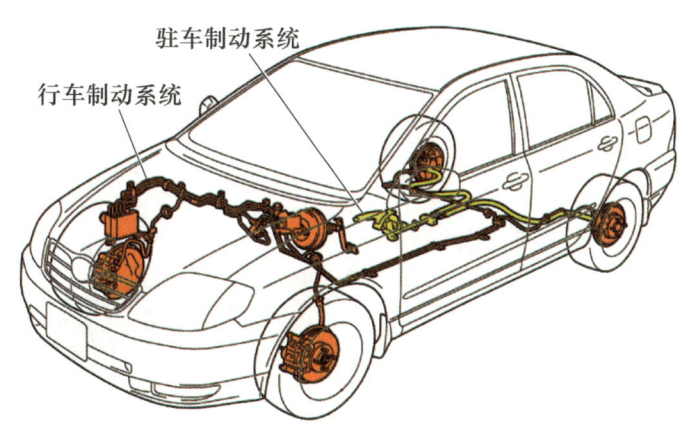

图 4-3　制动系统的分类（二）

147

三、制动系统的结构与工作原理

液压制动系统主要由制动主缸、制动管路、制动液、制动器、真空助力器、制动踏板等组成，如图4-4所示。

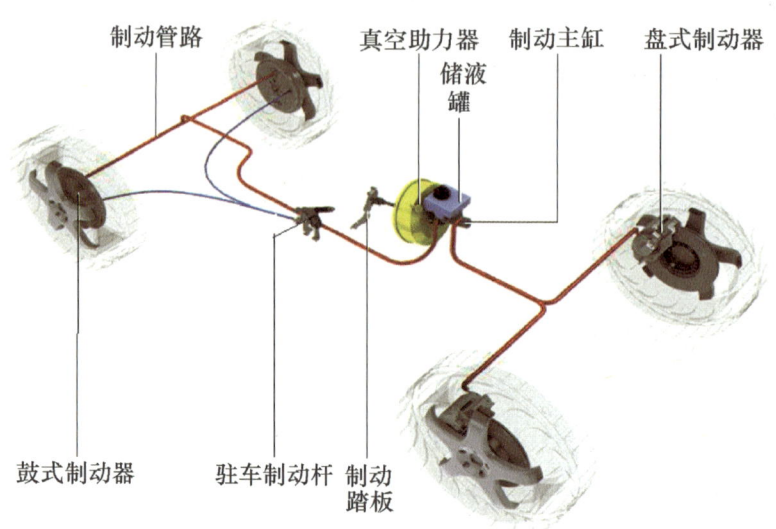

图4-4 液压制动系统的组成

1. 制动主缸

制动主缸也称为制动总泵，其作用是将制动踏板输入的机械能转换成液压能。制动主缸与储液罐制成一体，储液罐上一般有制动液的最高和最低平面线。为了保证安全性，汽车的制动装置都采用双管路制动传动，因此，都使用串联双腔式制动主缸，如图4-5所示。

串联双腔式制动主缸主要由主缸缸体、1号活塞、2号活塞、皮碗、卡环和回位弹簧等组成，如图4-6所示。

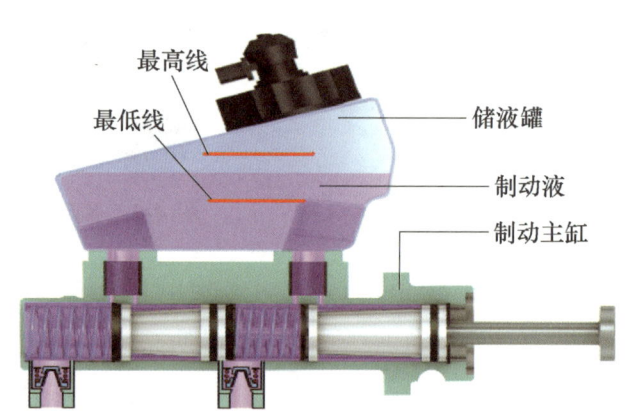

图4-5 串联双腔式制动主缸

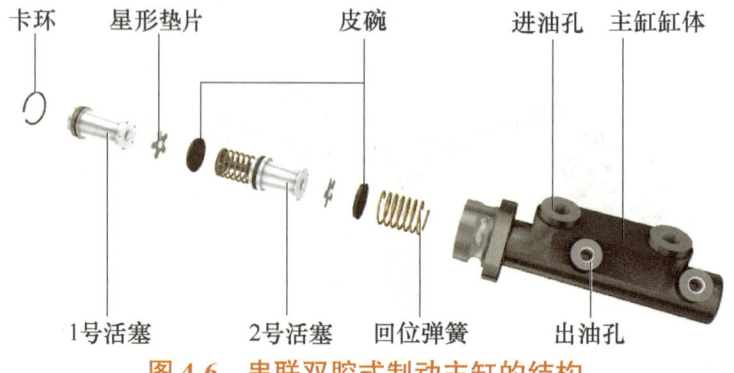

图4-6 串联双腔式制动主缸的结构

制动主缸的工作原理如下：

（1）**未制动时**　制动主缸内1号活塞和2号活塞的皮碗定位在进油孔口与补偿孔口之间，制动主缸与储液罐之间形成一个通道，如图4-7所示。由于2号回位弹簧的力会把2号活塞推到右边，因此，用一个止动螺栓定位。

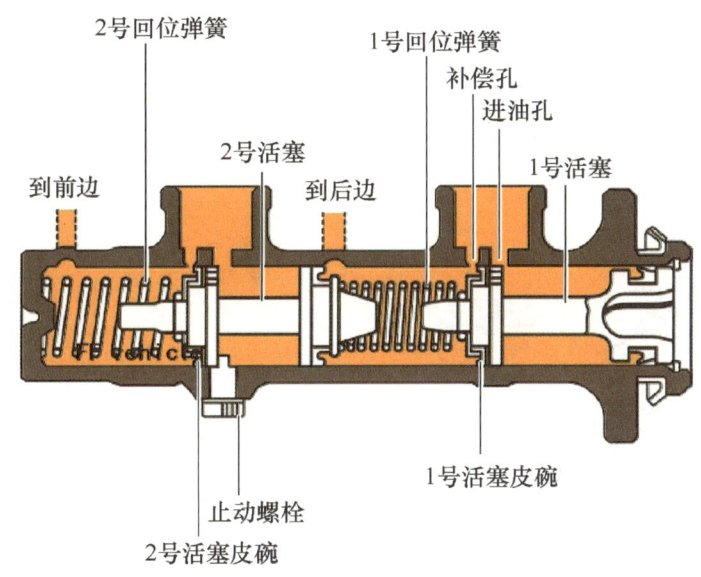

图4-7　未制动时制动主缸中活塞位置

（2）**踩下制动踏板时**　制动踏板推杆推动1号活塞移动到左边，活塞皮碗封闭补偿孔口，阻塞制动主缸与储液罐之间的通道。当活塞推得更远时，增加了制动主缸内的液压力。该压力作用在后制动器上。同时，此液压力推动2号活塞，2号活塞与1号活塞以相同的方法工作，作用在前制动器上，如图4-8所示。随着驾驶人脚踩力的增加，该液压力也随之增加。

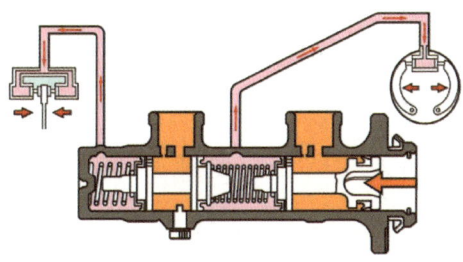

图4-8　踩下制动踏板时制动主缸中活塞的位置

（3）**松开制动踏板时**　由液压力和回位弹簧的力把活塞推回到原位上。活塞回到其原位后，从轮缸渐渐返回到制动主缸的制动油液通过补偿孔流入储液罐，如图4-9所示。补偿孔能防止在不使用制动器时出现液压力升高的现象。

2. 制动管路

制动管路的作用是连接位于车身上的制动主缸和位于制动底板上的制动轮缸。

现代汽车都采用了双管路传动装置，它采

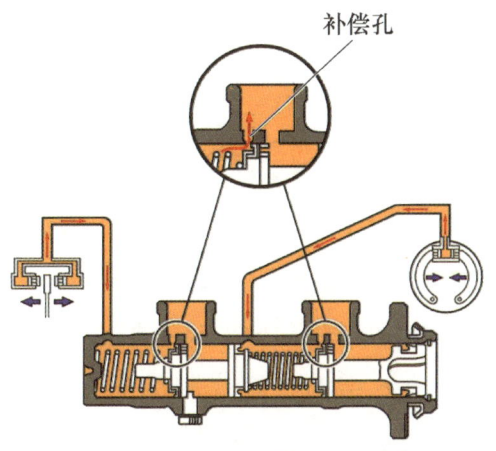

图4-9　松开制动踏板后制动主缸中活塞的位置

用两个彼此独立的液压系统,当一个液压系统发生故障时,另一个液压系统仍然正常工作,从而提高了汽车制动的可靠性和安全性。其连接方式有对角分离式连接(图 4-10)和前后分离式连接两种(图 4-11)。对角分离式连接在 FF(发动机前置前轮驱动)汽车上采用较普遍;前后分离式连接在 FR(发动机前置后轮驱动)汽车上采用较普遍。油管一般采用金属管(铜管)制成,由于车轮是通过弹性悬架与车身相连的,所以在车身端与制动轮缸端管路采用高强度的橡胶软管连接。

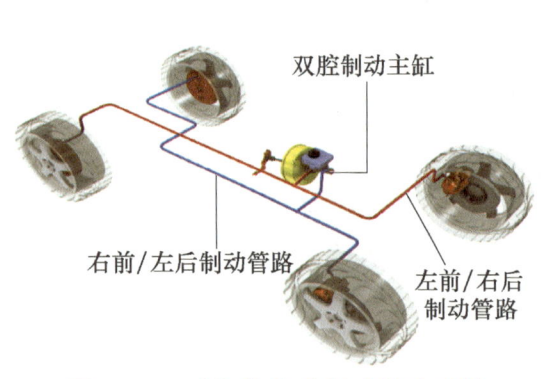

图 4-10 对角分离式制动管路连接

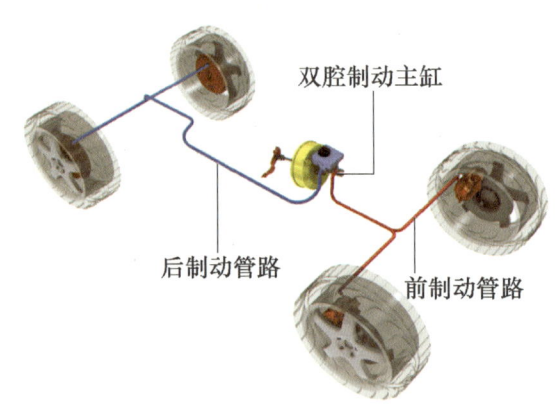

图 4-11 前后分离式制动管路连接

3. 制动液

液压制动系统采用汽车制动液来进行动力的传递。制动液的质量是保证液压系统工作可靠的重要因素。对制动液的要求是:高温下不易汽化,否则,将在管路中产生气阻现象,使制动系统失效;低温下有良好的流动性;不会使金属件腐蚀和橡胶件发生膨胀、变硬;能对液压系统起润滑作用;吸水性差而溶水性良好等。

按照国际 DOT 标准,目前制动液分为 DOT3、DOT4 和 DOT5 三种。一般采用 DOT3 或 DOT4。具体型号应该按维修手册的要求进行选择,并且不同型号和不同品牌的制动液不能混加。

4. 制动器

(1)作用 制动器的作用是将从制动管路传过来的液压力转换成摩擦力迫使车轮减速或停转。

(2)类型 制动器按结构不同可分为鼓式制动器和盘式制动器,如图 4-12 所示。鼓式制动器由于能产生大的制动力矩,多用于货车或部分轿车后轮;盘式制动器由于散热性能好,广泛应用于轿车。

(3)鼓式制动器的结构与工作原理

1)结构。鼓式制动器按结构不同可分为领从蹄式和双领蹄式等多种形式,如图 4-13 所示,轿车上一般采用领从蹄式制动器。

领从蹄式制动器的结构如图 4-14 所示,主要由旋转部分、固定部分、张开机构和间隙自动调整机构组成。旋转部分是制动鼓，它固定在轮毂上并随车轮一起旋转；固定部分主要有制动蹄和制动底板，制动蹄上铆有摩擦片，通过回位弹簧拉紧压靠在张开机构的制动轮缸上。不制动时，制动鼓的内圆与制动蹄之间保留一定的间隙，使制动鼓可以随车轮一起旋转。

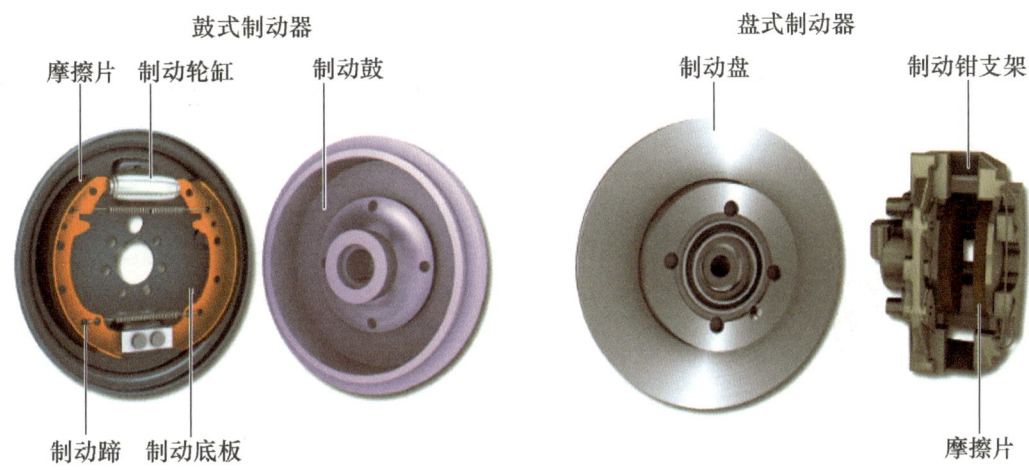

图 4-12 制动器的类型

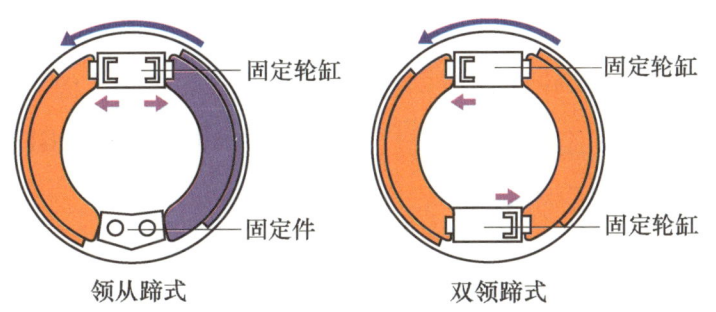

图 4-13 鼓式制动器的类型

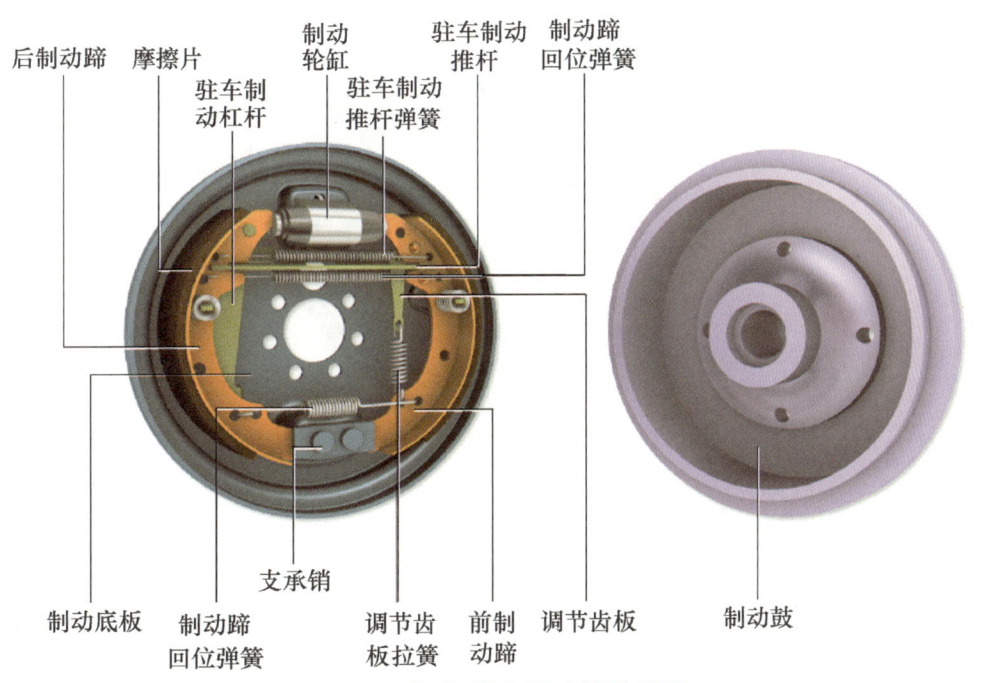

图 4-14 领从蹄式制动器的结构

制动轮缸的作用是将制动管路传递过来的液压力转换为机械推力，从而推动制动蹄与制动鼓摩擦，产生制动力矩，使车辆减速或停车。其结构主要由活塞、皮碗、轮缸缸体和放气螺钉等组成，如图4-15所示。

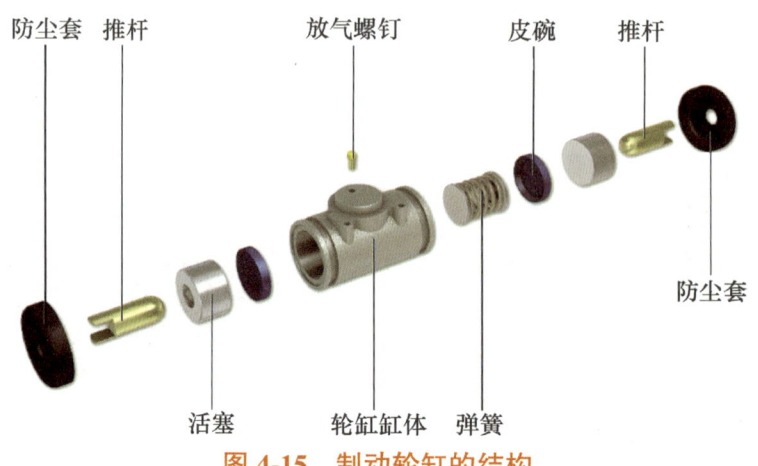

图4-15 制动轮缸的结构

2）工作原理。当制动时，制动轮缸的两个活塞在液压作用下撑开回位弹簧向外移动，推动前、后制动蹄紧压在制动鼓上，不旋转的制动蹄就对旋转的制动鼓产生一个摩擦力矩，其方向与车轮旋转方向相反，迫使车轮减速或停车，如图4-16所示。当放松制动踏板时，油液流回制动主缸，在各回位弹簧拉力作用下，制动蹄与制动鼓恢复原来的间隙，从而解除制动。

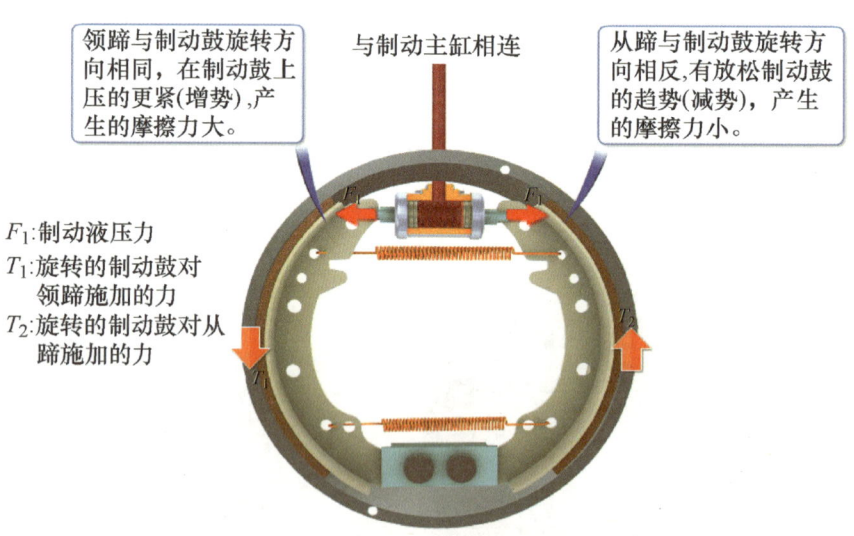

图4-16 领从蹄式制动器的工作原理

(4) 盘式制动器的结构与工作原理

1）结构。盘式制动器在轿车上使用得越来越普遍，按结构不同，盘式制动器可分为定钳式和浮钳式两类，如图4-17所示。定钳式制动器有一对活塞，一般用在要求制动力矩较大的高级轿车上；浮钳式制动器一般只有一个活塞，由于热稳定性好、结构简单、造价低廉等优点，广泛应用在经济型轿车上。

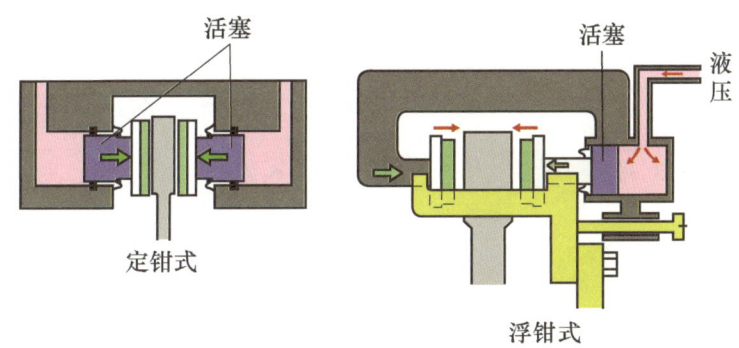

图 4-17　盘式制动器的类型

浮钳式制动器的结构如图 4-18 所示，它主要由制动钳、摩擦片、制动盘、活塞和密封圈等组成。

2）工作原理。浮钳式制动器在制动时，来自制动主缸的液压油推动左侧活塞和左侧摩擦片向右移动，最终压到制动盘上，同时，油缸中的油液压力将反过来推动制动钳向左侧移动，并带动制动盘右侧的摩擦片向左移动，直到制动盘右侧的摩擦片压到制动盘上，如图 4-19 所示。此时，两侧的摩擦片都压在制动盘上，从而产生制动摩擦力，将动能转换成热能，由于转子、盘和制动器壳体都是暴露的，所以产生的摩擦热很容易被散发掉。由于制动时制动钳体会移动，故称为浮钳式制动器。

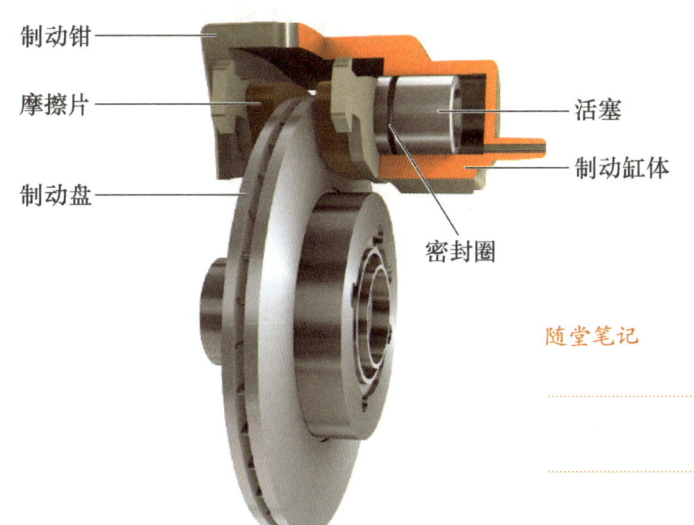

图 4-18　浮钳式制动器的结构

随堂笔记

制动时，左侧活塞在制动液压力作用下推动摩擦片压紧制动盘，并使制动钳沿导向销向左移动，使右侧摩擦块压紧制动盘，产生制动摩擦力，将动能转换成热能。

图 4-19　浮钳式制动器的工作原理

盘式制动器的制动间隙是自动调整的，当踩下制动踏板时，液压力移动活塞并推动制动器摩擦片顶到转子盘。此时，活塞移动，导致活塞密封圈改变形状。释放制动踏板时，活塞密封圈返回到其原形，再移动活塞离开制动器摩擦片，如图4-20所示。因此，即使制动器摩擦片被磨薄，活塞还在移动，活塞回程量是始终不变的，所以制动器摩擦片与转子盘之间的间隙会保持不变。

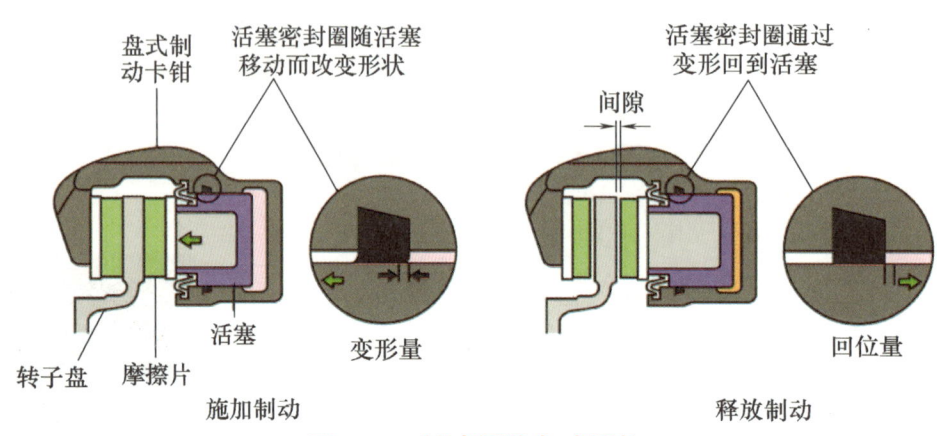

图4-20　制动间隙自动调整

由于摩擦片比较容易磨损，因此在内侧摩擦片上装有衬块磨损指示器，如图4-21所示。当摩擦片厚度由于磨损减少到一定的厚度（约2.5mm）时，固定在摩擦片背板上的衬块磨损指示器开始接触到转子盘并在行驶过程中产生尖锐噪声来提醒驾驶人。

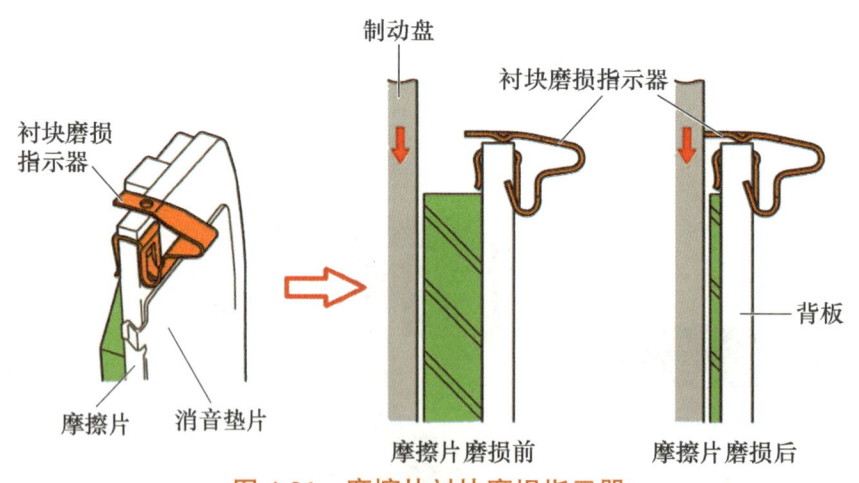

图4-21　摩擦片衬块磨损指示器

5. 真空助力器

（1）作用　在液压制动系统中，为了减轻驾驶人施加于制动踏板上的力，同时增加车轮制动力，达到操纵轻便、制动可靠的目的，都装有真空助力装置。真空助力器是使用发动机工作时在进气管中形成的真空度作为动力源，利用真空的吸力帮助制动踏板对制动主缸产生推力,所以真空助力器装在制动踏板与制动主缸之间。

(2)结构 真空助力器主要由前/后壳体、膜片、膜片回位弹簧、顶杆、控制阀和推杆等组成,如图 4-22 所示。

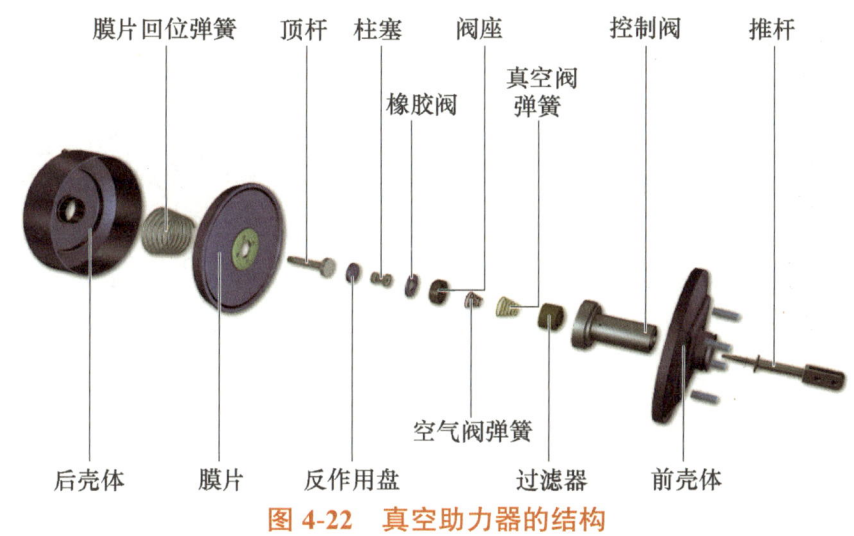

图 4-22 真空助力器的结构

(3)工作原理 当制动器不工作时,空气阀连接在阀操纵杆上,并由空气阀回位弹簧将其向右拉动。控制阀由控制阀弹簧向左推动,这样使空气阀接触到控制阀,防止通过空气滤清器滤芯的大气进入变压室。在这种情况下,阀体的真空阀是与控制阀分开的,在通道 A 与通道 B 之间形成一个开口。由于在恒压室里始终有一个真空,所以此时在可变压力室也有一个真空。结果是由膜片弹簧将助力器活塞推向最右侧,如图 4-23 所示。

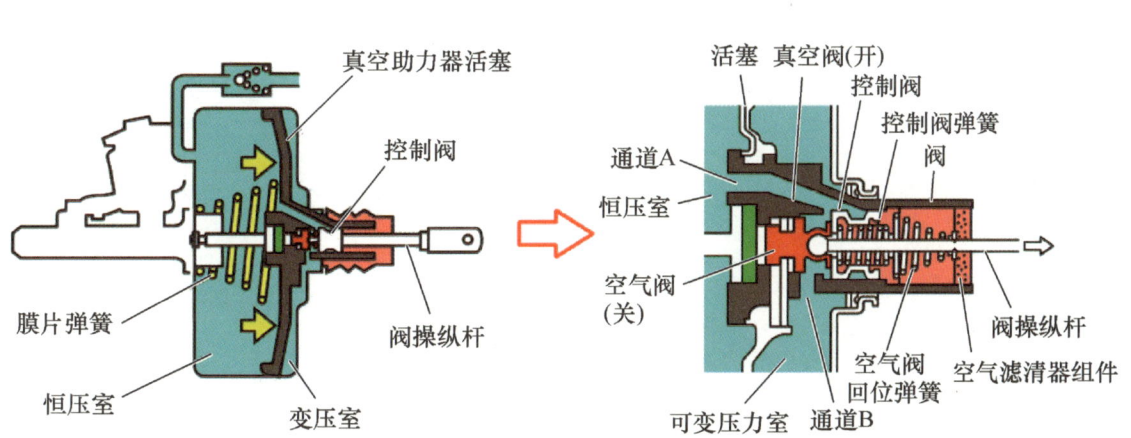

图 4-23 真空助力器的工作原理(未制动时)

当踩下制动踏板时,阀操纵杆推动空气阀,使它向左移动。由控制阀弹簧推动顶住空气阀的控制阀向左移动,直到它接触到真空阀为止,这样阻塞住通道 A 与通道 B 之间的开口。当空气阀向左更远移动时,它将离开控制阀,这样大气通过通道 B(通过空气滤清器滤芯后)进入可变压力室。恒压室与可变压力室之间的压力差使得真空助力器活塞向左移动，这样推动真空助力器推杆与制动踏板一起向制动主缸施加制动力，如图4-24所示。

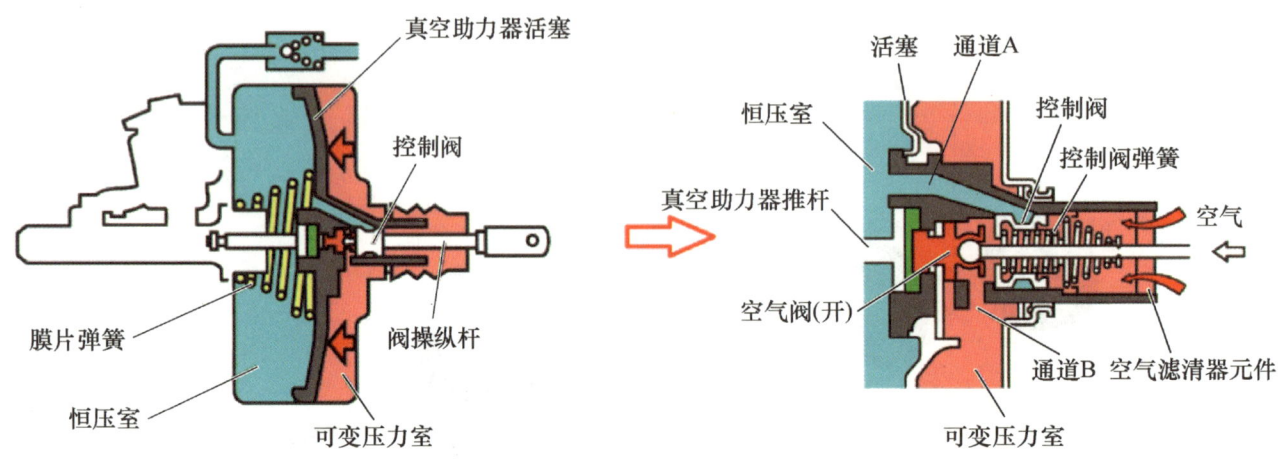

图4-24　真空助力器的工作原理（制动时）

随堂笔记

任务一 制动系统的检查与维护

制动系统的检查与维护	学习任务单	班级：
		姓名：

1. 制动系统是利用_____作用来产生制动力的。

2. 汽车制动系统按制动传动介质不同可分为_____制动系统和气压制动系统两大类，轿车上普遍采用_____制动系统，它利用_____作为传动介质。

3. 写出图 4-25 所示各零部件的名称。

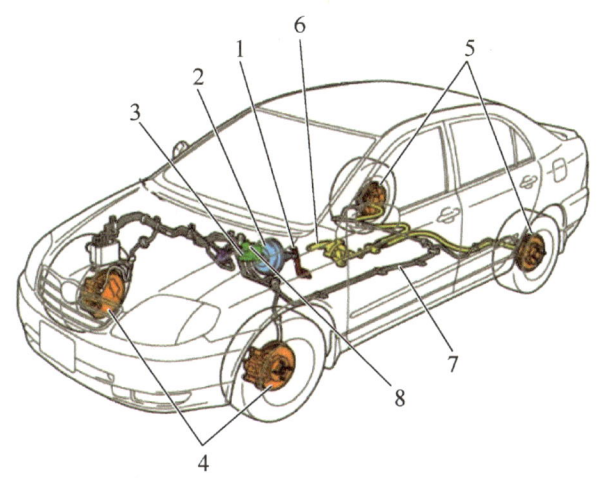

图 4-25 制动系统各零部件

1. _____ 2. _____ 3. _____ 4. _____
5. _____ 6. _____ 7. _____ 8. _____

4. 在制动系统中，将机械能转换成液压能的元件是_____，将液压能转换成机械能的元件是_____。

5. 制动器按结构不同可分为_____式制动器和_____式制动器，其中_____式制动器由于散热性好，在轿车上应用最广泛。

6. 写出图 4-26 所示各零部件的名称。

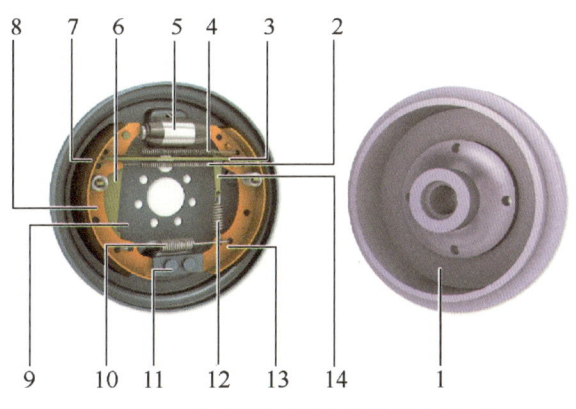

图 4-26 领从蹄式制动器各零部件

1. _____ 2. _____ 3. _____ 4. _____ 5. _____
6. _____ 7. _____ 8. _____ 9. _____ 10. _____
11. _____ 12. _____ 13. _____ 14. _____

随堂笔记

8. 写出图 4-27 所示各零部件的名称。

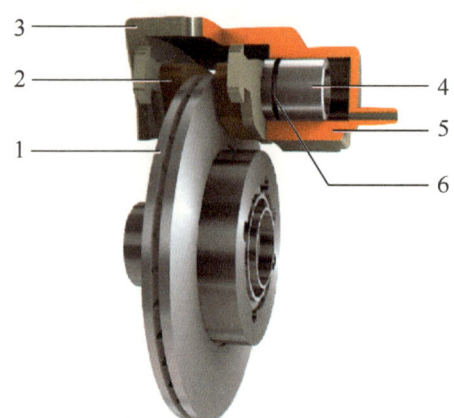

图 4-27　浮钳式制动器各零部件

1. _____　2. _____　3. _____

4. _____　5. _____　6. _____

9. 未起动发动机时，制动踏板比较硬，需要较大力气才能踩下；而起动后，制动踏板比较软，很轻松就能踩下，这是因为起动后制动系统_____在起作用。

随堂笔记

实训任务 1　液压制动系统的检查与维护

实训器材

丰田卡罗拉轿车、制动液沸点检测仪、含水率检测仪、钢直尺、常用工具和维修手册等。

作业准备

1）检查举升机。

2）将车辆在工位停放周正。

3）铺好车内和车外护套。

操作步骤

1. 检查制动液泄漏

1）检查储液罐液位，正常液位应位于最低刻度线（MIN）和最高刻度线（MAX）之间，如图4-28所示。

2）检查制动主缸与真空助力器连接处是否有制动液泄漏。如有泄漏，说明制动主缸损坏。

3）检查与制动主缸连接的管路是否有泄漏或严重腐蚀等。

图 4-28　储液罐液位

4）检查真空助力器与进气管的连接软管是否老化、裂纹或其他损坏。

2. 检测制动液

（1）制动液含水率的检测　打开储液罐盖，按下含水率检测仪电源按键，将测量头放入制动液内，显示屏即显示检测值，如图4-29所示。查询维修手册或相关资料，若含水率高于标准值，必须更换制动液。

（2）制动液沸点的检测　用针筒从储液罐内抽取适量的制动液放入玻璃量杯内，将沸点检测仪的正、负电源夹分别夹到蓄电池的正、负极接头上，将测量头放入量杯中并按下测量键。待检测仪加热制动液到沸腾后，显示屏即显示制动液的沸点，如图4-30所示。查询维修手册或相关资料，若沸点低于标准值，必须更换制动液。

图 4-29　检测制动液含水率

3. 测量制动踏板参数

（1）制动踏板高度的测量　选用钢直尺测量制动踏

图 4-30　检测制动液沸点

> **小提示**
>
> 制动踏板高度标准值是指车身底板至制动踏板弧顶中心的垂直距离，一般不包含地毯和其他填充物的厚度。

板高度，读出并记录制动踏板的高度值，如图4-31所示，并查询维修手册的标准值。如不符合标准，应调整。

（2）制动踏板自由行程的测量　多次踩下制动踏板，直至真空助力器内无真空。选用钢直尺，抵靠制动踏板，用大拇指按下制动踏板直至感到轻微的阻力，读出并记录此时的高度值；然后松开大拇指，记录此时的高度值。两次测量的高度差为制动踏板的自由行程，如图4-32所示。将测量值与维修手册中的标准值进行对比，确认是否正常。

标准值为1.0~6.0mm，如果不符合标准，应调整。

（3）制动踏板行程余量的测量　起动发动机，用紧急制动的形式较用力地踩下制动踏板，再用钢直尺抵靠制动踏板，测量此时制动踏板的高度即为行程余量，如图4-33所示。将测量值与维修手册中的标准值进行对比，确认是否正常。如偏低，说明制动系统有空气或有故障。

图4-31　测量制动踏板高度

图4-32　测量制动踏板自由行程

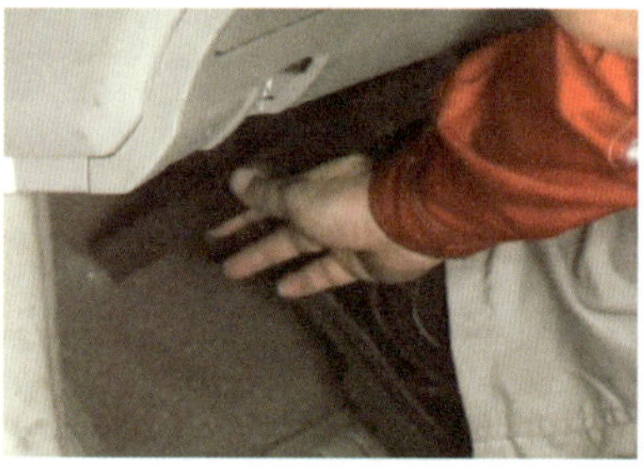

图4-33　测量制动踏板行程余量

4. 调整制动踏板高度

1）选用合适的呆扳手，松开真空助力器推杆锁紧螺母，如图4-34所示。

2）选用鲤鱼钳，转动推杆以调整制动踏板的高度。

3）选用钢直尺，抵靠制动踏板，读出并记录制动踏板的高度值，直到制动踏板的高度调整到规定范围内。

4）用合适的呆扳手拧紧推杆锁紧螺母，如图4-35所示。

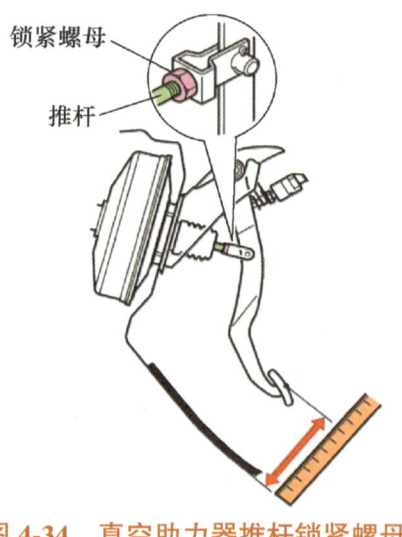

图4-34　真空助力器推杆锁紧螺母

5. 检查真空助力器

（1）**助力功能的检查**　在发动机熄火时连续踩制动踏板若干次，以消除真空助力器内的真空，然后踩住踏板不动并起动发动机，此时若制动踏板略为下沉，说明真空助力器助力功能正常；如果踏板不动或不明显，则真空助力器无助力作用。

图 4-35　拧紧推杆锁紧螺母

（2）**密封性能检查**　起动发动机，连续踩制动踏板数次，在踩下制动踏板时停止发动机运转，此时不要松开制动踏板，若在 30s 内踏板高度无变化（无回弹感），说明真空助力器密封性能良好。若制动踏板有明显的回升现象，说明真空助力器有漏气故障，需更换。

6. 制动系统排气（人工排气）

1）添加制动液到储液罐 MAX 刻度线处。

2）牢靠地举升车辆至轮胎稍离开地面的位置。

3）选用轮胎专用套筒、风动扳手，按正确方法拆卸车轮。

4）选用合适的梅花扳手，套在放气螺钉上；将接油装置的透明软管连接到放气螺钉上，此时不要松开放气螺钉，如图 4-36 所示。

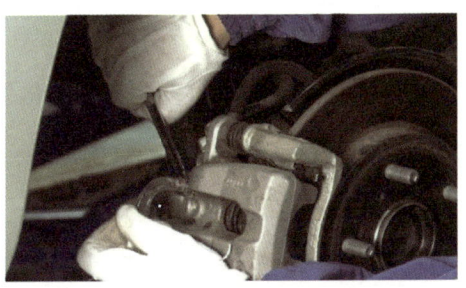

图 4-36　制动系统排气

5）协助人员进入车内，连续多次踩制动踏板，协助人员与作业人员用"口号"配合，当作业人员让协助人员"踩住"后，作业人员松开放气螺钉，此时制动液从放气螺钉处喷出；锁紧放气螺钉，让协助人员"再踩"。如此操作数次，直到从透明软管喷出的制动液中没有气泡为止。锁紧放气螺钉，取下透明软管。

6）按上述方法，依次按右后—左后—右前—左前（由远及近）的顺序排放制动液。

> **小提示**
>
> 在排放制动液时，要注意观察制动液液面，发现制动液不足时要及时添加。

实训任务总结：＿＿

液压制动系统的检查与维护	工作任务单	班级：
		姓名：

1. 记录车辆信息

品牌		整车型号		生产日期	
发动机型号		发动机排量		行驶里程	
车辆识别代号					

2. 检查制动液

检查项目	记录	检查项目	记录
查询制动液型号		制动液沸点	异常□ 正常□
制动液液位	异常□ 正常□	制动液含水率	异常□ 正常□

3. 检查制动管路

检查项目	检查情况	维修措施
制动主缸	破损□ 变形□ 老化□ 松动□ 泄漏□ 正常□	调整□ 维修□ 更换□
制动管路	破损□ 变形□ 老化□ 松动□ 泄漏□ 正常□	调整□ 维修□ 更换□
左前制动管和软管	破损□ 变形□ 老化□ 松动□ 泄漏□ 正常□	调整□ 维修□ 更换□
右前制动管和软管	破损□ 变形□ 老化□ 松动□ 泄漏□ 正常□	调整□ 维修□ 更换□
左后制动管和软管	破损□ 变形□ 老化□ 松动□ 泄漏□ 正常□	调整□ 维修□ 更换□
右后制动管和软管	破损□ 变形□ 老化□ 松动□ 泄漏□ 正常□	调整□ 维修□ 更换□

4. 更换制动液并排气

作业项目	作业情况	判定
添加制动液	已执行□ 否□	异常□ 正常□
右后制动轮缸排气	已执行□ 否□	异常□ 正常□
左后制动轮缸排气	已执行□ 否□	异常□ 正常□
左前制动轮缸排气	已执行□ 否□	异常□ 正常□
右前制动轮缸排气	已执行□ 否□	异常□ 正常□

5. 测量制动踏板行程

检查项目	记录	规格	判定
制动踏板高度			异常□ 正常□
制动踏板自由行程			异常□ 正常□
制动踏板行程余量			异常□ 正常□
调整后制动踏板高度			异常□ 正常□

随堂笔记

任务一 制动系统的检查与维护

液压制动系统的检查与维护		实习日期:	
姓名:	班级:	学号:	教师签名:
自评：□熟练　□不熟练	互评：□熟练　□不熟练	师评：□合格　□不合格	
日期:	日期:	日期:	

液压制动系统的检查与维护【评分细则】

序号	评分项	得分条件	分值	评分要求	自评	互评	师评
1	安全/7S/态度	□1. 能进行工位 7S 操作 □2. 能进行设备和工具的安全检查 □3. 能进行车辆安全防护操作 □4. 能进行工具清洁、校准、存放操作 □5. 能进行三不落地操作	15分	未完成1项扣3分	□熟练 □不熟练	□熟练 □不熟练	□合格 □不合格
2	专业技能能力	□1. 能正确地检查制动液液位 □2. 能正确地检查制动系统的泄漏情况 □3. 能正确地检测制动液含水率 □4. 能正确地检测制动液沸点 □5. 能正确地测量制动踏板的高度 □6. 能正确地测量制动踏板自由行程 □7. 能正确地测量制动踏板制动行程余量 □8. 能正确地调整制动踏板的高度 □9. 能正确地检查真空助力器的助力功能 □10. 能正确地检查真空助力器的密封性能 □11. 能正确地给制动器排气	50分	未完成1项扣5分，扣分不得超过50分	□熟练 □不熟练	□熟练 □不熟练	□合格 □不合格
3	工具及设备的使用能力	□1. 能正确地使用维修工具 □2. 能正确地使用沸点分析仪 □3. 能正确地使用含水率检测仪	10分	未完成1项扣3分	□熟练 □不熟练	□熟练 □不熟练	□合格 □不合格
4	资料、信息查询能力	□1. 能正确地查询制动液型号 □2. 能正确地使用维修手册查询资料 □3. 能正确地记录查询资料章节及页码 □4. 能正确地记录所需维修信息	10分	未完成1项扣3分，扣分不得超过10分	□熟练 □不熟练	□熟练 □不熟练	□合格 □不合格
5	数据判断和分析能力	□1. 能判断制动液液位是否正常 □2. 能判断制动液含水率是否正常 □3. 能判断制动液沸点是否正常 □4. 能判断制动踏板行程是否正常	10分	未完成1项扣3分，扣分不得超过10分	□熟练 □不熟练	□熟练 □不熟练	□合格 □不合格
6	表单填写和报告撰写能力	□1. 字迹清晰 □2. 语句通顺 □3. 无错别字 □4. 无涂改 □5. 无抄袭	5分	未完成1项扣1分	□熟练 □不熟练	□熟练 □不熟练	□合格 □不合格

总分：

随堂笔记

实训任务 2　鼓式制动器的检查与维护

实训器材

通用科鲁兹轿车、预制式扭力扳手、风动扳手、游标卡尺（0~300mm）、钢直尺、常用工具、维修手册和相关维修资料。

鼓式制动器的拆卸

作业准备

1）检查举升机。

2）将车辆在工位停放周正。

3）铺好车内和车外护套。

操作步骤

1. 拆卸鼓式制动器

1）牢靠地举升车辆到中间高度位置。

2）正确地拆卸后车轮。

3）选用合适的工具拆卸制动鼓定位螺钉，如图 4-37 所示。

4）取下后制动鼓。如果制动鼓较紧，可用橡胶锤边转动边敲击，待松动后再取出。

5）用一字螺钉旋具撬下制动蹄回位弹簧，如图 4-38 所示，取下回位弹簧和制动间隙调整杆。

6）用平口钳分别拆下两块制动蹄的定位钉和弹簧，如图 4-39 所示。

图 4-37　制动鼓定位螺钉

图 4-38　拆下制动蹄回位弹簧

图 4-39　拆下制动蹄限位装置

7）分离后制动蹄摩擦片与驻车制动拉索。

8）取下前、后制动蹄。

2. 检查鼓式制动器

1）取下制动轮缸（分泵）防尘套，检查制动轮缸是否漏油。

鼓式制动器的检查

2）用手指往复推动制动轮缸推杆，检查制动轮缸活塞是否卡滞，如图4-40所示。

3）检查制动蹄回位弹簧是否被腐蚀或有其他损坏。

4）检查制动间隙调整杆是否损坏。

5）用抹布清洁制动蹄。

6）选用钢直尺测量前、后制动蹄摩擦片的厚度，如图4-41所示。查找维修手册，找到最低厚度值，确认是否需要更换制动蹄摩擦片。

图4-40　检查活塞是否卡滞

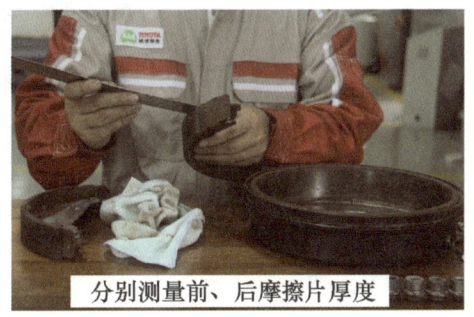

图4-41　测量制动蹄摩擦片的厚度

7）用抹布清洁制动鼓。

8）目视检查制动鼓是否存在严重磨损或裂纹等。

9）用游标卡尺测量制动鼓内径，如图4-42所示。查找维修手册，找到标准值，确认是否需要更换制动鼓。

3. 安装鼓式制动器

1）安装前制动蹄摩擦片到制动底板上。

2）安装前制动蹄摩擦片定位钉与定位弹簧。

3）选用平口钳压下定位钉锁片，如图4-43所示。

图4-42　测量制动鼓内径

图4-43　安装制动蹄及其限位装置

4）连接后制动蹄摩擦片与驻车制动拉索，安装制动蹄下回位弹簧到前、后制动蹄上。

5）选用平口钳安装后制动蹄摩擦片定位钉。

随堂笔记

小提示

回位弹簧弹力较大，需要用较大的力才能安装到位，要防止平口钳打滑造成手指受伤。

6）安装制动间隙调整杆。

7）选用平口钳将制动蹄回位弹簧安装到位。

8）选用游标卡尺测量制动蹄的外径，如图4-44所示，与制动鼓内径对比，计算间隙值。如果间隙明显偏大或偏小，可用一字螺钉旋具转动间隙调整杆进行调整。

图4-44 测量制动蹄直径

9）对正制动鼓固定螺钉孔，安装制动鼓。

10）选用合适的工具拧紧制动鼓固定螺钉。

11）正确地安装车轮，按规定力矩拧紧轮胎螺母。

随堂笔记

实训任务总结：_____

任务一　制动系统的检查与维护

鼓式制动器的检查与维护		工作任务单		班级：	
				姓名：	

1. 记录车辆信息

品牌		整车型号		生产日期	
发动机型号		发动机排量		行驶里程	
车辆识别代号					

2. 检查、测量鼓式制动器

项目名称	记录			
制动鼓直径	位置1		位置3	
	位置2		位置4	
制动蹄外径				
制动蹄与制动鼓间隙	标准值		计算值	
	判定结果		□正常　□异常	
制动蹄摩擦衬片厚度	实测值		使用极限	
	判定结果		□正常　□异常	

3. 清洁与润滑

作业项目	记录	作业项目	记录
清洁制动蹄摩擦片	执行□　否□	清洁制动鼓	执行□　否□
清洁润滑轮毂轴承	执行□　否□	清洁润滑制动底板	执行□　否□

4. 查阅维修手册

部件名称	章节及页码		规格（米制）
	第　　章	页	
	第　　章	页	
	第　　章	页	

随堂笔记

汽车底盘构造与检修 第 2 版

鼓式制动器的检查与维护		实习日期：		
姓名：	班级：	学号：		教师签名：
自评：☐熟练 ☐不熟练	互评：☐熟练 ☐不熟练	师评：☐合格 ☐不合格		
日期：	日期：	日期：		

鼓式制动器的检查与维护【评分细则】

序号	评分项	得分条件	分值	评分要求	自评	互评	师评
1	安全/7S/态度	☐1. 能进行工位 7S 操作 ☐2. 能进行设备和工具的安全检查 ☐3. 能进行车辆安全防护操作 ☐4. 能进行工具清洁、校准、存放操作 ☐5. 能进行三不落地操作	15分	未完成1项扣3分	☐熟练 ☐不熟练	☐熟练 ☐不熟练	☐合格 ☐不合格
2	专业技能能力	☐1. 能正确地拆卸后车轮 ☐2. 能正确地拆卸制动鼓 ☐3. 能正确地拆卸制动蹄 ☐4. 能正确地检查与测量制动鼓 ☐5. 能正确地检查与测量制动蹄 ☐6. 能正确地检查制动轮缸 ☐7. 能正确地安装制动蹄与回位弹簧 ☐8. 能正确地测量制动蹄外径 ☐9. 能正确地安装制动鼓 ☐10. 能正确地安装车轮	50分	未完成1项扣5分	☐熟练 ☐不熟练	☐熟练 ☐不熟练	☐合格 ☐不合格
3	工具及设备的使用能力	☐1. 能正确地使用游标卡尺 ☐2. 能正确地使用维修工具 ☐3. 能正确地使用制动鼓专用工具	10分	未完成1项扣3分	☐熟练 ☐不熟练	☐熟练 ☐不熟练	☐合格 ☐不合格
4	资料、信息查询能力	☐1. 能正确地查询制动鼓标准直径 ☐2. 能正确地识读维修手册查询资料 ☐3. 能正确地记录查询资料章节及页码 ☐4. 能正确地记录所需维修信息	10分	未完成1项扣3分，扣分不得超过10分	☐熟练 ☐不熟练	☐熟练 ☐不熟练	☐合格 ☐不合格
5	数据判断和分析能力	☐1. 能判断制动鼓磨损情况是否正常 ☐2. 能判断制动蹄摩擦片磨损情况是否正常	10分	未完成1项扣5分	☐熟练 ☐不熟练	☐熟练 ☐不熟练	☐合格 ☐不合格
6	表单填写和报告撰写能力	☐1. 字迹清晰 ☐2. 语句通顺 ☐3. 无错别字 ☐4. 无涂改 ☐5. 无抄袭	5分	未完成1项扣1分	☐熟练 ☐不熟练	☐熟练 ☐不熟练	☐合格 ☐不合格

总分：

随堂笔记

任务一 制动系统的检查与维护

实训任务 3　盘式制动器的检查与维护

实训器材

丰田卡罗拉轿车、预制式扭力扳手、风动扳手、千分尺、钢直尺、磁性表座、百分表、常用工具、维修手册和相关维修资料。

作业准备

1）检查举升机。

2）将车辆在工位停放周正。

3）铺好车内和车外护套。

盘式制动器的拆卸

操作步骤

1. 拆卸盘式制动器

1）牢靠地举升车辆到中间高度位置。

2）正确地拆卸前车轮。

3）选用梅花扳手和呆扳手拆下制动卡钳下导销固定螺栓，如图4-45所示。

4）掀起制动卡钳，用S形挂钩将卡钳挂到减振弹簧下座上。

5）取下内、外制动蹄摩擦片，如图4-46所示。

图4-45　拆下制动卡钳下导销固定螺栓

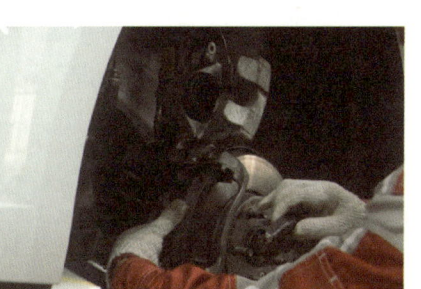

图4-46　取下内、外制动蹄摩擦片

6）取下上、下消声片。

2. 检查盘式制动器

1）用抹布清洁内、外制动蹄摩擦片。

2）对比内、外制动蹄摩擦片的厚度是否一致，判断制动蹄摩擦片是否存在偏磨现象。

3）选用钢直尺测量内、外制动蹄摩擦片的厚度。查找维修手册，确认制动蹄厚度是否低于规定值。

4）目视检查制动卡钳活塞是否漏油。

5）用双手里、外推动和上、下晃动制动卡钳，检查卡钳上导销是否松旷和卡滞，防尘套是否有裂纹。

6）用手拉动和晃动卡钳下导销，检查是否松旷和卡滞，防尘套是否有裂纹。

7）用抹布清洁制动盘的内侧与外侧。

8）目视检查制动盘内、外侧是否存在严重磨损、沟槽、烧蚀和裂纹等。

9）选用千分尺测量制动盘的厚度，如图4-47所示，沿制动盘周围均匀地测量四个点。查找维修手册，确认制动盘厚度是否低于规定值。

> **小提示**
> 测量前先对千分尺校零，测量时直接读数，不能拿下千分尺读取数值。

10）先安装五个轮胎螺栓，再用螺钉旋具固定制动盘，选用转矩扳手将螺栓拧紧到固定转矩，如图4-48所示。

图4-47　测量制动盘厚度

图4-48　安装轮胎螺栓

11）组装磁性表座与百分表。

12）将组装好的磁性表座与百分表总成安装到减振器的下座上，调整好位置，使百分表测头与制动盘垂直，并距边沿约10mm，预压百分表1~2mm，拧紧磁性表座各手柄，如图4-49所示。

13）缓慢、均匀地转动制动盘一圈以上，读取百分表指针的摆动量，该摆动量即为制动盘的跳动量。查找维修手册，确认制动盘跳动量是否大于规定值。

图4-49　安装磁性表座与百分表总成

14）取下磁性表座与百分表总成。

15）用风炮拆下五个轮胎螺栓。

3. 安装盘式制动器

1）分别拆下卡钳上、下导销，用抹布清洁干净，再涂抹适量新的润滑脂并装回。

2）在消声片上涂抹润滑脂，并安装上、下消声片，如图4-50所示。

3)确认内、外制动蹄(带消声指示器的为内侧制动蹄),先安装内侧制动蹄,再安装外侧制动蹄。

4)从 S 形钩上取下卡钳并安放到位,如图 4-51 所示。

> **小提示**
>
> 如果无法安放到位,可先用卡钳活塞回位工具将活塞顶回位,再安装。

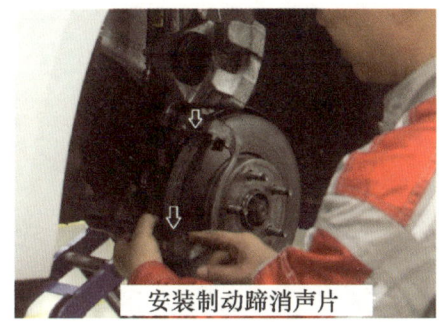

图 4-50　安装制动蹄消声片

图 4-51　安装制动卡钳

5)安装卡钳下固定螺栓,按规定力矩拧紧。

6)安装前车轮,将轮胎螺栓按规定力矩拧紧。

实训任务总结:

汽车底盘构造与检修 第2版

盘式制动器的检查与维护	工作任务单	班级： 姓名：

1. 记录车辆信息

品牌		整车型号		生产日期	
发动机型号		发动机排量		行驶里程	
车辆识别代号					

2. 检查、测量盘式制动器

测量项目	实测值	规格	判定	维修措施
外摩擦片厚度			正常□ 异常□	更换□ 修整□
内摩擦片厚度			正常□ 异常□	更换□ 修整□
制动盘跳动量			正常□ 异常□	更换□ 修整□
制动盘厚度	mm mm mm		正常□ 异常□	更换□ 修整□

3. 清洁与润滑

作业项目	记录	作业项目	记录
清洁摩擦片	执行□ 否□	清洁制动盘	执行□ 否□
润滑消声片	执行□ 否□	清洁润滑制动钳导销	执行□ 否□

4. 查阅维修手册

部件名称	章节及页码	规格（米制）
	第　　章　　页	
随堂笔记	第　　章　　页	
	第　　章　　页	

任务一　制动系统的检查与维护

盘式制动器的检查与维护		实习日期：	
姓名：	班级：	学号：	教师签名：
自评：□熟练　□不熟练	互评：□熟练　□不熟练	师评：□合格　□不合格	
日期：	日期：	日期：	

盘式制动器的检查与保养【评分细则】

序号	评分项	得分条件	分值	评分要求	自评	互评	师评
1	安全/7S/态度	□1. 能进行工位 7S 操作 □2. 能进行设备和工具的安全检查 □3. 能进行车辆安全防护操作 □4. 能进行工具清洁、校准、存放操作 □5. 能进行三不落地操作	15分	未完成1项扣3分	□熟练 □不熟练	□熟练 □不熟练	□合格 □不合格
2	专业技能能力	□1. 能正确地拆卸前车轮 □2. 能正确地拆卸制动卡钳与制动蹄 □3. 能正确地检查与测量制动蹄 □4. 能正确地清洁与检查制动盘 □5. 能正确地测量制动盘的厚度 □6. 能正确地组装磁性表座与百分表 □7. 能正确地测量制动盘的跳动量 □8. 能正确地检查制动卡钳导销 □9. 能正确地安装制动蹄 □10. 能正确地安装制动钳 □11. 能正确地安装车轮	50分	未完成1项扣5分，扣分不得超过50分	□熟练 □不熟练	□熟练 □不熟练	□合格 □不合格
3	工具及设备的使用能力	□1. 能正确地使用千分尺 □2. 能正确地使用钢直尺、百分表 □3. 能正确地使用维修工具	10分	未完成1项扣3分	□熟练 □不熟练	□熟练 □不熟练	□合格 □不合格
4	资料、信息查询能力	□1. 能正确地查询摩擦片的拆装步骤 □2. 能正确地使用维修手册查询资料 □3. 能正确地记录查询资料章节及页码 □4. 能正确地记录所需维修信息	10分	未完成1项扣2分	□熟练 □不熟练	□熟练 □不熟练	□合格 □不合格
5	数据判断和分析能力	□1. 能判断摩擦片是否需要更换 □2. 能判断制动盘是否正常 □3. 能判断制动盘跳动量是否正常	10分	未完成1项扣5分，扣分不得超过10分	□熟练 □不熟练	□熟练 □不熟练	□合格 □不合格
6	表单填写和报告撰写能力	□1. 字迹清晰 □2. 语句通顺 □3. 无错别字 □4. 无涂改 □5. 无抄袭	5分	未完成1项扣1分	□熟练 □不熟练	□熟练 □不熟练	□合格 □不合格
总分							

随堂笔记

任务二

驻车制动系统的检查与维护

学习目标

知识目标

1) 掌握驻车制动系统的作用、类型与组成。
2) 掌握驻车制动部件的拆卸和更换流程及安全措施。

技能目标

1) 具有检查与调整驻车制动系统各部件的能力。
2) 具有对驻车制动系统各部件进行实车拆装的能力。
3) 具有熟练使用维修手册查找驻车制动系统各部件规格的能力。

素养目标

1) 在工作过程中与小组其他成员合作、交流，养成团队合作意识，锻炼沟通能力。
2) 养成服从管理、规范作业与精益求精的良好工作习惯。

随堂笔记

任务描述

一辆丰田卡罗拉轿车用户反映：驻车制动器手柄拉起时行程很长，而且驻车制动效果也不如以前。请你对驻车制动系统进行检查，确定故障部位并进行修理。

相关知识

一、驻车制动系统的作用与组成

驻车制动系统俗称手刹，由操纵机构、锁止装置、拉索、驻车制动器（一般与行车制动器共用）等组成，如图 4-52 所示。其作用是保证汽车在原地可靠驻车，便于汽车在上坡坡道上起步，在行车制动器失效后应急制动。

二、驻车制动系统的类型

1. 按操作方式分类

驻车制动系统按操作方式不同可以分为手制动式、脚制动式和电子式三种类型。

任务二 驻车制动系统的检查与维护

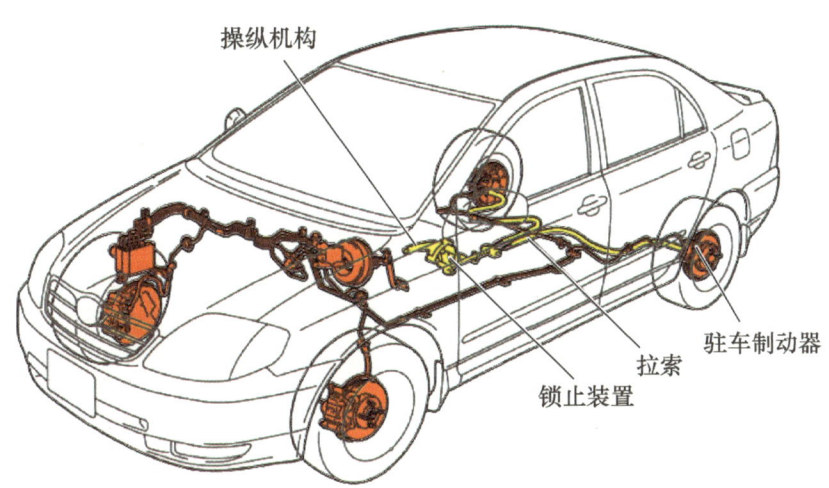

图 4-52 驻车制动系统的组成

（1）手制动式　虽然驻车制动的操作方式变得多样化，但是传统式的"手刹"仍是使用最为广泛的，操作手柄一般安装在变速杆附近，如图 4-53 所示。其操作方式也很简单，直接拉起即可起作用；按住手柄端部的按钮稍微向上一提，然后推回原位即可释放。

图 4-53 驻车制动手柄

（2）脚制动式　脚制动式驻车制动即用脚来操作的驻车制动，多见于较高档的车型。因为手制动式驻车制动用手来操作，操作力达 200N，对于一些女士来说，这种操作很不友好，常常会因为用力太小而使驻车制动力不足，发生溜车现象。脚制动式驻车制动很好地解决了这一问题。它采用脚踩驻车，如图 4-54 所示。它的操作方式是左脚一脚将踏板踩到底，即可起效；左脚再次用力一踩，然后松开，即可释放。

（3）电子式　电子式驻车制动将机械式手柄或驻车制动踏板变成了电子按钮，如图 4-55 所示，通过电动机来驻车，使驻车操纵更轻松、更方便。

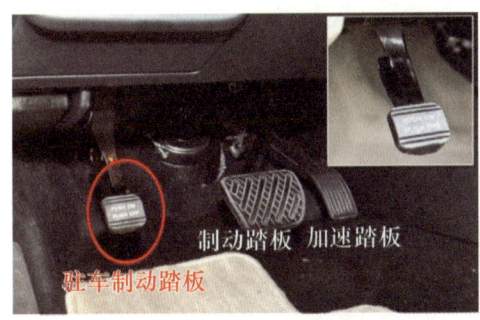

图 4-54 驻车制动踏板

图 4-55 驻车制动按钮

随堂笔记

2. 按制动器的安装位置分类

驻车制动器按照安装位置不同，可分为车轮驻车制动器和中央驻车制动器，如图 4-56 所示。轿车一般采用安装于后轮的车轮驻车制动器，重型货车一般采用中央驻车制动器，它一般安装在变速器与传动轴之间。

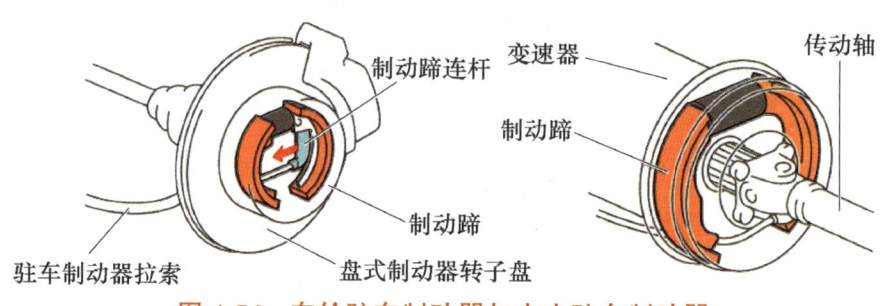

图 4-56 车轮驻车制动器与中央驻车制动器

3. 按驻车制动器的结构分类

驻车制动器按照结构不同，可分为鼓式驻车制动器和盘式驻车制动器，它们一般与行车制动器共用，其中盘式驻车制动器在轿车上应用较广泛。

三、驻车制动器手柄与拉索

驻车制动器手柄与拉索的连接如图 4-57 所示。驻车制动器手柄内有锁止装置和驻车指示灯开关。当拉起手柄时，锁止装置的棘轮会发出"咔、咔"的响声；当松开时，棘轮就将手柄锁止。释放时，用手提起手柄同时按住手柄释放按钮即可放下手柄。驻车指示灯开关在棘轮发出第一声"咔"时，就应该接通，同时仪表盘上的驻车指示灯（图 4-58）亮，当完全放下驻车制动手柄后，指示灯熄灭。

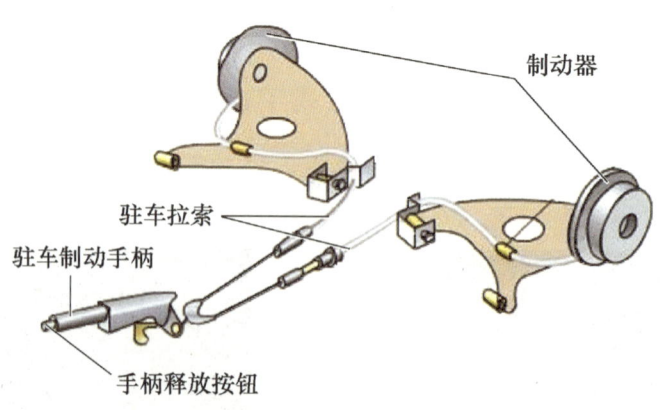

图 4-57 驻车制动器手柄与拉索的连接

驻车制动器手柄与拉索连接处有可以调整驻车制动行程的调整螺母，如图 4-59 所示。用两个呆扳手松开锁止螺母，再拧紧或拧松调整螺母即可调整驻车制动器手柄行程的高低。

任务二 驻车制动系统的检查与维护

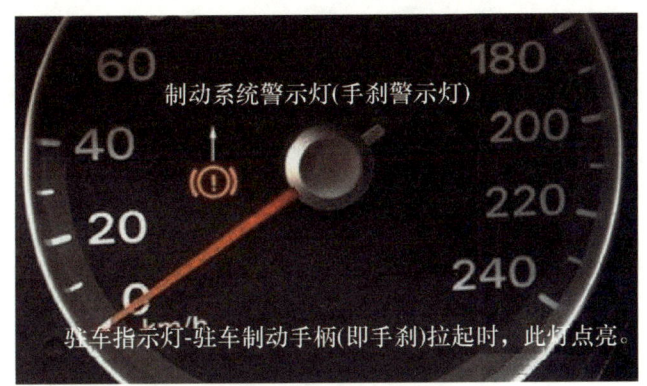

图 4-58 驻车指示灯

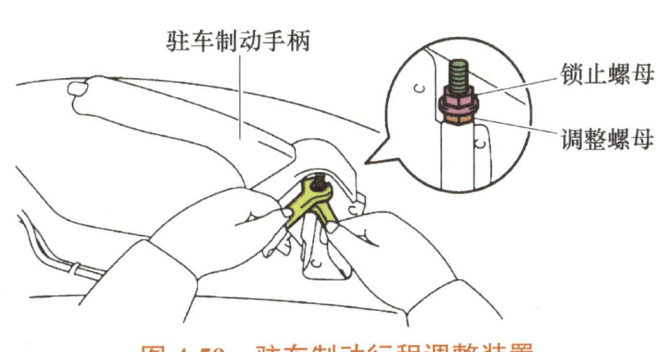

图 4-59 驻车制动行程调整装置

四、盘式驻车制动器的结构

盘式驻车制动器主要应用在后轮采用盘式制动器的轿车上。它的结构如图 4-60 所示。当驻车制动时，驻车拉索通过制动蹄连杆推动活塞，再推动摩擦片压靠制动盘，完成驻车制动。

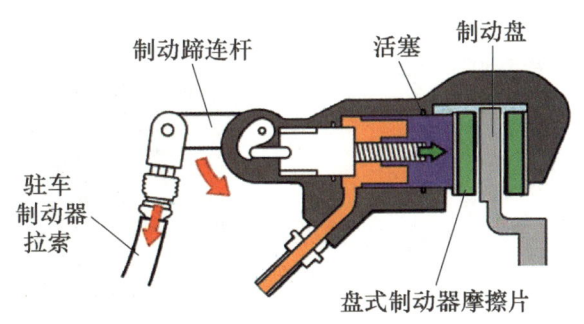

图 4-60 盘式驻车制动器的结构

五、鼓式驻车制动器的结构

鼓式驻车制动器的结构如图 4-61 所示。当进行驻车制动时，驻车制动器拉索将制动蹄连杆往前拉，利用制动间隙调整推杆使前、后制动蹄相继压靠到制动鼓上，实现驻车制动。

鼓式驻车制动的工作原理

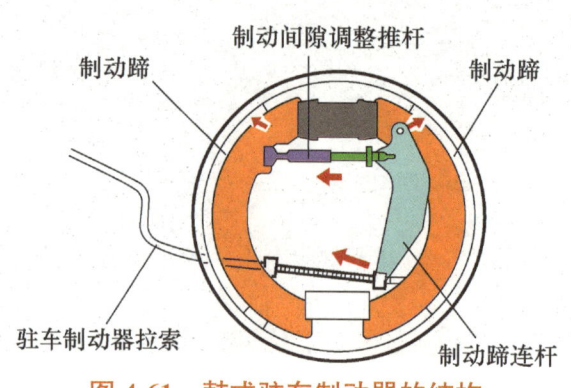

图 4-61 鼓式驻车制动器的结构

六、电子式驻车制动系统

1. 组成

电子式驻车制动系统的结构如图 4-62 所示。它主要由驻车制动按键、带驻车制动电动机的制动器和 ECU（一般是车身 ECU 或 ABS ECU）等组成。电子式驻车制动系统除了一般驻车制动系统所具有的驻车制动、紧急制动功能外，还有自适应辅助起步功能，防止车辆在上坡起步时向后溜车。

图 4-62 电子式驻车制动系统的结构

2. 制动器的结构

电子式驻车制动器的结构如图 4-63 所示，它在常规盘式制动器的基础上增加了直流电动机、旋转螺杆和顶杆等机构。

3. 工作原理与电路图

当需要驻车制动时，驾驶人提起驻车制动按键，按键开关信号输送给电控单元（ABS ECU），电控单元控制左、右后轮直流电动机旋转，通过

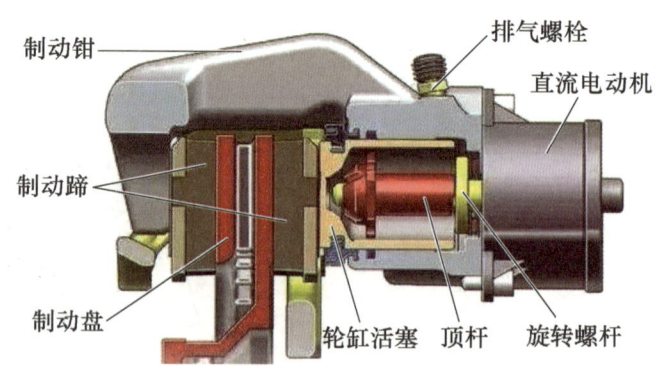

图 4-63 电子式驻车制动器的结构

旋转螺杆和顶杆推动轮缸活塞，对左、右后轮实施制动。释放驻车制动时，驾驶人按下驻车制动按键，电控单元控制左、右后轮直流电动机反向旋转，即释放驻车制动。通用威朗轿车驻车制动系统电路如图 4-64 所示。

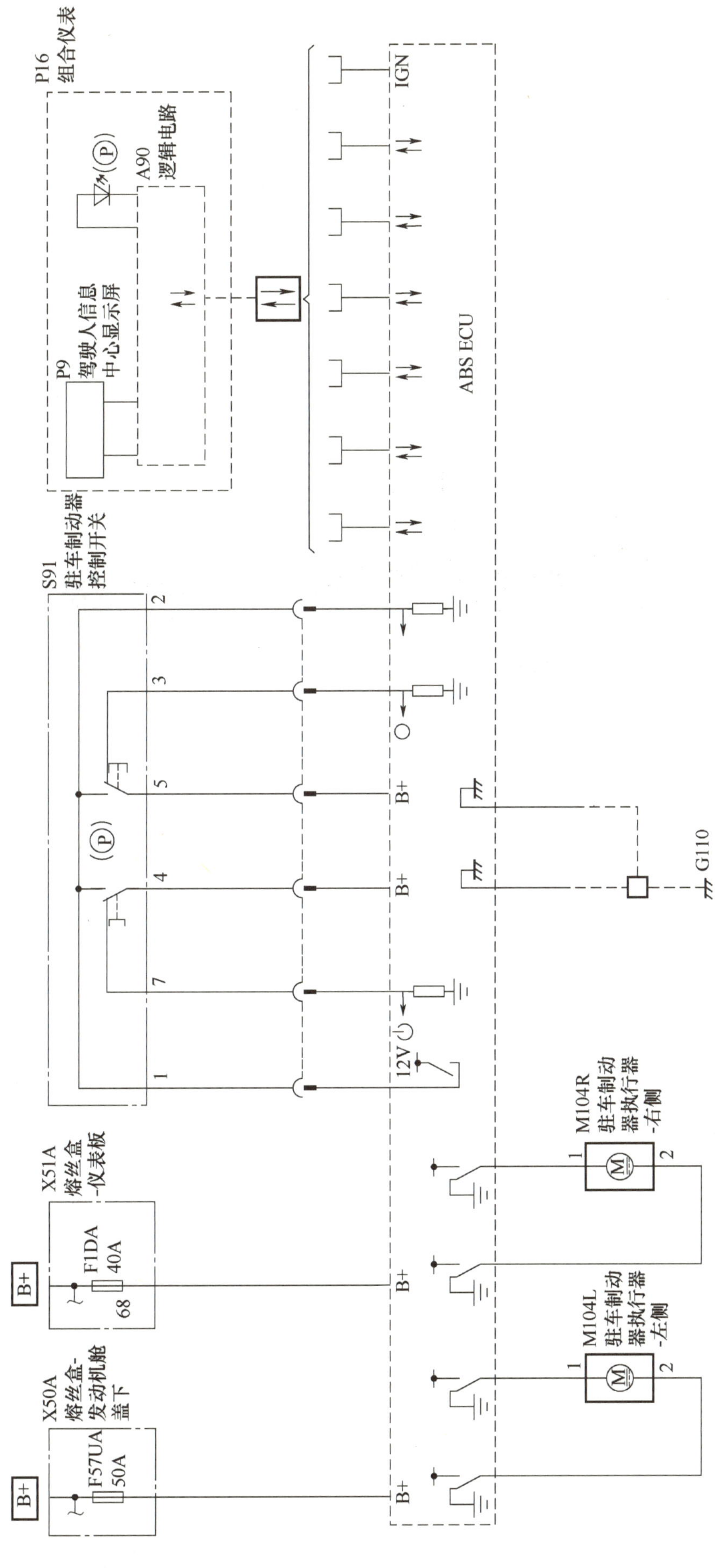

任务二 驻车制动系统的检查与维护

图 4-64 通用威朗轿车驻车制动系统电路

驻车制动系统的检查与维护	学习任务单	班级：
		姓名：

1. 驻车制动系统俗称_____，其作用是保证汽车在原地可靠_____，便于汽车在上坡坡道上起步，在行车制动器失效后应急制动。

2. 驻车制动系统按操作方式不同可以分为_____式、脚制动式和_____式三种类型，其中操纵最轻松、最方便的是_____式。

3. 仪表板上 (P) 灯，在驻车手柄拉起，棘轮发出第_____声"咔"时应该亮，手柄_____时，该灯熄灭。

4. 写出图4-65中各零部件的名称。

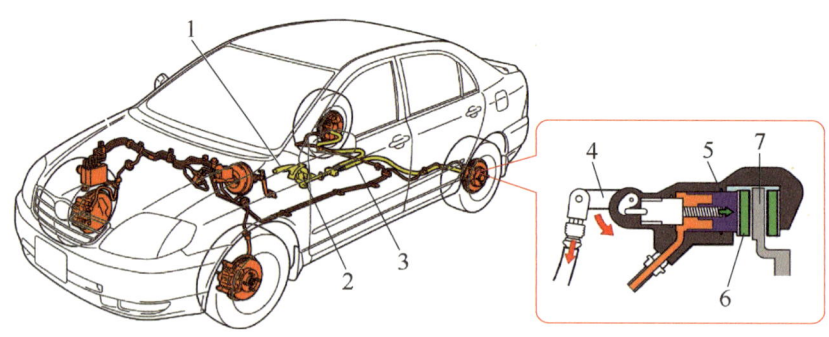

图4-65　驻车制动系统各零部件

1. _____　　2. _____　　3. _____　　4. _____

5. _____　　6. _____　　7. _____

5. 电子驻车制动器在常规盘式制动器的基础上增加了_____、旋转螺杆和顶杆等机构。它是通过驻车制动按键将驻车信号传输给ECU，再由ECU控制_____的正、反转即可完成驻车与释放。

随堂笔记

实训任务　驻车制动系统的检查与维护

实训器材

丰田卡罗拉轿车、钢直尺、常用工具和维修手册。

作业准备

1）检查举升机。

2）将车辆在工位停放周正。

3）铺好车内和车外护套。

操作步骤

1. 驻车制动器手柄及指示灯的检查

1）稍用力拉起驻车制动器手柄。

2）按下驻车制动手柄释放按钮，完全放下手柄。

3）缓慢用力（约200N）将驻车制动器手柄向上拉到底，并数"咔、咔"声的次数。查找维修手册，找到标准咔嗒声的次数。如果测量次数不在标准范围内，应调整驻车制动器手柄的行程。

4）举升车辆使轮胎离开地面。

5）将驻车制动器手柄拉到底，分别用双手尽力转动左、右后车轮应保持不动。

6）释放驻车制动器手柄后，再转动左、右后车轮，应能够自由转动。

7）拉起驻车制动器手柄，当响第一声"咔"时，仪表板上的驻车指示灯亮，否则调整驻车制动开关位置或更换驻车制动开关。

8）完全释放驻车制动器手柄时，驻车指示灯才熄灭。

2. 驻车制动器拉索的更换

1）拆下后地板控制台总成，如图4-66所示。

2）拆卸后排座椅和相关内饰件。

3）拆下驻车制动器手柄上的拉索锁紧螺母和调整螺母，并分离拉索与驻车制动器手柄。

4）将左、右驻车制动器拉索从驻车制动平衡器上拆下，如图4-67所示。

5）牢靠地举升车辆到较高位置。

6）拆下车底部相关挡板和部件。

7）拆下多个左、右驻车制动器拉索卡夹固定螺栓，如图4-68所示。

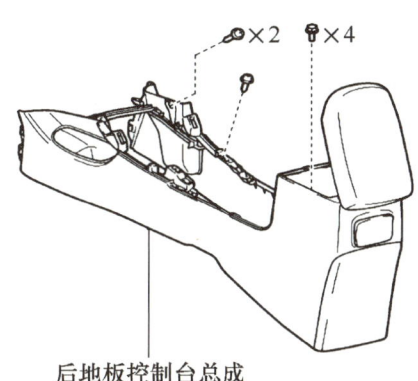

图4-66　拆下后地板控制台总成

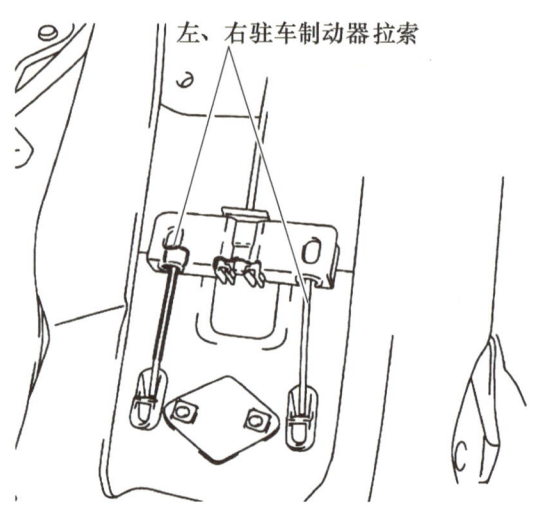

图 4-67 拆下左、右驻车制动器拉索

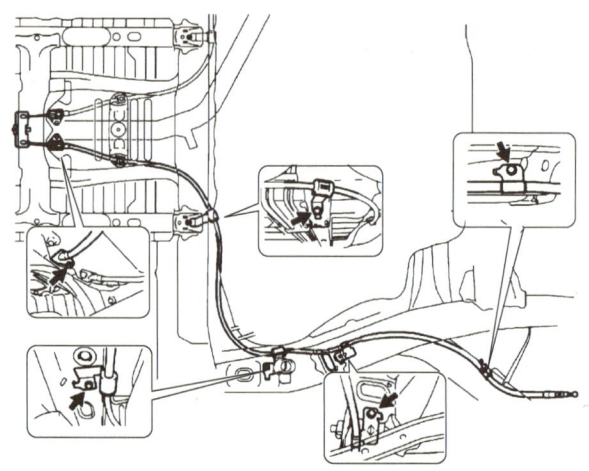

图 4-68 拆下驻车制动器拉索卡夹固定螺栓

8）将左、右驻车制动器拉索分别从后轮盘式制动器轮缸上拆下，如图 4-69 所示。

9）比对新的驻车制动器拉索规格型号是否正确。

10）按与拆卸相反的顺序安装驻车制动器拉索，并按规定力矩拧紧螺栓。

3. 驻车制动器手柄行程的调整

1）拆下后地板控制台总成。

2）完全释放驻车制动器手柄。

3）选用两个呆扳手松开锁紧螺母和调整螺母，如图 4-70 所示，以完全松开驻车制动器拉索。

> **小提示**
>
> 在进行驻车制动器调整之前，确保制动管路已排气且不含有空气。

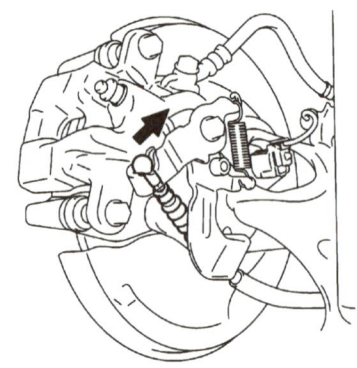

图 4-69 拆下驻车制动器拉索

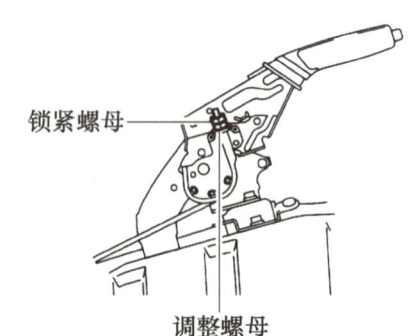

图 4-70 松开锁紧螺母和调整螺母

4）发动机停机时，完全踩下制动踏板 3~5 次。

5）转动调整螺母，直到驻车制动器手柄行程在规定范围内。

6）紧固锁紧螺母（紧固力矩：6.0N·m）。

7）操作驻车制动杠杆 3~4 次，并检查驻车制动杠杆行程。

8）检查驻车制动器是否卡滞。

9）安装后地板控制台总成。

实训任务总结：

随堂笔记

汽车底盘构造与检修 第2版

驻车制动系统的检查与维护	工作任务单	班级：
		姓名：

1. 记录车辆信息

品牌		整车型号		生产日期	
发动机型号		发动机排量		行驶里程	
车辆识别代号					

2. 检查驻车制动

项目名称	检查情况	判定	维修措施
驻车指示灯		正常□ 异常□	更换□ 修整□ 无□
驻车制动器手柄行程（牙数）		正常□ 异常□	更换□ 修整□ 无□

3. 检查驻车制动效果

项目名称	驻车	未驻车	判定	维修措施
左后车轮	转动□ 不可转动□	转动□ 不可转动□	正常□ 异常□	更换□ 修整□ 无□
右后车轮	转动□ 不可转动□	转动□ 不可转动□	正常□ 异常□	更换□ 修整□ 无□

4. 更换驻车制动器拉索

项目名称	记录	判定
更换左后驻车制动器拉索	执行□ 否□	正常□ 异常□
更换右后驻车制动器拉索	执行□ 否□	正常□ 异常□

5. 调整驻车制动器手柄行程

项目名称	记录	判定	维修措施
调整后驻车制动器手柄行程（牙数）		正常□ 异常□	更换□ 修整□

6. 查询维修手册

部件名称	章节及页码	规格（米制）
	第　　章　　　　页	
	第　　章　　　　页	
	第　　章　　　　页	

随堂笔记

184

任务二 驻车制动系统的检查与维护

驻车制动系统的检查与维护		实习日期：	
姓名：	班级：	学号：	教师签名：
自评：□熟练 □不熟练	互评：□熟练 □不熟练	师评：□合格 □不合格	
日期：	日期：	日期：	

驻车制动系统的检查与维护【评分细则】

序号	评分项	得分条件	分值	评分要求	自评	互评	师评
1	安全/7S/态度	□ 1. 能进行工位 7S 操作 □ 2. 能进行设备和工具的安全检查 □ 3. 能进行车辆安全防护操作 □ 4. 能进行工具清洁、校准、存放操作 □ 5. 能进行三不落地操作	15分	未完成1项扣3分	□熟练 □不熟练	□熟练 □不熟练	□合格 □不合格
2	专业技能能力	作业 1 □ 1. 能正确地检查驻车制动指示灯 □ 2. 能正确地检查驻车制动器手柄行程 □ 3. 能正确地检查驻车棘爪锁止功能 □ 4. 能正确地检查驻车制动效果 作业 2 □ 1. 能正确地拆卸左后驻车制动器拉索 □ 2. 能正确地更换左后驻车制动器拉索 □ 3. 能正确地拆卸右后驻车制动器拉索 □ 4. 能正确地更换右后驻车制动器拉索 □ 5. 能正确地拆装后地板控制台 作业 3 □ 1. 能正确地调整驻车制动器手柄行程 □ 2. 能正确地检查驻车制动器手柄调整情况	50分	未完成1项扣5分，扣分不得超过50分	□熟练 □不熟练	□熟练 □不熟练	□合格 □不合格
3	工具及设备的使用能力	□ 1. 能正确地使用维修工具 □ 2. 能正确地使用专业工具	10分	未完成1项扣5分	□熟练 □不熟练	□熟练 □不熟练	□合格 □不合格
4	资料、信息查询能力	□ 1. 能正确地查询驻车制动器调整步骤 □ 2. 能正确地识读维修手册查询资料 □ 3. 能正确地记录、查询资料章节及页码 □ 4. 能正确地记录所需维修信息	10分	未完成1项扣2分	□熟练 □不熟练	□熟练 □不熟练	□合格 □不合格
5	数据判断和分析能力	□ 1. 能判断驻车制动器是否正常 □ 2. 能判断驻车制动器手柄行程是否正常	10分	未完成1项扣5分	□熟练 □不熟练	□熟练 □不熟练	□合格 □不合格
6	表单填写和报告撰写能力	□ 1. 字迹清晰 □ 2. 语句通顺 □ 3. 无错别字 □ 4. 无涂改 □ 5. 无抄袭	5分	未完成1项扣1分	□熟练 □不熟练	□熟练 □不熟练	□合格 □不合格
总分：							

随堂笔记

参 考 文 献

［1］张立新，李培军.汽车底盘机械系统检测与修复［M］.2版.北京：机械工业出版社，2021.

［2］钱锦武.汽车底盘构造与维修［M］.5版.大连：大连理工大学出版社，2022.

［3］武华，何才.汽车底盘构造与拆装工作页［M］.3版.北京：人民交通出版社股份有限公司，2019.

［4］上汽通用汽车有限公司.汽车转向与悬架系统及检修［M］.北京：高等教育出版社，2017.

［5］北京中车行高新技术有限公司.汽车专业领域职业技能等级证书汽车运用与维修职业技能考核培训方案准则［M］.北京：高等教育出版社，2019.